指文® 战争艺术 / 010

骑兵论

【英】弗雷德里克·纳图施·莫德 著

周执中 张潜 译

台海出版社

图书在版编目（CIP）数据

骑兵论 /（英）弗雷德里克·纳图施·莫德著；周
执中，张潜译 . -- 北京：台海出版社，2019.4
　　ISBN 978-7-5168-2299-9

　　Ⅰ . ①骑… Ⅱ . ①弗… ②周… ③张… Ⅲ . ①骑兵 -
军队史 - 研究 - 世界 Ⅳ . ① E151

中国版本图书馆 CIP 数据核字 (2019) 第 053550 号

骑兵论

著　　者：【英】弗雷德里克·纳图施·莫德	译　　者：周执中 张潜

责任编辑：俞滟荣　　　　　　　　　　　策划制作：指文文化
视觉设计：周　杰　　　　　　　　　　　责任印制：蔡　旭

出版发行：台海出版社
地　　址：北京市东城区景山东街 20 号　　邮政编码：100009
电　　话：010 - 64041652（发行，邮购）
传　　真：010 - 84045799（总编室）
网　　址：www.taimeng.org.cn/thcbs/default.htm
E - mail：thcbs@126.com

经　　销：全国各地新华书店
印　　刷：重庆共创印务有限公司
本书如有破损、缺页、装订错误，请与本社联系调换

开　　本：787mm×1092mm　　　　　　　1/16
字　　数：310 千　　　　　　　　　　　印　　张：19.5
版　　次：2019 年 4 月第 1 版　　　　　印　　次：2019 年 4 月第 1 次印刷
书　　号：ISBN 978-7-5168-2299-9

定　　价：129.80 元

译序

在一切有关战争的宏大叙述中，骑兵永远都是其中最浪漫的一部分。他们英姿飒爽的身形、锃锃发亮的铠甲，无不昭示他们高贵的出身和超群的技艺。有时，他们是英雄，为国家摘取胜利的果实；有时，他们是魔鬼，给人民带来混沌与毁灭。虽然骑兵向来都是文学作家中意的描写对象，但有关骑兵的科学性研究似乎很少，在中文学界更是凤毛麟角。在这种情况下，莫德所著的《骑兵论》无疑给这个领域的研究者提供了一个重要的视野。

弗雷德里克·纳图施·莫德（Frederic Natusch Maude），1854年出生于英国约克郡。莫德曾在威灵顿学院与皇家军事学院接受高等教育，并于1873年加入皇家工兵队，后被擢升至上校。莫德在军事理论方面著作颇丰，但他最有名的还是与克劳塞维茨所著《战争论》的不解之缘。莫德最早在1872年发现了《战争论》，但他花了不少时间才认识到这本书的真正价值。莫德不仅称赞克劳塞维茨对战争规律的分析，对克氏提出的"概然性"与"摩擦力"的概念也十分认同。莫德认为，对《战争论》最高的概括便是书中的一句话："战争中的一切事情都很简单，但是最简单的事情也是最困难的事情。"当沙盘上的计划应用于实战之时，因为各种既有的阻力，结果往往出乎预料。虽然莫德十分欣赏《战争论》一书，但他对书中的观点也并不是全盘接受。譬如说，他就不赞成克氏对拿破仑的分析。虽说如此，当莫德督促《西洋世界军事史》的作者富勒研究拿破仑战争时，他还是推荐了《战争论》。

格拉哈姆在1873年已经翻译并出版了克氏的《战争论》，但《战争论》是借莫德之手才真正推广起来的。1908年，莫德再版了《战争论》，并将其分为三卷。莫德对《战争论》的译文并未做太多修改，但是他对其做了一系列的注释，指出自克氏的时代以来，技术和组织上已经发生了什么变化。他也为新版的《战争论》做了一篇短序，内容虽然尊崇克劳塞维茨，却极度仇视德国，全文还带有社会达尔文主义的思想。因此，后人所认为的"战争能推动社会发展"的说法，与其说是出自克劳塞维茨，不如说是出自莫德。莫德再版的《战争论》获得了极大的成功，之后也多次再版，在很长一段时间内成为英文《战争论》的标准版本。从这个角度来看，《战争论》现在享誉国际，拥有举世无双的地位，莫德可以说是功不可没。

莫德虽然投身于军事理论的研究，但他的目标是实用主义的，一切军事历史的研究都必须与现实生活中的英军改革挂上钩。这一点可以从他对德国的矛盾态度上看出来。一方面，莫德极度仇视德国，认为英国必须在一次战争中彻底摧毁德国这个"自然天敌"；另一方面，莫德又认为德国代表了一种先进的军事经验，而英军改革必须向德国看齐。莫德对《战争论》推广所做的努力就是基于此。

《骑兵论》也是如此，可以说莫德是带有目的性地在写这本书。莫德早就对英国军队感到不满，布尔战争中反映出来的英军僵硬迟钝的特点，更让他感觉到改革的急迫性。但莫德的眼光放得更加长远，他认为在不久的将来，可能会有一场席卷欧洲的大战争来袭。为此，莫德与中将菲利普·霍华德·科洛姆合著了一本小说，名为《1890年的大战争：预想》。在此书中，莫德预言在19世纪90年代将发生一场大战争，牵扯英法德俄四国加入，他甚至精准地宣称导火索是在巴尔干半岛。我们都知道第一次世界大战实际上是发生在1914年，而不是19世纪90年代。但这并没有动摇莫德的想法，因为在1903年出版的《骑兵论》中，莫德还在号召英国人为即将到来的大战做准备。

要了理解莫德的军事思想，必须了解当时欧洲的大背景。在普法战争以后，欧洲承平四十年之久。在这期间，军事技术迅速发展、铁路大量普及，让大规模的部队能迅速集结，而电信通讯的发展，使指挥大集团军成为可能。但最可怕的还是杀伤力武器的提升。布洛克在1897年出版的《从技术性、经济性和政治性的关系来研究未来的战争》中对日后可能发生的世界大战的情况做了一番精准到可怕的预言："最初是屠杀的程度日益增加，达到如此可怕的程度，使得无法推进部队使会战获得决定性的结果。他们最先还以为仍然是在旧有的条件下作战，尽量地尝试使会战能获得决定性的结果，最后才算是学会了一个教训，从此永远放弃这个企图……对于一个军人而言，圆镐将和他的步枪一样，变成不可缺少的兵器。所有的战争必然会具有围城战的特性，军人们可以随他们的高兴来进行战斗，可是最后决定之权却是操在'饥饿'的手中。"第一次世界大战的情形正是如此。因为参战的军队都装备有大规模的杀伤武器，堑壕战成了唯一的选择。如果选择强行突破敌人的战线，就与将大量士兵送上处刑场无异。在凡尔登战役期间，交战双方每月平均损失七万人；而索姆河战役中双方伤亡人数加起来有一百万之多。

与布洛克一样，莫德对战争的可怕前景有十分清楚的认识。他正确地指出："围城是延长的会战，而会战是短期的围城。"就算是在一天之内能结束的会战，进攻者的目标也是要成功突破防守者的阵线。但对英国军队来说，用灵活机动的战术在短期内结束会战，似乎变得越来越难。这个问题在布尔战争中反映出来，莫德为此感到忧虑。虽然布洛克和莫德都预见战争在往僵硬的阵地战方向发展，但他们对时局却有不同的看法。对于布洛克来说，因为交战双方都无法取得决定性会战的胜利，能站到最后的便是经济上更为强势的一方，而失败者会因为经济崩溃、无法支撑战争而败北。这个说法不可谓没有道理。对莫德来说，一战前的军事形势只是历史趋势的一部分。在莫德眼中，军事历史就是步兵与骑兵力量此消彼长的一种周期。很明显，步兵的机动性比不上骑兵，当步兵的力量强于骑兵时，战争就会往迟钝、缓慢的方向发展；当骑兵的力量强于步兵时，战争就会表现得更加灵活与机动。对于莫德来说，英国的首要任务是建立一支完善的骑兵部队，在步骑对抗中占上风。

当然，根据我们对后来历史的了解，骑兵并没有成为解决一战问题的"钥匙"。在西线可怕的堑壕战中，骑兵根本毫无用武之地。但骑兵确实是当时唯一的机动兵种，所以莫德寄希望于骑兵，希望它能打破当时堑壕战的僵局，是情有可原的。就连一战英国远征军司令道格拉斯·海格也认为"骑兵的价值已达到历史最高峰"。可见莫德的思想颇能代表当时一部分有识之士对时局的思考成果。但莫德在写作《骑兵论》时，不会知道未来"坦克"这个发明的出现。一战的问题是由技术进步带来的，最后也因为技术进步而得到解决。

坦克的出现解决了战争中机动性的问题，并取代了本来属于骑兵的历史任务。虽说如此，莫德的思想内核依然重要，并值得我们学习，尤其是他对"机动性"和"突破敌军战线"的重视。师从莫德的富勒在日后便依此提出了装甲战理论。我们可以很清楚地看出富勒与莫德思想上的联系。富勒的装甲战思想颇受希特勒的青睐，他是唯一受邀参加1935年纳粹德国装甲阅兵的外国人。从职能上来说，装甲部队完全替代了骑兵部队，这点在希特勒发动的第二次世界大战中体现得十分明显。

除了莫德对战争的思考以外，《骑兵论》还有许多其他价值。莫德选取了不少骑兵的经典战例，并对其加以分析，因此具有很高的史料价值。这点在莫德的资料引用上便能窥见一二。莫德通晓英法德三种语言，他在论述战例时尤其注重德国的资料，这在有关骑兵的历史著作中十分难得。同时，作为一名职业军官，莫德在第十三到十六章对骑兵建设，尤其是养马、马术方面的领域做了详尽的论述，填补了学界在这方面的空白。

在本书的翻译过程中，我要感谢吴畋前辈在学术上的指导和支持；张潜的翻译水平和文字功底十分优秀，和他合作对我来说是一针强心剂；陈建兆是我的知己好友，在本书的进程出现问题时，是他敦促我坚持下去；Lillie Mermoud提供了书中法语内容的翻译。同时我也要感谢翻译过程中指文图书编辑的耐心与校对。此书虽已完成，仍或有些许瑕疵，还请读者指正。

周执中

2019年1月23日于长沙

目 录
CONTENTS

本书

获准敬献给

印度首任骑兵总监

二等巴斯勋爵、中将

乔治 · 勒克爵士

◎ 乔治二世国王骑马像（伦敦科克斯勃街）

前言

自本书付梓后，一道新的军事命令于1903年3月1日发布，内称未来英军骑兵应该依赖于"步枪而不是刀剑"。

读者们会发现，这绝不是第一次以削弱突击能力为代价发展火力的尝试。他们还会发现，在这些尝试之中无疑酝酿着危险的结果；尤其是当这样一支被组建出的混合部队遭遇高效能的敌方骑兵时——这种骑兵部队因为欧洲文明间的生存斗争而必然存在。

该命令也进一步地废除了军中配备的长矛，《泰晤士报》专栏与其他媒体围绕着这一决定掀起了剑拔弩张的争论。在这里必须指出其有可能给国家造成的严重后果。因为争论的双方以最引人注目的方式互相攻击，争辩有可能会在军队中延续，而军队已经很久没有进行过系统的军事研究了。

历史上伟大的骑兵指挥官从不把过多的注意力放在部队里单个骑兵所携带的武器上。对他们来说，中队、团或者旅能用膝并膝的紧密阵型发起进攻才是胜利的重要条件。当战马组成良好的阵型，肩并肩冲锋时，战士手上是拿着藤条还是弯刀其实并不重要，因为他们知道只有力量、速度和协同性才是紧要的。至于用怎样的方式杀敌就没那么重要了。

虽说如此，冲锋中的协同性只有在士兵能保证如臂使指地操控战马时才有可能做到。做到这一点最快、最好的方式就是让每个士兵确信他的个人安全依赖于使用武器的高超技艺，而只有能完全驾驭胯下战马时，这种技艺才能发挥作用。因此，除了某些伟大的骑兵指挥官外，熟练运用兵器的重要性几乎被所有人都严重夸大，而说到骑兵的兵器，自然指的就是刀剑和长矛。

这些武器自有其用途，但当真正的目标，也就是军队的协同性达成后，武器在整体胜利中的作用几乎就变得微乎其微。

协同性的决定性因素是马术的熟练度，但是骑兵的机动性和持久性方面也要受到同等程度的关注，其原因在本书正文中已有大篇幅的叙述。当燧发枪、卡宾枪或者来复枪的使用成为必要时，机动性能确保移动更快的一方有权选择攻击目标，这种主动性能弥补他们射击技艺的不足，而和平时期的训练除了能提高射击技巧外则什么也无法保证。

这些我都在《骑兵与骑马步兵之争》一章中予以详细论述。在这里需要注意的是，每多花一个小时训练士兵的马上格斗技巧，就能使他们拥有更好的机动性和协同性；至少在理论上，每多花一个小时在靶场训练（range）上，则会减弱这种倾向。在实践中有足够的时间来兼顾这两种训练。事情之所以会变得不对劲，是因为士兵们被告知应该依赖于火器，而不是刀剑；这样一来，他们就会把马匹当成区区的代步工具，实际上马匹是一个完整骑兵单位的重要组成部分。

尤其不幸的是，因为我国对《海牙公约》（Hague Convention）①的坚持，步兵被剥夺了合适的反骑兵子弹（Horse-stopping bullet）的使用权，损失了约五分之四的火力，这让骑马来复枪手理论大占上风——步兵火力被削弱，对骑兵火力的倚重就会相对加强。一方面，通过骑行训练所得到的技艺无法弥补子弹本身的冲击力；另一方面，如果我们的骑兵部队无法再以紧密中队的阵型冲击敌人，那他们又如何能帮助重担在身的步兵呢？

或许有人会说我们不该再被鼓动去与一个欧洲敌人作战，但这只是无知之见。"纵使铁甲舰船也无法爬山"（Ironclads cannot climb hills）②，我军在欧洲大陆上为祖国服务——正如上一次危急时刻他们所做的那样——这种可能

---

① 译注：此处指的是1899年和1907年两次在荷兰海牙举行的和平会议上签订的条约。根据此文写作时间，当为1899年签署的海牙公约。公约条款对杀伤力较强的子弹做了使用限制。

② 译注：此为军界频繁引用的一句话，用意在于强调陆军的重要性。

性在当今要比以前更大。事实是我们又一次要与柏林敕令①做斗争。正如一个世纪以前我们将其粉碎一样，我们在不久的将来也要为保护我们的工人阶级免于挨饿而奋斗。

我毫不怀疑我们将获得最终的胜利，因为位于大陆上的敌人们无法意识到时局的艰巨性。但斗争的过程毫无疑问会是跌宕起伏的。而且在纠正英军目前在南非的军事通论的错谬之前，我们不会获得最终的胜利。

英军将不仅仅像是在滑铁卢那样，凭借三个军赋予欧洲和平②，而是要更进一步，以移山之力效仿北美的美利坚合众国将欧洲组成一个联邦。但肩担大任的我们要靠怎样的士兵去完成这一赫拉克勒斯式③的任务呢？

我承认我在当代年轻人身上看不到任何追寻真知灼见的渴望，不管这种渴望是源于私欲或是对未来的展望。现今风靡的是对舛误百出的理论的支持，而支持者靠摇旗呐喊来掩盖其错误。人们倾向于以他们局部主观的经验来否认数代以来基于战争原则而做出的科学归纳，并且忽视技术发明应该带来的战术调整——好像两个世纪前的军队在如今也能通行无阻一样。

基于人类的自然天性，人们有此想法也实在是可以预料的。如果有与我共事过的老战友还愿意在军中继续奋斗二十年，为即将到来的大事件挑起大梁的话，我也不吝相助。

对于那些认为我们可以慢条斯理地进行准备的人，我还要予以一言警告。现实情况与他们想的正好相反，就好比一个野心勃勃的人刚迈上成功的阶梯，却只能在每日杂务里虚度光阴一样，我们国家也为数世纪以来由于懒惰造成的严重官僚主义所累，没有时间制订一项有条理且可靠的军事改革计划。阅

---

① 译注：1806年，拿破仑在柏林颁布大陆封锁令，即柏林敕令。因为特拉法尔加战役的失败，拿破仑失去了以武力手段征服英国的可能性，因此希冀于通过贸易封锁来扼杀英国的经济，达到不战而屈人之兵的目的。莫德所说的"生死存亡之时"，正是指英国与拿破仑的斗争。莫德写此书时，德意志帝国作为新兴帝国在工业产值上已逐步超过老牌强国英国，两国在贸易和商业利益上的摩擦益发严重。

② 译注：滑铁卢战役后欧洲维持了较长一段时间的和平，有历史学家将此段时期称为"不列颠治世"（Pax Britannica）。

③ 译注：根据希腊神话传说，赫拉克勒斯曾经完成了十二伟业（Labours）以清除自己的罪行。

读我们国家身居高位的将军的传记，便可以了解这个事实。这一小撮人只是因为长时间的无所作为与谨慎小心，才最终忝居高位。查尔斯·内皮尔（Charles Napier）爵士[1]就是他们中最显著的代表。

能身居高位者永远都是少数，而这些人却浪费了珍贵的机会，在任上无所事事。军中有一条真理："时光一去不复返。"我可以大胆宣称，几乎任何一位中人之姿的骑兵中尉，只要有足够强的意志力，并抓住训练和重组任何一国军队的机会，就一定会为自己的职业打开无穷的潜力之门。因为未来的战争将主要是机动力的竞争，相对于只了解步兵的人，高级军官中既了解士兵又了解战马的人自然占了很大的优势。近期的战争就可以屡屡佐证此观点。

在这里还需要稍微解释下"皇家工程兵是骑兵武装之股肱"这个想当然的论断。这一观点并没有许多人想的那样玄妙，因为军事工程学是战术学习者不可或缺的第一学问。"围城是延长的会战，而会战是短期的围城"，前者节约人力却耗费时间，后者牺牲生命以换取时间。整个战争的演化史都指出时间在军事行动中日益成为一个重要的因素。

不管是在围城还是战役中，胜利最终都取决于哪一方在交火时能获得较大优势。优势要么来源于更强的火力集中，要么来源于进攻时更高的士气，抑或两者兼有，但这两者间的转变是一个渐进的过程。正如只有训练有素的士兵能意识到，在围城战中拖延时间，对于获取绝对火力优势是不可或缺的；以鲜血的代价进行骑兵冲锋所造成的冲击效果对快速获胜也是必需的。克里米亚持续两年的军事行动[2]给联军造成了五万四千人的损失。如果骑兵不失时机地冲击阿尔马河——要是这些骑兵部队在场的话——或许就能以仅损失五百人的代价结束整个战局。拿最近的例子来说，约翰·弗伦奇（John French）爵士[3]在几小时内冲锋穿过布尔军阵线并解救金伯利（Kimberley），仅损失二十人。

---

① 译注：查尔斯·内皮尔（1782—1853年），曾任驻印英军总司令，参与过半岛战争。

② 译注：指1854—1856年的克里米亚战争。

③ 译注：约翰·弗伦奇（1852—1925年），英国陆军元帅、伯爵，历任陆军总参谋长、一战远征军司令、爱尔兰总督等职。因在布尔战争中指挥骑兵师而名声大噪——他率领骑兵师解金伯利之围并进占布隆方丹的战例。值得一提的是，他与本书作者一样，都是骑兵冷兵器冲锋的支持者。

如果想要靠审慎围攻马奇斯方丹（Magersfontein）的布尔军来造成相同的结果，不知又会如何损兵折将？

更何况，皇家工程兵的日常训练目的是熟练使用精度极高的各种工具。在条件合适时，工程兵就极其依赖这些工具，否则就百无一用。

举例来说，经纬仪是一个伟大的工具，它能让人在不同海拔高度间奔驰数英里之远，误差只在一英寸之内，但前提是必须要用谨慎得体的方法来操作它。试想，如果经纬仪不放在地上，而是像来复枪一样抵在肩上用，只怕任何一个理智健全的人都不会信任由此得出的数据。想要准确地用好来复枪，需要更加谨慎。子弹的飞行轨道受到空气、温度、火药量等因素的影响，这不是射击者能够掌控的。加上战场的情况越激烈，火药的射击精度也就越差。因此不难看出，一个人被意图射击他的子弹打中的概率是极小的，整个进攻行动的成败仅仅取决于暴露在火力下的时间有多长。

这就带来一个速度问题：进攻距离越长，骑兵的优势越大，而步兵的优势越小。这一点在旧滑膛枪时代还很难看出来，但现在七百码外就能确保火力覆盖，使用骑兵的论点毫无疑问就占了上风。一分钟之内骑兵就可以攻入敌军阵地，两分钟后炮兵就可以抵达并提供火力支援，七分钟后步兵就可以进占刚拿下来的地盘。若仅仅是让步兵去做，这一过程将会持续数小时之久，还不一定会成功，因为敌人也会源源不断地投入生力军以求获取胜利。枪炮所能覆盖的范围越大，就更需要高速穿过交火地带。战争重要的是结果，而不是过程。一个指挥官必须做好承担风险的准备——这正是他的职责所在。他也要像一个伟大的领导者一样，具有洞悉战局的能力，正如威灵顿[①]在萨拉曼卡和滑铁卢的高超表现，成败皆决于此。

除此之外，在各国军队中，下级军官对步兵战斗的指挥权越来越大。因此，决定何时发起进攻对将领来说也就愈发重要，对一支训练有素的骑兵来说尤其如此。因为骑兵必须作为整体长驱直入，而不是停下来各自为战、寻找错

---

① 译注：阿瑟·韦尔斯利（1769—1852年），第一代威灵顿公爵，英国军事家、政治家、陆军元帅、英国首相，19世纪最具影响力的军事、政治领导人物之一。

误的掩护。即使骑兵的进攻失败了，也通常能为步兵掩护，以争取时间，就看步兵能否好好珍惜这个机会。

我深知本书有很多缺陷。一开始我有充裕的时间，打算遍访欧洲大陆上所有伟大的军事图书馆，但因一些变故，这个计划只得暂时搁置。直到现在，我看到公共观点是如何被南非战地记者粗糙的战争报道所误导后，感到十分痛心。他们中的大部分人都无法正确解读敌国与敌军的异常本质。我将材料收集并投稿到《联合军事杂志》（United Service Magazine），我必须感谢编辑能给我这一机会，来捍卫我在英军骑兵中的旧时好友与同僚的名誉。在此之前，他们既得不到理解，也收不到感恩。

此书的卷首插图是一尊漂亮的乔治二世国王骑马像，位于伦敦的科克斯勃街（Cockspur Street）。可惜的是直角拍摄时无法得到水平视角，因此照片的整体效果受到透视收缩的影响。只要我能成功引起人们对此雕塑的注意力——其代表的是骑兵巅峰时期理想的战马与骑手——那目的也就达到了。眼光犀利者能注意到些许瑕疵，但整体来说，以人和马的姿势而言，这大概是欧洲最好的雕像之一了。

最后，我将此书献给二等巴斯勋爵①乔治·勒克（George Luck）②中将。从他那里，我接受了关于如何训练与部署骑兵师的最好的教育。也是从他的经历中我得以了解：在即将到来的与欧洲大陆国家的斗争中，我们可以效仿他在印度和国内所做的那样，以一年半到两年的时间，组织和训练能够与欧洲任何骑手相对抗的骑兵部队。

F. N. 莫德中校

1903年8月

---

① 译注："Knight Commander of the Order of Bath"，简称"K. C. B."，英国巴斯勋爵中的第二等。

② 译注：乔治·勒克（1840—1916年），英国陆军军官，曾在印度服役，参与过第二次英阿战争。

绪论

第一章

◎ 曹恩道夫战役

　　相较于其他部队，关于骑兵价值和作用的理论已经汗牛充栋。如果一个人试图调和这些互相矛盾的理论，那么他不可避免地会发现，虽然作者们的智识有高低之分，但他们的最终结论几乎在开始为写作而调查时就定下了。一个人能忠实、直观地描述所见所闻，而不受自我经历的影响，是十分罕见的。

　　有些对拿破仑战争略微熟悉的人，把骑兵、步兵和炮兵理解为一成不变的冰冷物体，而无法理解这些词语所涵盖的近乎无穷的变数。换句话说，一支武备精良、训练有素的骑兵团处于时时变化的状态，兵员可能会因为疾病和伤亡在数周内替换大量战马和骑手。人们会发现，相较于步兵，这样的骑兵部队更难获得尊重。因为步兵的战斗力受替换兵员的影响较小，战斗力全靠士兵的素质。而骑马部队不仅受骑手，还受战马和两者依赖的各种条件组合的影响。

另一方面，从七年战争开始，一些骑兵军事爱好者在谈到步骑炮三军关系时，脑海里只有罗斯巴赫（Rossbach）战役和曹恩道夫（Zorndorf）战役①中近乎完美的骑兵形象，由此常得出大而无当的结论。如果这类人身居高位且能施加影响，国家则有覆亡之危。他们认为，任何冠以骑兵之名的骑手都能发挥出史上最优秀骑兵的水准，而常忽视敌我两军实力的对比。

以上两种都是明显的夸夸其谈，其倡议者都不甚了解我国战术教习之法和战术指导书的编撰方式。但那些学习过我国现代战术论点的人都会同意，无论如何，警醒时局都是必需的。

近期在南非的事件已经把"机动"的重要性体现得无以复加。如果我们含垢忍辱②得来的教训没有白费的话，那就应细察过去的教学内容，以检视有哪些因素会影响我们保障骑兵的机动性和冲击力（打击和火力）。一旦拥有这两个条件，我军骑兵毫无疑问地将重回过去的巅峰状态。依我之见，强力的骑兵，加上志愿兵服务体系和广阔的殖民地，足以使我们能应付目前面临的危机。

一支军队的战斗力是三军战力相乘而不是相加，其中骑兵的战力又可以弥补其人数的不足。以欧洲军队为例，历史经验表明似乎没有哪个步兵或者炮兵部队可以以一敌二而获得胜利，但对骑兵来说却是可行的。正如我之后想要展示的那样，良好的机动性和战斗力甚至让以一敌五都成为可能。良好的兵马和长期服役的经验告诉我，骑兵并非不能达到这样优秀的水准。我们只需以史为鉴，去其糟粕，就可以古为今用。

对指挥官来说，一支骑兵成功的重要标准是：

第一，清楚认识到部队的能力上限；

---

① 译注：这两场战役皆为七年战争中的著名会战。

② 我深思熟虑后才选用这些字眼。骑马部队在南非的崩溃是充满羞愧和耻辱的，那些忽视马匹贫乏状况的罪魁祸首不会永远逍遥法外，但这更加凸显出中将约翰·弗伦奇爵士的功劳，他巧妙设想并大胆执行了对金伯利的解围。排除万难，选择信任他的总司令也是居功至伟。

第二，足够了解通过何种手段能使骑马部队达到能力上限；

第三，无论承平还是战时，都不顾个人名誉与危险，能以铁一般的意志去完成此重任。

为达到这些标准，骑兵指挥官除了具备一名狂热者的偏执性格外，还必须熟知骑兵的历史，并具备马匹管理、训练和骑乘的扎实知识。他还要能克服国内阻力，即民选政府的庸政和《每日邮报》表达的公共观点。

至于士兵和战马所必需的品质，之后谈到他们时自会提及。这里我只强调一点，无论是在母国还是殖民地，英国民族的非凡气质都能克服打造理想骑兵的难题，尽管这一难题迄今为止都无人问津。

自律、镇定和决心是一名优秀骑手的性格基石。骑兵部队缺乏高水平的骑手和良好训练的马匹是稀松平常之事。至今我们都未重视过这些品质。我们"驯服"年轻的马匹，并被称为"粗野骑手"（rough-riders），这样的词表明了我们的切入点在哪里。

爱炫耀、蛮勇加上一点坏脾气才是目前受人称赞的品质。我们强迫一匹新马驹服从最强壮和最坚定的骑手，他能让马驹在阵列中稳步行进，但他身上的奇技淫巧和恶劣习惯却破坏了人与马整体平稳和规律的和谐。"欲速则不达"这一谚语正好可以用在骑兵建设上。只有当我们完全意识到这句话的深意并消除"驯服"和"粗野骑手"的现象时，我们才能理解什么是现代骑兵变革需仰赖的理想骑马部队。

谈到切入点，我选择直接迈入克伦威尔时代，以展示"铁骑军"（Ironsides）①的"理念"和"材料"。

17世纪上半叶大乱的英国都能出现"铁骑军"并抗敌八年，如果政务能被操持于强人之手，他目标明确，并能克服任何来自政府与社会的压力，以达成自己的目标的话，现在的英国又有什么做不到的呢？

15世纪末期，重装骑士和步兵的关系，就和当代铁甲舰与中国舢板舰队

---

① 译注：铁骑军是17世纪克伦威尔在英国内战中组建的部队，其名称来自克伦威尔的昵称"老铁骑军"（Old Ironsides）。

的关系一样。重骑兵坚不可摧，只有在马匹因疲惫而累倒或遭遇崎岖地形时会崩溃；在没有援助，又无法重新站立并缺少自卫手段的情况下，他就只能被那些更灵活轻便的敌人任意宰割了。

与东方民族打过交道的人都会认识到，无限制的权力是没有益处的，除非权力在最人道和最高贵的一流人物手中。权力会激发每个人心底残忍、贪婪和恶毒的一面，无所不用其极。

统治者的残忍和贪婪会导致底层的联合。在有利局势以及教会的频繁帮助下，瑞士和士瓦本（Suabia）的市民增强了防御力量以抵抗骑士。骑士们因为过于骄傲而无法联合，因此也就显得无力。市民用十八英尺长的长矛武装自己，并组成两百乘以六百英尺的方阵。对骑士和他们的骑马侍从来说，这样的方阵是无懈可击的。

◎ 17世纪初的火枪手

然而，市民们代表的是一种典型的移动缓慢的防御性力量，骑马部队可以通过迅速移动战胜他们。

便携式火器的引进并没有大大改变这种步骑间的形势。虽然手枪赋予了骑兵打倒长矛兵的威力，但钩铳（Arquebuss）[1]取代了十字弓成为破坏力更强的武器。而且，站在地上射击比在马背上射击精度要高得多。如果不是战略需求改变的话，这一形势有可能会永远持续下去。

即使步兵在驻守和行军时能够保持无懈可击的阵型，但敌军若掩藏在最脆弱却无法攀爬的屏障后面，那么他们也无法占到上风。当时独具匠心的天才

---

[1] 译注：鸟铳的前身，因为前段有钩爪勾住城墙来降低后坐力，由此得名。

迅速以增加火炮的方式克服了这一困难，他们把大炮放在推车上，与大军一起行进，这样就有足够的威力摧毁城墙。

然而，这是徒劳无功的开始。虽然能工巧匠花了几个世纪的时间才完成这一设想：将炮管安装在轮子上。

骑兵依样画葫芦的速度却不慢。当轮到骑兵出击时，从容不迫的骑兵先用车载火炮摧毁敌人的防御，自由选择攻击地点、目标，直到长矛兵减员严重、士气沮丧而毫无还手之力时，他们再发起冲锋。假若这种对抗是基于火炮的参与的话，那么不论过去还是现在，步兵只剩下两条路可以走：要么撤退到崎岖的地形以防止骑兵行进，要么掩藏在人造堑壕之后。两种方法都是自绝胜利之道，除非战争受到其他强权的外力干扰。在这种情况下，山地国家会正当化游击战，而那些只有与大国联合才能生存的小国会求助于堡垒。

不过上述所说的情况在这个剧烈变化的时代很少出现。

莫加顿（Morgaten）战役和森帕赫（Sempach）战役中的瑞士军队是那个时代唯一能站住脚跟的步兵部队。其他诸军中骑兵都是主要角色，只在数量和战力上有些许不同。

当时没有出版社，也没有新闻和电报，战场上发生的事要历时许久，他人才能闻知。虽然欧洲战事频繁，又有朝秦暮楚的雇佣兵，消息传达到底还是不方便。总体而言，战事爆发时，对垒双方几乎都无法从已发生的战役吸取经验教训，必须自己开动脑筋应战。

因此，只有到荷兰独立战争和三十年战争这类冲突中，我们才能发现明确的战术概念，如由战场经验总结出来的步骑炮三兵种的协同作战。荷兰独立战争牵涉的战争形态太过特殊，我们略过不论，而以三十年战争作为战术考察的起点。

在瑞典国王[①]的伟大生涯行将结束时，我们通过他的事迹和部队会发现，今日的许多观念在当时就已生根：炮兵在战备期间聚集大量火炮，若条件允许能移动则最佳；步兵于阵列中战斗并主要依赖热兵器；骑兵手执长剑全力

---

① 译注：指三十年战争中的瑞典军统帅古斯塔夫二世·阿道夫。

◎ 森帕赫战役

◎ 莫加顿战役

冲向已动摇的敌军本阵，进攻被长矛、拒马等类似障碍保护的步兵。步兵虽已动摇，但对骑兵来说，诸般障碍物还是比他们见过的任何刺刀方阵更难对付。

上述这段话，已明白无误地指出三军联合作战的概念在16世纪初就已出现：观察军事传统的发展，追溯阻碍该理念实现的冲突趋势，是一件趣事。此后，这一冲突几乎让所有欧洲国家都开了倒车，而不能沿着正途前进。

原因在于：炮兵作为一个组织，不是寻常的部队，而是商人的公会；炮兵有其独特的传统和思想，他们的主要关注点在于火炮的制造而不是战斗。享有盛名的炮兵大师有制作火炮和弹药的秘密方法却不愿外传，他因为年迈而更愿意享受舒适的住宅和高额收入，不愿因服役而一无所有。他对战争唯恐避之不及，只派学徒操作火炮，只有在十分重大的攻城战役或故乡受到威胁时，才愿意现身。

炮手不用承担马匹和车夫的任务。车夫负责运送辎重，任劳任怨却也没话说。

最早的火炮是能发三到四磅重炮弹的墙炮（wall piece）①。但人们需要威力更强的武器来打破与摧毁当时盛行的城堡，于是建造部门的头目都全神贯注于制作芒斯蒙哥（Mons Meg）②式样的巨无霸级大炮。时过境迁，而后炮兵大师的名望则仰赖于能否制造轻快、便捷的战地火炮以供需求。

从这时起，火炮的重量和轻便性间的冲突就开始了，一直到现在还没有结束。背后的原因一直没有改变。

火炮成了紧密聚集的长矛方阵最恐惧的兵器。两军交战，各军的首要任务总是如何通过骑兵冲锋破坏对方的火炮。被攻击的一方则设法以骑兵来保护火炮，一系列的骑兵冲突就此上演了。

理论上来说，交战中胜利一方的骑兵应该立即集结，俘虏对方的炮兵。几乎所有骑兵都有俘虏敌军和劫掠的传统。一旦击败敌人，在不扒光最后一具尸体和保证最后一个俘虏安全之前，他们就不可能再集结起来。当他们休整过后准备再上战场时，或许夜色已经降临，什么事也干不了了。

与此同时，步兵对移动中的骑兵处于无能为力的状态，但从对骑兵冲锋

① 译注：16—18世纪通行的火器，因单兵使用过于笨重，需倚墙发射，故被称为墙炮，与钩铳有相似之处。

② 译注：芒斯蒙哥巨炮是勃艮第公爵腓力三世在1454年送给苏格兰国王詹姆斯二世的礼物，重一万五千三百六十六磅，长十五英尺，口径二十英寸，现仍伫立在苏格兰爱丁堡城堡内，每日观赏游客不绝。

◎ 芒斯蒙哥巨炮

的恐惧中恢复过来后，则可与骑兵对抗，并掩护己方的火炮。战役在此时变得普通，炮手们只是无所事事地看着，步兵们被击败后，他们就切断绳索并溜之大吉。

火炮变得越来越重，步兵却变得越来越轻。骑兵较强势的一方很快就能发展出散兵体系。散兵能巧妙利用掩护，分散于广阔的前线，轻易破坏长矛兵的阵型并动摇他们的士气。作为回应，另一方也必须使用散兵；但只要敌人的骑兵一日强过他们，散兵就无法过于远离己方的长矛兵。因为散兵的火力不足以阻止骑兵冲锋，所以在侦察中也要准备在对方骑兵进攻时逃到长矛兵后寻求掩护。假设没有骑兵，散兵就会清理前线，并位于长矛兵侧翼，伴随他们一起前进。在这种情况下，炮兵也发挥不了什么作用。

在此必须声明，散兵是名副其实的轻步兵，和现代单打独斗的战士无任何共通之处。他们以"被遗忘的希望"（die verlorene haufe）的名义前进。散兵的选拔标准是敏捷、枪法和勇气，并随时准备在无法脱身时奋不顾身地战斗。

这就是三十年战争开始时三军之间的平衡。除了微小的调整外，此情况在下个世纪所有的欧洲军队上延续了下去，但瑞典军和克伦威尔的模范军是例外。两者都是由其领袖的天才所培养出来，并超越了上个世纪的所有成就。对其成因需要细加观察。

瑞典军的本质是由天赋异禀的领袖将其领地征募的兵卒凝聚在一起，并灌以极强的作战信念的军队。他们一开始就藐视传统，其将领环顾当时形势，用聪明睿智解决了战术问题。各种各样的人聚集在他们周围，说得直白点，这些人是"雇佣兵"，但要强过传统意义上的"雇佣兵"。瑞典军是约翰·霍克伍德爵士（Sir John Hawkwood）"契约军"（condottieri）[①]的精神后裔，其领袖符合皇帝的标准[②]。更难能可贵的是，大多时候他们都给人纪律井然的印象，作战时等级分明，不可越级指挥。其士兵之所以常胜不败，正是因为其冷静谨慎的精神。一名将领不可让士兵放任自流，否则就有丢失个人威信和影响力的危险，而让士兵无法经受住战地的考验。此理放之四海皆然，即使是海贼和强盗的领袖，也要摒弃卑鄙自私之心，如此众人才会敬服。

骑兵武装一开始是由跟随单个骑士的骑马侍从发展而来的。这些骑马侍从没有数量、装备和战术上的范式，但经过各种各样的战斗之后，其最终演化成骑兵部队。不论何地，骑士与其侍从都是以楔形阵冲锋，意

◎ 约翰·霍克伍德

---

① 译注：约翰·霍克伍德是14世纪英国著名的雇佣军首领，其主要活动舞台为意大利。他的雇佣军部队被称为"契约军"，概因"condottieri"在古意大利语中有"契约者"的含义。现代意大利语中，"condottieri"也被引申为"军事指挥官"。

② 译注：指法国皇帝拿破仑一世。拿破仑对于为将之道曾经有过如下评论："反复仔细体会亚历山大、汉尼拔、恺撒、古斯塔夫二世、欧根亲王、杜伦尼和腓特烈大帝的战役，以他们为榜样。这是成为一个杰出指挥官仅有的几种办法之一，好好从中吸收战争艺术的奥秘和精华。在学习过程中你的个人天赋将得到激发和提高，你将自觉屏弃那些与伟大指挥官无干的外来其他教条。"

◎ 三十年战争中的瑞典军队

图也总是一样的——撕裂敌军的阵型。但其他细节方面的东西，如装备等，则因将领的财力、马匹的质量等而有所差异。值得指出的是，虽然盔甲总是要穿的，但包裹全身、让人摇摇欲坠的重甲套装，和前段时间由此而衍生出的铁甲骑兵，在战场上都从未出现过。这或许是因为我们的长弓手在阿金库尔（Agincourt）和其他地方的优秀战果所致[①]。

在逐渐的发展中，部落战争变成了王朝战争，雇佣兵取代了募兵，混乱中涌现出了范式，成功领袖的实践被广泛模仿，各地步兵与骑兵也演化出了数量相仿的建制。

旧日的楔形阵变成了菱形阵，中空却强硬，可以往任何方向出击，或者只要半转马头，就可以由方阵变为线列。为了给调转马头留下空间，阵型不可以膝并膝那般密集，每两人间都有一马身长的距离。如此，当骑兵中队遵从"四人一组从右侧转向前排"的命令以进行击剑训练时，他们看上去就像是在

[①] 译注：指阿金库尔战役和克雷西战役。两者都是英军长弓手大胜法军重骑兵的经典战例。

各自为战一样。显而易见，该阵型的灵巧性能让它通过灌木丛或类似的复杂地形。但众所周知，让每名骑兵都向左或向右移动而不产生任何混乱，这对骑术的要求是极高的，由此我们就可以明确推测出这些早期骑兵对个人控马技术的要求标准。

我无法确定冲锋时后排骑兵是否要填补前排的空隙，这可能要依各地习惯不同而定。因为通常要避免全速冲锋所带来的冲击，所以更有可能是前后排单纯交织在一起，然后演变为一系列的单打独斗。

很难追溯骑兵阵列冲锋这个主意最初是什么时候浮现的。

马克斯·耶恩斯（Max Jähns）[1]告诉我们阵列冲锋早在1500年就成了法军骑兵的传统，但此一传统在1580年中断。他引用了以下来自德·拉努[2]的古怪记载：

> 法国人通常善于学习任何新知识，但他们如此坚持排成一条线发起进攻（en file ou en haye），却是十分奇怪的。因为没有哪个骑士或者贵族能容忍别人跑在他们前面。这个想法毫无疑问是过时了，他们应该学习德意志人、西班牙人和意大利人那样以骑兵阵列行进。我经常看到法国人的冲锋被德意志纵队所打破，虽然后者的贵族数量远少于前者。
>
> 在瓦朗谢讷（Valenciennes）时，国王手下有两千矛兵。但他

◎ 弗朗索瓦·德·拉努

---

① 见《战争科学史》（Geschichte der Kriegswissensachaften）744页，《论古代骑兵列阵的两种方法》。此书的英译本在1597年（译注：疑似1897年笔误）出现于伦敦。

② 译注：全名弗朗索瓦·德·拉努（François de la Noue），外号铁臂（Bras-de-fer），活跃于16世纪的胡格诺战争期间。

们的阵列正面如此之宽广，三百人就有一千步的宽度……

虽然贵族数量很多，但在交战之时不少人会怯阵，如一个人在流鼻血，另一个人的肚子上的系带松了，第三个人的某片铠甲又没系好，如此不一而足。因此对骑兵阵列（指紧闭的纵队）来说他们并不难以对付。

耶恩斯认为，如果要保留枪骑兵的话，数量必须大幅缩减，并只组成一种二十五至三十人的小部队用于前卫。根据瓦尔豪森（Wallhausen）[1]在1600年的记载，这也是实际上发生的事情。为什么长矛变得不受欢迎并最终消失，直到1808年拿破仑才在欧洲骑兵里重新启用，从马克斯·耶恩斯在《战争科学史》的第745页对同一章的概括中就可以看出来：

轻骑兵一定比枪骑兵要强。轻骑兵是骑着小型马、配备刀剑和手枪的骑兵，现在（1580年）正逐渐统治战场。勇敢的老胡格诺人对这新兴的致命进攻武装当然充满偏见。"所有那些武器都像恶魔一样，它们被几个心怀不轨的商家制造出来……尽管人类的邪念催生了它们。它们现在是如此之必要，以至于我们无法忽略它们。此外，骑兵配合手枪使用，效果会更好，在这一点上德意志人是诸民族中的佼佼者。我们把火枪作为奖励分发给骑兵。"手枪是比长枪更好的武器，它不仅能造成更大的杀伤力，而且每个骑兵可以携带两把手枪，枪骑兵则只能携带一柄长枪。德意志轻骑兵也是秩序井然的，可以说他们的阵型也比较密集[2]。虽然有这许多优点，他们的进攻却极少成功，原因是他们射击得太早了，而手枪在二十码以外无法击杀穿着胸甲的敌人，三码内倒是可以。火枪的主要优势体现在近身搏击中，这时长枪就毫无用处了。如果不准备抛弃长枪的话——他还没走到这一地步——那么枪骑兵需要比目前更高的训练标准，尤其是在近身战斗方面。法国贵族无论是使用手枪还是长矛都不合适。因为他（法国贵族）显然不会去清理和装填战斗工具，而是把此事交给他的侍从，这样在关键时刻武器也不会可靠。

_____

① 译注：德国军事作家。

② 对此我找不到确切的证据，它暗示德意志轻骑兵是"膝盖贴着膝盖"，但现代考证指出他们之间有一马身的距离，也就是六英尺。

这就是16世纪后半期战场呈现给我们的图景：骑兵缺乏统一的训练范式导致大部队的联合行动依赖于他们的火器和个人气力，而不是骑兵阵列带来的真正冲击效果，无论是战场上的行进还是以松散阵型进行缓慢冲锋都是如此。步兵站立不动，以数量优势抵御他们的进攻；炮兵因为社会鸿沟①而与战友们分开，且受笨重火炮所累，无法通过移动来改变战局或力挽狂澜。

我们要做的第一步是理清由文艺复兴和出版业的兴起给军事研究带来的冲击。

在15世纪行将结束之时，领地上的募兵全面让位于尽忠王室的雇佣兵部队，因此也就亟须一套战术和行政的统一系统。意大利和西班牙近水楼台先得月，他们处于时代变革的中心之处，因此也就立即想起他们身上的罗马人传统并对罗马著作加以学习②。

马基雅维利、门多萨、阿尔瓦公爵、萨沃尔尼亚诺和加林贝托③，都受到这一思潮的影响。我们从意大利人和西班牙人身上能找到现存的军事术语学的五分之三的起源，而他们都在这时开始了长达半个世纪的相较于北方竞争者们的领先时期。尽管如此，不管是印刷术的兴起把军事变革的成果向外辐射到了全欧洲，还是说在北方诸国中早已酝酿了此一变革，最终北方都成了最大的受益者。

当宗教自由的伟大狂潮席卷荷兰时，科布伦茨（Coblentz）以下的莱茵河沿岸却还被封建时代的传统所扰。该区域饱受兵燹之祸，当许多德意志小公国被卷入危险时，他们发现居然没有现成的军事典章来指导他们自我防卫。

----

① 译注：在中世纪前后炮兵的主要成分是中产阶级与商人阶级，在社会地位上比不过由贵族和农民组成的骑兵与步兵。

② 译注：意大利、西班牙和法国是罗马帝国的三个传统省份，受罗马化影响极深。意大利语、西班牙语和法语也被认为属于拉丁语系。

③ 译注：尼科洛·迪贝尔纳多·代·马基雅维利（Niccolò di Bernardo dei Machiavelli, 1469—1527年），文艺复兴时期意大利哲学家、历史学家、政治家，代表作《君主论》。圣贝纳迪诺·德·门多萨（Bernardino de Mendoza，约1540—1604年），西班牙将领、外交官、军事历史作家。阿尔瓦公爵（Duque de Alba），这里指第三代阿尔瓦公爵费尔南多·阿尔瓦雷斯·德·托莱多（Fernando Álvarez de Toledo, 1507—1582年），西班牙贵族、军事家、政治家，为当时最杰出的将领之一。

◎ 拿骚的莫里斯

就在此时，拿骚的莫里斯亲王（Maurice of Nassau）①开始直面生存与死亡的威胁，他苦苦求索于旧日罗马典籍，并找到了答案。

对凡事进行正本清源后，莫里斯宣称当时已普遍存在于封建募兵制国家——比如说英国的传统军役制度已过时了。为了教导儿子威廉·路德维希伯爵（Graf Wilhelm Ludwig）②，他翻译了希腊与罗马最权威的战术著作，它们是现今所有战术书籍的起源。

目前来说，对我们最重要的是埃里安（Aelian）③的《战术》荷兰语译本，此书后来又在1616年转译为英译本，存于皇家三军防务研究所（R. U. S. Institute）④。从这本书中，我们可以了解秩序如何在混乱的时局中播下种子。

文艺复兴之初，荷兰与瑞典宫廷之间就存在着亲密的关系。拿骚的莫里斯亲王一直都是古斯塔夫·阿道夫的偶像，前者所建立的原则，不管是上述提到的作品还是其他一些未出版的著作，都对瑞典军队产生了极大的影响。与别国不同，瑞典不太受传统的束缚。波兰战争对他们来说，也是一个关于纪律和

---

① 译注：拿骚的莫里斯（1567—1625年），联省共和国执政，拿骚伯爵、奥伦治亲王。1589年任联省军队最高统帅。任职期间，重整军队，继续与西班牙进行斗争，1590—1604年取得一系列胜利，将西班牙势力赶出尼德兰北方。

② 译注：拿骚的莫里斯有两个非婚生子威廉（Willem van Nassau，1601—1627年）和路德维希（Ludwig von Nassau-Beverweerd，1604—1665年），这里疑似作者弄错了。

③ 译注：公元2世纪生活在罗马的希腊军事作家，著有《希腊战术阵列论》（On tactical arrays of the Greeks）一书，并将此书献给哈德良皇帝。

④ 译注：英国国防研究智库，现称皇家联合服务研究所（The Royal United Services Institute for Defence and Security Studies），于1831年由威灵顿公爵阿瑟·韦尔斯利创建。

◎ 三十年战争中的布赖滕费尔德会战

训练的极好课堂。虽然从敌人的坏习惯中学不到什么东西，但战争中的勇气、训练和快捷是确保他们获得全胜的主要因素。因此，瑞典人在一个较早的阶段就能用摧毁性的三深线（three-deepline）齐射来替代十二线的普通射击。这样就能使持手枪缓步冲锋的骑兵陷入更加绝望的境地。

摆脱中世纪的成见、更好的训练，再加上与总是全速冲锋的东方民族——虽然是以松散阵型——的接触，让骑兵减少阵列深度并快速冲锋成为可能。东普鲁士和波兰的特殊情况，即道路尚未修整，而平原只是泥泞之海与流沙荒漠，使各武装只能轻装前进，这在骑兵上体现得尤其明显[1]。

与旧帝国缓慢移动的混合部队（heterogeneous forces）抗衡时，迅捷的单一部队（homogeneous forces）的成功是显而易见的。

---

① 译注：波兰战争后，古斯塔夫有鉴于在东普鲁士和波兰的作战经验，发明了机动性更高的作战方式。

古斯塔夫因时乘势，因地制宜，大量装备火炮以击倒敌军的骑兵。这些受到炮火重创的骑兵，既敌不过面前毫不动摇的步兵，也无法在混乱之中应付速度更快的骑兵的冲击（比如布赖滕费尔德会战）。

瑞典步兵的信心随之增强。他们尝试在战场上快速机动，但这样火器的威力就难以显现。如果敌军前排在斜着变阵时受到攻击，通常就会陷入恐慌，这种情况下，支援骑兵也无法发挥其作用。所以我们就能明白敌军为什么无法理解瑞典军所采用的新手段并从中吸取教训了。

旧帝国中并无真正的爱国之情。如果甲的马和乙的脚折了，整个军队也因此溃败的话，原因也没什么复杂的：不同于丙、丁或其他的下贱士卒，甲、乙是军队里面等级地位最高的。

再举例而谈。如果战败的帕本海姆胸甲骑兵团①因好运被敌人放回家——当然，因为他们人人身材魁梧又骑着高头大马，免不得要自吹自擂一番——原因也仅仅是由于他们帕本海姆骑兵的身份而已。虽然也不排除敌人犯傻的可能性，但他们得此好运的主要原因却在得意忘形中被遗忘了。古今所有军队都讲究的"团队精神"，因团与团之间的差别更为明显。这样的团队精神比一个单一的、严密结合的部队里应当存在的爱国之心更加强烈。不论是我们自己的还是拿破仑一世的军队，即使其中最好的单个团里，我们都能频繁看到类似的反常本能。

在发生大规模战争的国家里，地理环境能对战术思考产生独特的影响。瑞典在开阔地的胜利把旧帝国赶出了城镇与堡垒稀少的北德意志平原，进入了人口相对稠密（换言之，守备更充足）、地形更崎岖的美因河以南地区。围城战随即开始。而当时应付这种战争形式的手段，即使是炮兵，也是相当无力的。在缺乏良好协调的情况下也无法迂回牵制敌人。

在种种困境下，机动性起不到什么作用。军事决策者的反应便是以锄头

---

① 译注：以其领袖戈特弗里德·冯·帕本海姆（Gottfried Heinrich Graf von Pappenheim）命名，帕本海姆为三十年战争期间神圣罗马帝国陆军元帅和骑兵指挥官，在吕岑战役中阵亡。

和铲子作为士兵的武器①，好比七年战争后的奥地利、内战中的美国及1877年俄土战争后的欧洲。所有这些例子里的原因都是共通的，即战争中军队协调性的缺乏使对立双方无法完全发挥其机动性。换言之，进攻的军队缺乏足够的机动能力来处理空间上机动的难题。

在每个时代，战争实践都有不可超越的临界点，此界限会随着交战国技术水平的增强而变化。当古斯塔夫在吕岑陨落时，他抵达了其所处时代的巅峰。但他的死造成了巨大的反应。以物质的角度来观察当时的情况，士兵、武装和国家，是一成不变的。鼓舞士气的灵魂消失了。他的军官虽然个个都是男子汉和领袖，却没有一个超级天才能在分配各军任务时做到因材施用。

不仅如此，伴随国王之死，瑞典军募兵的质量和数量都大幅下降，而且按照旧标准进行训练的日子也一去不复返，因此瑞典式战术碰上困境是理所当然的。骑兵总是在错误的时机发起冲锋，在坚固的矛兵方阵前动摇，阵型松散，被紧密且更加行进有序的骑兵击溃。"步兵是无坚不摧的"思潮开始回溯，有意思的是，这种观点的出现并不是因为物理上的原因，即人类骑的任何活物都无法跳过或跃过由十六排十八英寸长矛组成的刀山；相反，而是火器效能的极大提升。

因此，军事理论马上又倒退回旧时代。至于大陆国家，则在接下来的一个世纪中墨守成规。

在内战爆发前的四十年，事态并无太大的改善。当涉及军队的组建时，我们的祖先必须与随之浮现的困难相斗争。

---

① 译注：指在战争中以挖掘堑壕和闭城自守的防御性手段作为主要作战方式。

克伦威尔的治军

第二章

◎ 埃吉山战役前夕的查理一世（中间蓝绶带者）与鲁珀特亲王（坐在桌旁者）

英国革命的爆发开拓了一个全新的领域。

与其他国家相比，我们几乎不受中世纪传统的束缚。即使这样的传统存在，也基本是在保王党那边。他们不仅有现成的步兵团，也有师从巴拉丁的鲁珀特亲王①的贵族们站在他们那边。

---

① 译注：即莱茵的鲁珀特亲王（Prince Rupert of the Rhine，1619—1682年），曾在英国内战中担任保王党的骑兵指挥官。

在这种情况下，谦卑而虔诚的士兵在信仰新教的英雄的领导下聚集于共和国旗下①，为宗教而战。因此，国会的势力在一开始就受了瑞典军事体系的影响②。虽说如此，也许是步兵内反对横队射击的意见流传过广，或是我们伟大的战术训练大师斯基庞③正确地认识到新兵们的纪律和协调性还不足以进行横队射击；我们依然坚持大规模的纵队射击，而不是横队齐射，并且相比于古斯塔夫的惯例，长矛兵与火枪手的比例更大。不过，基本的区别还是有的：保王党遵循旧帝国的脚步，依然维持着由大规模纵队组成的单一战线；而共和国在保

◎ 年轻时代的鲁珀特亲王

证了军队正面每码都有相同人数（一般是十二人）的同时，用规模更小的，以二到三线组成的纵队来集结士兵。这样就保证了弹性和机动性，同时也体现了预备队的概念，这对克伦威尔骑兵战术的演变造成了重大影响。

在这里我并不打算展开对克伦威尔生涯和伟业的长篇评述——我也不具备置喙此事的资格，但至少我能略微地指出克伦威尔长期被忽视的能力

---

① 译注：信仰新教的英雄指的是奥利弗·克伦威尔，他是思想激进的新教徒，麾下士兵也多信仰新教。

② 译注：从宗教派系来看，三十年战争分为瑞典领导的新教同盟阵营和哈布斯堡领导的天主教同盟阵营。英国内战中国会一派募集新军，且多为新教徒，较易受瑞典的影响。

③ 译注：菲利普·斯基庞（Philip Skippon，约1600—1660年），英国军人，参加过英国内战，曾任新模范军少将。

与特质，这种忽视由周遭环境所造成。目前为止，没有任何一个英国军人[1]阐述过这一主题，因为一些原因，直到好几年前（1885年之前）也没有能完全理解这一主题的军人。直到19世纪80年代早期都没有人见过或真正理解过一个真正的骑兵师是怎样的。的确，骑兵的"师"和"军"的术语在许多年前的第一帝国[2]期间就已存在。在被称为"骑兵师"的马上军痞和在德意志与奥地利训练场上所造就的完美的现代轻骑兵之间，有一道不可填补的鸿沟。因为从塞德利茨[3]的时代以来，没有哪支骑兵部队能接近现代标准。我们要感谢一个德国军人——赫尼希上尉指出了克伦威尔和他的铁骑军在巅峰时期能媲美甚至超过欧洲顶尖的骑兵。因为最近的冯·施密特[4]将军和霍恩洛厄亲王[5]的作品，我们现在也知道创建这样一支标准的骑兵师需要何等的殚精竭虑，即使已经有前人替他们打基础。这就是四十二岁的平民——克伦威尔在敌情威胁和艰难困苦的环境下达成的成就。

---

[1] 开始写作此书后，鲍多克（T. S. Baldock）上校所著的《作为士兵的克伦威尔》（Cromwell as a Solider）已出版，极大地填补了此领域（对克伦威尔的研究）的空白，我特意向读者推荐。福蒂斯丘（John William Fortescue）的《英国军队史》（History of the British Army）也包含了很多有价值的资料。加德纳（Samuel Rawson Gardiner）关于内战和共和国的历史作品自然也是值得参考的典范之作。不过，这些书的军事价值较小。就如大部分人一样，加德纳几乎无法明白在面对敌人时组建一支军队的无限困难，而且也不具备足够的知识来理解新模范军达成的伟大成就。因为这一原因，我更加偏好赫尼希（Fritz August Hoenig）的作品。这不仅是一个外国人的客观观察，而且赫尼希对骑兵工作也有更加深刻的理解，同时他也具备军事训练方面的专业知识，比其他任何研究过这一主题的作者都要强。他的作品在许多细节方面或许不准确，但他在德国军校受过的严整训练，使他能够站在哲学的高远角度来观察战争问题。总而言之，他对克伦威尔与其将道的阐述，就如同马汉（Alfred Thayer Mahan）对纳尔逊与我们的海军将帅的阐述，向我们展示了一个道理：战争是一项连贯的政策，而不是一系列孤立的事件。

[2] 译注：指法兰西第一帝国（1804—1814年）。

[3] 译注：弗里德里希·威廉·冯·塞德利茨（Friedrich Wilhelm von Seydlitz，1721—1773年），七年战争中腓特烈大帝手下著名的骑兵将领。

[4] 译注：卡尔·冯·施密特（Karl von Schmidt，1817—1875年），普鲁士骑兵将领，在普法战争后主导普鲁士骑兵的改革。

[5] 我这里特别参考了克雷夫特·冯·霍恩洛厄－英格尔芬根（Kraft von Hohenlohe-Ingelfingen）亲王的《关于骑兵的对话》（Conversations on Cavalry），而不是他更出名的《骑兵文件集》（Letters on Cavalry）。后者的研究若没有前者的补充纠正，会极具误导性。《关于骑兵的对话》已由美国骑兵上尉赖希曼（C.Reichmann）译出并于五年前在英国出版。

◎ 奥利弗·克伦威尔

◎ 1642年1月4日查理一世试图逮捕5名国会议员，这一事件促使英王离开伦敦，引发英国内战

所谓艰难，主要指兵员，可以从克伦威尔对骑马去埃吉山（Edgehill）的汉普登①所说的话中看出来，那时他的骑兵队尚未经受战阵的考验。"你的士兵基本都是年老力衰、寄人篱下的下仆、酒鬼和人渣。敌军则是士绅之子、行伍之人。你能相信这群乌合之众的志气可以与为荣耀而战、心怀决意者相提并论吗？你必须提振他们的志气……这是绅士会选择的道路，否则你就会被击败。"从这里，我们可以了解到船税（ship money）②和其他暴政如何让斗争局势变得紧张，但在第一轮战争热潮时，决定战斗胜利的要素往往不为人知，法国、美国等地的革命浪潮也有这种现象。

克伦威尔的骑兵队受其个人影响而诞生，成员来自自己及毗邻领地上的佃户。与普通军队不一样，骑兵队遴选成员看的是士兵信仰的宗教。我们必须记住，在那个时代，人们愿意为自己的信仰而死，就像今日的土耳其和印度。如果把那个时候的清教徒和他们在现代堕落的继承者相提并论，因而对之进行侮辱，这将是一个严重的错误。现在的清教徒随时都准备鼓动国家陷入一场战争，以满足他们歇斯底里的需求；又无所不用其极地阻止行政部门给我们的武装力量提供必要、正当的训练方法——而这种训练方法正是我们亟需的——以应付他们不负责任的言论可能造成的后果③。

---

① 译注：约翰·汉普登（John Hampden，1594—1643年），英国革命时期议会派领袖，五议员之一，克伦威尔的表兄。

② 译注：少数几个英国王室可以不经国会同意而直接征收的税种。1634年，查理一世在和平时期试图征收船税引发了国会的激烈抗议，并间接导致了英国内战的爆发。

③ 写此书时正值亚美尼亚危机，即1897—1898年。

内战时，这些英明果敢的战士正值可以纵情放纵的年纪，却洁身自好，并随时愿意为使命牺牲生命。这些仁人志士对祖国的影响是立竿见影的。国家被完全唤醒了，对立的两边都出现了精英，他们意识到时局的严重性，因而决定在军事问题上使用严格的律令。如此，两方军队都成了百折不挠的铁军，只有世上最严厉的惩罚才能让他们屈服。正是在这段时期，我们奠定了军事传统的基石，例如，把最多损失三成士兵作为作战是否优秀的最可靠鉴定标准。若未能向前推进，其正当理由应是三人中至少损失一人，一直到克里米亚战争这都是军中不成文的传统，1862—1864年之前的美军也是如此。

自整个英国都能直接受到战争威胁以来，时间已经过去了一个世纪。因为我们的海外部队规模一直较小，所以不能按照通常的军事知识去建立完备的体系——如军事程序、阵型的要素和训练新兵的方法。虽然骑兵这时已为他们未来的发展打下基石，但若兴起大规模的全国性军备竞赛，这个条件自然就无效了[①]。他们全都骑术精湛，不仅能黏在马背上不掉下来，在道路崎岖、人口稀少的乡间也有出色的表现。他们天生就是骑手，具备平衡马匹的能力，能快速、安全地横跨崎岖的地形，并能长途奔袭而不会人马俱疲。

出于组建骑兵的目的，当时也演化出了值得称赞的养马法。判断马匹是否优良的标准是看马的持久力，而不是速度。对马匹的全面发展给予更多关注后，培育出了马背较短、步伐更好的品种，这意味着更大的载重力和移动时有更高效的体能。

这些要点的历史证据是十分贫匮和充满争议的，但在高负重下（二十二到二十五英石[②]）的优异表现已经证明，这些马值得称赞。略微思索就会知道，这是当时的时代条件会产生的必然结果。如果一个人每天要在崎岖乡间行走五十到一百英里，他自然就不会选择在马厩中步伐让人感到不舒服的坐骑。此外，当一个人必须将一匹马使用到其耐力极限，他会本能地调整座位和马鞍，

---

① 译注：这里的意思是，英军骑兵作为一支小而精的部队时十分优秀，但若因军备竞赛扩充为大军，则士兵的素质很难保证。

② 译注：英国计量单位，一英石合六千克或十四英磅。

将负重力均匀地分散到四条腿，而不是集中到两条腿上，这也是现代平民骑术的发展趋势。

换言之，一个骑手知道如何"收缩"（collect）胯下的马匹。"收缩"意味着弯曲马的脊背和后背肌肉来承受行李的重压。一旦必要程度的"收缩"完成，发挥骑兵效能的第一步，也是最重要的一步——马匹无条件服从骑手——就完成了。如果没有这个"收缩"的过程，也就是马匹学会用后蹄受载物的重压、马背也轻微拱起的话，马匹就不可能承载骑手，这可以从数学的角度予以证明。

正是这一骑兵效能的先决条件（驯马），迄今为止战术训练家的工作负担才得以减轻，并使骑兵能在短短十六个月执行一千人以上的军事联合行动。如果没有这一先决条件，是不可能实现的。只有把重点放在个人骑术上，才能避免骑兵犯大量错误，这点我会不断强调。

战术与训练的常规思想最早发端于一本有趣的小册子：《士兵入门》（The Souldiers'Accidence），作者为马卡姆（S. Markham），1643年出版于伦敦。从以下摘录中可以看出，作者是以稳重与解决困难的意识来研究的：

> 为使他们承担起教导、指挥和管理马队的责任，所需要的决心是无限大的（而且经历了许多困难）；士兵（其为理智的生物，能听懂我的语言和理解我的指令）不至于特别蠢笨和焦躁，训练他们比训马要简单，若他们有不如意之处，可以用权威和惩罚强迫他们服从命令；但要把愚蠢的士兵和愚蠢的马匹训练成纪律之师，能冷静、有序和条理井然地执行每一个动作和指令，"这简直艰难之至"[①]。

毫无疑问，关于每年训练骑兵时要背负的责任和困难，没有哪个现代骑兵指挥官能有比这更完整的认识了。

下一段引用就没有这样令人满意了，而且也揭露了许多人错误认识的一个成因：

> 在旧式战争中，火药的实用性还没有达到现在的高度前……但到了我

---

① 译注：引用自古罗马诗人维吉尔的《埃涅阿斯记》。

◎ 英国内战时期的骑兵与火枪手

◎ 埃吉山战场遗址

们这个时代，火药的最大力量已得到阐明和解释。（35页）

这段话可以成为以下事实的决定性证据：旧时的骑兵会把幻象误认为是现实，并相信是极其不稳定的子弹雨，而非由长矛阵组成的物理障碍阻挡了他们的前进之路。随着时代更替，火器射速（而不是精度）渐长，他们未能注意到长矛阵的消失，直到通常与骑兵为敌的刺刀也从现代战场上消失（人们没有时间去安装刺刀）后才骤然醒觉——我们就不用为此而感到惊讶了。

马卡姆先生没有告诉我们"冲锋"的精确定义，他甚至没有指出冲锋应采取的步法。虽然他特别引用了"跑步"（gallop）作为枪骑兵进攻时的正确步法，但枪骑兵部队因耗费颇高而失去了欧洲的青睐，在英军中也完全不存在。看上去，这一时期正统的训练学校中"快步"（trot）才是习惯的进攻步法，这为最近几篇研究克伦威尔骑兵的专题论文提供了支持。这些论文认为，那个时期的冲锋只是双方在接近火枪射程时开始的一系列单打独斗，压倒性的数量才是决定因素，现代意义的"骑兵冲击"则从未发生过。

但相反的论据对我来说更有说服力一些，鲍多克上校的作品[1]描述了埃吉山之战——内战中的第一场会战的进程：

翻身上马后，鲁珀特亲王赶到军前，下达确定的指令，马匹在行进中尽量靠拢，士兵手持利刃，在突破敌军阵型前，受到敌军射击时不得用卡宾枪或手枪还击，在情势需要时及时遵守命令使用火器。

第46页叙述了实际的冲锋，他写道：

---

[1]《作为士兵的克伦威尔》，第45页。

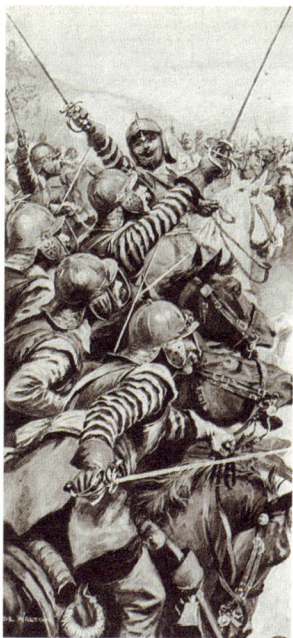

◎ 保皇党骑兵在埃吉山战役中的进攻　◎ 埃吉山之战

　　然后，鲁珀特发起了冲锋。依据惯例，他的第一线骑兵远强于第二线——如果他有第二线的话。不仅如此，他似乎也没有试图保存任何预备队，而是全军一起疾驰，在没有开火的情况下便撞上了拉姆齐^①的骑兵队^②。

　　这可以证明，骑兵领袖是有意进行全速冲锋的。正如克伦威尔在盖恩斯伯勒（Gainsborough）的行动报告展示的那样，如果冲锋不能一直如愿，也能以士卒训练不精的理由和许多将来已明了的事实来解释。这一事实是：所有国家的所有类型的部队中都存在用全速冲锋进行打击的绝对定理。法国胸甲骑兵是例外，他们一直到拿破仑时代都坚持缓步步法和紧密阵型。敌对两支骑兵在冲锋到面对面时忽然停住，并用卡宾枪和手枪开始攻击的例子也并不罕见。

---

　　① 译注：詹姆斯·拉姆齐（James Ramsay，1589—1638年），在埃吉山之战中指挥议会军骑兵左翼，他的部队在第一次冲锋时逃跑。

　　② 这段记载来自《国王的小册子》（King's pamphlets），E126（13）和（38）。

我在前面已经提到这个时期的马匹有多么耐久。以下主要从赫尼希作品中整理出来的数据表明，这种持久度有多少是由当时的自然状态决定，又有多少是由于稳定的军事管理而逐渐形成的。

早在1642年1月，国会就首次批准了克伦威尔组建骑兵队的请求。克伦威尔返回自己的郡后，在米尔登霍尔（Mildenhall）举办了一场会议（1月31日），决定招募志愿者入伍，但他们需自备马匹。三十到四十名志愿者马上加入了骑兵队。克伦威尔面临的最大困难是如何武装这些人，他精力旺盛，在2月7日得到了三百英镑的支援，并带着他那一小撮核心队伍洗劫了附近不支持建军者的房屋，其中包括他的叔叔。他剥夺了他们的装备，没收贵重物品，这些东西迅速被用到志愿者队伍。

9月，克伦威尔接到了第一份任命状：第六十七龙骑兵中队队长。当时，一支骑兵中队的固定编制为队长一名、上尉一名、骑兵少尉一名、军需官一名及骑兵六十名。他的力量虽增长缓慢，却调遣了许多新兵给其他指挥官。

1643年1月底，他被授予陆军上校衔，但直到3月11日离开剑桥前去洛斯托夫特（Lowestoft）洗劫时，他手里也只有五个骑兵排。

14日，经过激烈抵抗后，洛斯托夫特陷落——克伦威尔的士兵是徒步作战的。次日，他开始启程返回剑桥，并于20日抵达。九天行进二百五十英里，平均速度十分可观。如果我们将其与二十年前的标准相比较，从奥尔德肖特（Aldershot）到布赖顿（Brighton）三天走了六十二英里，平均速度还要慢百分之十二，但这已经被看成是我们最好的重骑兵团之一的优异表现了。

这一成功为克伦威尔带来了大量募兵。到4月14日，已经有十四个骑兵排处于他的指挥下，并得到了持续的训练。

5月15日，克伦威尔首次遭遇保王党骑兵，他对战斗的报告是追溯当时战术的最佳证据：

先生，上帝在今夜已经赐予了我们伟大的胜利。根据我们得到的情报，他们有二十一个骑兵排以及三四个龙骑兵连。

我们列阵时已是深夜，他们在离城镇不到两英里的地方与我们决战。

接到警报后，我们立马开始排兵布阵，其中包括十二个骑兵排，他们中一些人是如此寒酸和落魄，几乎看不到比他们更差的部队，恐怕只有上帝亲临才能化腐朽为奇迹。我们占据了一个略高的地形以进行火枪射击，并派龙骑兵从两翼向他们开火。过了半个小时，他们还不向我们进攻，因此我们商议后决定主动冲锋。在前进时，我们两边都遭受了许多射击，于是开始缓步行进（冲锋）。他们坚定地面对我们的攻击，我们则猛烈地冲向他们。天佑我军，他们立马被击败，并开始逃跑，我们则追杀了两三英里。

"他们还不向我们进攻"这句话清楚地告诉我们，当时的英国是如何缺乏骑兵军事传统；同时也给了我们一个立足点来判断鲁珀特的行为和他性格中潜在的决断力——因为在之后一段时间，我们都没有听到过两边有"冲锋中途停下"这种事。

"我们商议后决定主动冲锋"这句话也同样意味非常，它表明这时最高指挥官和令行禁止的概念还没有扎根。

另外，我需要指出的是，当时缓步冲锋的习惯毫无疑问地表明军队缺乏与敌人近距离接触的想法，或者说指挥官根本就没能成功认识到全速冲锋所带来的"震撼"的价值。

就算是现在，稳健的缓步冲锋也被认为是特定情况下可考虑的战术。因为由骑兵膝并膝站在一起而组成的缓慢移动的墙，或许会造成比散兵游勇全速冲击更可怕的效果。缓步冲锋在内战时期及之后许多年都作为惯例的事实，证明当时骑兵的骑术还没有优秀到能在高速移动的情况下保持阵型的程度。此外，当时的马远不如现在的马高大敏捷。

这个报告与那个时代的其他证据给我的印象是：克伦威尔从未试图全速冲锋，经过长时间的厉兵秣马后，他才意识到可以信赖其骑兵保持阵型。与此同时，鲁珀特则较为莽撞，他以松散的阵型——骑兵训练不足的必然结果——进行全速冲锋，在纪律井然的铁骑军面前，这简直是班门弄斧。不过这都是后话了。

接下来几周，丢给骑兵的工作就不是反复训练了，他们被拆散成分遣队，加入小规模的战斗，由于下马劫掠设防的乡间房屋是常态，在这种情况下进行系统性的长途行军训练也是不现实的。不过，受命解救盖恩斯伯勒时，他们看上去状态良好。

26日，解救盖恩斯伯勒的命令从北方大路（Great North Road）上的斯坦福

◎ 威廉·伦索尔　　　　　　　　◎ 查尔斯·卡文迪什

德（Stamford）传给克伦威尔。把步兵留在后方后，克伦威尔立马赶到二十五英里外的格兰瑟姆（Grantham）。次日，他又行进二十九英里，抵达北斯卡利（North Scarle），并于28日凌晨2点启程前往盖恩斯伯勒。此地离大路十英里远，距离卡文迪什①统率的敌军前卫占据的小镇有一又二分之一英里远。

　　接下来的记载，我是逐字逐句引用的鲍多克上校作品，用我的话来说，就是让克伦威尔自己来叙述战斗过程：

　　　　梅尔德伦②是在场的高级军官，通常来说应由他来发号施令，但克伦威尔才是那天真正的主宰之人，所有作家也将胜利归功于他。现存有三份由他签署的关于此役的报告：一份是他给坐落于剑桥的联合委员会（Committee of the Association）的信件③；另一份是给约翰爵士（Sir John）的④；第三份

---

　　① 译注：查尔斯·卡文迪什（Charles Cavendish, 1620—1643年），保皇党将军，死于盖恩斯伯勒之役。

　　② 译注：约翰·梅尔德伦（John Meldrum, ？—1645年），圆颅党支持者，反对查理一世。

　　③《卡莱尔全集》，卷一，133页（信件中一个介绍性的段落在这里被省略了）。

　　④ 同上，卷五，190页。卡莱尔猜测此处被擦去的家族名应该是乌拉耶（Wraye）。

是他和另外两个人签署的联合报告①，寄给议长伦索尔②。三份文件内容相近，第一份最短，内容如下：

"上帝啊，您的仆从与士兵献上了这场胜利，让您欢喜。周三拿下伯利庄园（Burleigh House）后，我行军前往了格兰瑟姆。在那里，我遇到了三百名骑兵和诺丁汉（Nottingham）的龙骑兵。协商一致后，我们一起到北塞尔（North Searle）③与林肯郡部队会合，北塞尔距盖恩斯伯勒约十英里远。周四夜晚，我们等到凌晨2点才发动全军前往盖恩斯伯勒④。

"在离小镇一又二分之一英里远的地方，我们遭遇了一支由一百名骑兵组成的敌军决死队⑤。我们的龙骑兵用力将他们击退，但他们稳坐马背，败而不乱地退回自己的队伍。我们前进，到达一陡峭山丘的脚底下。山丘奇险难爬，我们的士兵只能依小路前进⑥。敌军大队试图阻挠，但我们最终胜利，成功登顶。这是由领队的林肯郡部队完成的。

"当我们全部抵达山顶，进入火枪的射程时，我看见大量的敌军骑兵面对着我们，他们后面还有一个良好的骑兵预备团。我们尽全力让部队维持秩序井然的状态。敌军则趁我们立足未稳之际向我们前进，但因我军的秩序问题，抢先向他们的大部队发起了进攻。我指挥的是右翼，骑兵对阵骑兵的厮杀。我们以长剑和手枪抵抗了好一段时间，保持紧密的阵型，不被敌人突破。最后，他们有了略微的动摇，我军捕捉到了这一良机，向敌军进攻，迅速击败了其主力。他们从预备队的两边逃跑，而我军追奔逐北，赶了五六英里远。

"我发现敌人牢不可破的预备队阻挠了惠利少校⑦进行追击，于是带

---

① 同上，卷一，136页。

② 译注：威廉·伦索尔（William Lenthall，1591—1662年），英国内战时期下议院议长。在五议员事件中拒绝向国王透露议员们的下落。

③ 今北斯卡利。

④ 根据给约翰爵士的信件，马上力量有十九到二十支骑兵队，三到四支龙骑兵部队。

⑤ 译注："Forlorn Hope"，来自荷兰语，意为"绝境中的希望"。在军事行动中多为前锋，进攻设防的堡垒，阵亡率极高。

⑥ 根据联合报告，山丘的名字是科尼沃伦（译注："Coney Warren"，"野兔窟"之意。）。

⑦ 译注：爱德华·惠利（Edward Whalley，约1607—约1675年），英国资产阶级革命时期的将领，查理一世的死刑令签署者之一。

领自己的部队和团中其他士兵分成三路，向他们进攻。领导敌军预备队的是卡文迪什将军，他的一支队伍和我对阵，另一支则面临四支林肯郡队伍①，这是我们当时在场的全部兵力，其他都投入了追击行动。最后，卡文迪什将军向林肯郡部队发起了冲锋，并击败了他们。但我同时用三支部队迂回到他后背，他吓得惊慌失措，不得不放弃追击，并被我擒拿。我将敌军赶下山丘，并大开杀戒。在山脚下，我把将军和他的一些士兵赶到了一个沼泽地。在那里，我的中尉用剑刺穿了他的肋骨，将其处刑。敌军的其他部队更是一败涂地，全部逃之夭夭。

"敌军彻底失败后，我们解放了城镇，并得到大量火药和补给品。我们已经注意到在城镇的另一边有六支骑兵队和三百名步兵，离我们大概一英里远。我从威洛比勋爵②那里要来四百名步兵，用这些人再加上我们的骑兵，朝敌人行军。当我们抵达敌军骑兵先前驻足之地时，他们中的两三支部队已经退到山脚下的一个小村庄，于是我们返回去追踪这些部队。我军重登山顶，看到山脚下离我们大概四分之一英里的地方有个步兵团。之后又看到另一个，紧随其后的纽卡斯尔侯爵（Marquise of Newcastle）③团也到来了，其中包括五十面步兵旗帜和大量骑兵，这些都的确是纽卡斯尔的部队。他们来得出其不意，我们得重新商议应敌之法。威洛比勋爵和我当时都在城镇，同意召回我们的步兵。我出发去带他们回来，但在回程前，步兵已经开始交战，敌军带着他们的所有部队向我们冲来。我们的步兵慌乱撤退，历经损失后抵达城镇，并留在那里。骑兵回来时也遭遇了不少麻烦，长时间的作战使他们人困马乏，却还要面对敌人的生力军。几经迂回后他们终于在没有损失的情况下脱离险境，但敌军大部此时已衔尾咬在我军背后。"④

---

① 根据给约翰爵士的信件，这些林肯郡部队到这时仍然坚韧不拔。

② 译注：即弗朗西斯·威洛比（Francis Willoughby，约1605—1666年），早期支持议会，后成为保皇党。

③ 译注：威廉·卡文迪什（William Cavendish，1592—1676年），英国博学家、保皇党，斯图亚特王朝复辟后晋封纽卡斯尔公爵。

④ 信件的其余部分都在催促委员会派出两千名步兵的援军来解救城镇。

在面对数量众多的敌军时，关于骑兵撤退的情形，另一份报告说得更加清楚。如下：

"克伦威尔上校被派去指挥步兵和骑兵撤退。当他抵达军中时，敌人正向山丘进发。步兵队形散乱地撤入城镇，到城镇的路途约有四分之一英里，沿路敌人砍杀了一些士兵。骑兵撤退的阵型也不齐整。走了大概半英里，视野尽头有一条道路，克伦威尔上校、惠利少校和艾斯库（Ayscoghe）上尉在这里指挥若定，部署了一支部队。依靠这支部队，我们止住了敌人的追击，并以克伦威尔上校的四支部队和四支林肯郡部队与其对抗，但敌军部队源源不断。不过幸在天佑我军，赋予勇气和力量给我们的军官和士兵。惠利少校和艾斯库上尉，其中一位带领四支部队与敌人对抗；另一位以上帝之名，在荣誉心的激励下，用劣势部队向如影随形的敌军发动了八九次反攻。虽然他们的马匹已极度疲乏，却在敌人卡宾枪的射击范围内有序撤退。敌人紧跟在后，向他们射击。克伦威尔上校集结了主力，在这两支小部队后对阵敌军，敌人虽衔尾追杀，我们依然救出了骑兵，损失不过两人。"

这两份报告，除去原文没有断句及令人困惑的句式外，总体将会战的来龙去脉阐释得很清楚。没有任何一个情景比这更能显示出克伦威尔作为骑兵将领的天才之处了。带领因崎岖地形而秩序散乱的骑兵进攻好整以暇的敌军，本就是一个极难的问题。在部队精疲力竭后，还要在面对敌人生力军的情况下让他们全身而退，则更加困难了。但在数小时之内，克伦威尔就成功地解决了这两个问题。考虑到当时部队训练的落后程度，他的骑兵队展现出了不可思议的灵活性和稳定性。我们在第二章引用的旧军事著作中，里面所谈及的所有美妙和复杂的战术演变，没有一处是关于将纵队变成横队的例子。但我们发现当克伦威尔的骑兵分散爬上科尼沃伦山的峭壁，组成阵型并出其不意地冲击保王党时，距敌人只有两百码之外。在这种地形上战败即意味着毁灭，如果分散的骑兵队被赶到遍布兔子洞的山顶上，他们将永远无法集结起来。进攻骑兵的蛮勇和技巧都是值得称赞的。同样值得称赞的是发生在下午的指挥撤退——骑兵队稳定的轮序撤退方式让他们总是能在敌军面前全身而走，却不会留下任何破绽。和骑士党

（Cavaliers）相比，圆颅党（Roundhead）^①的部队在调动方面展现了巨大

①译注：圆颅党是英国内战中国会的一个清教徒派别。他们反对查理一世，支持君主立宪制，因其成员多把头发剃短，故被称为圆颅党。骑士党这一称谓最早则是圆颅党用来形容那些支持查理一世和二世的富裕保王党的。

◎ 一名圆颅党正在审查骑士党之子

的优越性，这是更加慎重的训练和精准的军纪所带来的必然结果。如果保
王党能在溜出其掌心的克伦威尔军前成功布阵的话，他们定能击败已经因
为激烈战斗和长途撤退而人马疲惫的敌军。

　　作为一支投入实战尚未一年的部队，在这场耐力战的表现可圈可点。两
场战斗所覆盖的距离不大可能小于二十英里，而那一天可能总共行进了三十

◎ 鲁珀特亲王，英国内战中保王党的骑兵指挥官

英里，再加上部队之前的行军——以近日的标准他们用的是十四到十四又五分之一掌长[①]的短腿马，马匹负重不小于十八英石，甚至更多。综合这些因素考虑，这支军队的表现值得赞誉。比缪拉[②]在耶拿会战[③]后对普鲁士军队的追击更加出彩，其平均行军速度每日只有二十一英里。

上文提到过的洛斯托夫特远征也很精彩，克伦威尔在九天的时间里，每日平均行进了二十八英里。

但与爱尔兰、苏格兰战役中分遣队的表现相比，这些就显得不那么惊艳了。

在上文的摘录中我们可以注意到，鲍多克上校提及他在旧的军事条令书籍里无法找到任何关于将纵队变成横队或反过来变阵的指导意见。他在开篇章节关于训练和战术所给出的权威性著作有：沃德（Robert Ward）的《战争评论或军人杂志》（Animadversions of Warre or a Militarie Magazine），出版于1639年；奥雷里（Roger Boyle, 1st Earl of Orrery）的《战争艺术》（Art of War），无出版日期；特纳爵士（Sir J.Turner）的《军事指导》（Pallas Armata），出版于1671年；埃尔顿（Richard Elton）的《军事艺术大全》（Compleat Body of the Art Military），出版于1663年。这些著作中，后两者显

---

① 译注：掌是一种长度计量单位，约四英寸，折合为一百零二毫米。十四又五分之一掌指的是十四掌加五分之四英寸，约一千四百四十三毫米。

② 译注：若阿基姆·缪拉（Joachim Murat，1767—1815年），法兰西第一帝国二十六位元帅之一，曾为那不勒斯国王，是拿破仑旗下杰出的骑兵指挥官。

③ 译注：第四次反法联盟的主要会战之一。1806年，普鲁士军队在耶拿会战中被法军击败，法军战后展开了著名的大追击，攻陷了普鲁士许多重要堡垒。

然不是在三十年战争（1618—1648年）后写的。骑兵中队（squadron）或者说部队（troops）等用词是模糊不清的。一个骑兵队通常有八列，每列间有一马身长的距离——在当时即是膝盖与膝盖相隔六英尺。每列中间的距离有七英尺。这样的纵队可以通过把偶数排移动到奇数排左边的方式组成我们理解的三排"横队"；也可以通过向中部靠拢的方式组成一个六列纵队，向左或向右转组成一个行军纵队。如果是要以团的规模组成横队，每支部队则简单地遵循其长官的指示，以最短直线进入新的位置，后日烦琐的直角布阵（right-angled deployments）是步兵操演的退化。老实说，如果有些常识的话，就能看出他们达到德国人经过两个半世纪的变迁后所达成的水平了。整个部队的效率都取决于骑兵指挥官能带领士兵用最简单的计划和最短的路线抵达正确的位置。

想对这个年代的"骑术"做出任何结论都是十分困难的。鲍多克上校提到了纽卡斯尔的作品；但他的书最早是1673年在欧洲大陆创作的，而且其中完全没有提及新募兵员的骑术和参军后接受的教导。假设詹姆斯·菲利斯①先生关于骑术的大师之作②——以法语写成并于1890年在巴黎出版——是19世纪仅存的马术著作的话，它将会给未来的历史学家留下关于1870年英军义勇骑兵队（British Yeomanry）③的错误印象。纽卡斯尔的作品自然也可以用这种方式误导我们。

在我的印象中，骑术的基础并不是建立在专门的系统和学校上，而是出自每日经验。当时人们得在马背上生活，而不是为了休闲而骑马。那时乡间地形也是粗糙的，几乎没有路。我在上文已谈过这个问题，现在我决定再深入一下，因为日常实践对骑兵训练造成的巨大影响在这个国家已被完全忽视。如果你去任意一个新生国家或区域，如澳大利亚、开普省或美洲，都会发现那些在

---

① 译注：詹姆斯·菲利斯（James Fillis，1834—1913年），法国骑术大师。普法战争期间曾为法军训练马匹。

② 由皇家兽医医学院院士（F. R. C. V. S.）海斯（M. H. Hayes）上尉翻译成优秀的英文文本《训马术与骑马术》（Breaking and Riding），赫斯特和布莱克特（Hurst & Blackett）出版。

③ 译注："Yeomanry"是对英军预备役中许多下属单位的统称，其前身就是义勇骑兵队。18世纪末期，法兰西共和国侵略英国的风险日益增加，英国开始从本土的自由农里征召志愿军，"Yeomanry"的词根"Yeoman"，即自由农之意。

马背上生活的人都使用同样的马鞍，并且马儿同样要"无条件服从"。这种马鞍实际上就是我们最好的越野骑手所用的马鞍，也是英国、德国、法国和奥地利，可能还包括俄国军方使用的。虽然我对此了解甚少，但他们获得对马匹"无条件控制权"的手段通常是粗野的，并且对马匹有害——没有哪支军队能承担起这个代价。我们必须找到能达成同样效果的最佳方法，也就是说，用更温和与损耗更少的手段，使战马能够急停、旋转和转向，并穿越各种崎岖的地形。除非通过精确的研究和反复练习，否则我们无法实现这一目标，现代英国缺乏这种机遇来改变现状。同理，文明国家中有一半新兵在参军前完全没有骑过马，他们得接受教育，并且是最简短、易懂和经济的教育。

一个人不清楚骑术原理，也可能无师自通成为顶级骑手，但如果不能清楚、准确地将原理描述出来，是不可能传授知识的，这一能力并非与生俱来，而是经过常年耐心学习和反复实验后得来的。

培育猎人和训练赛马①的手段有其可取之处，但这些绝不是骑兵训练的最终目的，指挥官不应该仅着眼于此。考虑到现代英国的情况，这些训练手法通常对他的工作有害。

让我们以一个处于平均年龄的年轻骑兵军官为例。假设他想在冬季一周狩猎四天，夏季都打马球，但无力负担马匹的全年供养。这样他在秋季就需要选择三匹素质相差不远的马，训练它们进行常规跳跃，保证它们在冬季狩猎时能派上用场。他对它们的全部要求只是遵循命令进行跳跃，能在普通的英国乡间道路上高速冲刺，对马匹的服从能力要求低，控制力小。许多人不了解马儿冲刺时是哪只马蹄先行，也不知道如何变换步伐，依然能骑马狩猎，但说到"收缩"和保养马匹，大部分人就知之甚少了。

一个人从多年的狩猎经验中获得的骑术知识多少，看大街小巷上关于狩猎的人气读物就清楚了，就连怀特·梅尔维尔②也提倡用勒马绳（curb reins）

---

① 译注："polo-ponies"，这里指马球比赛中用的马。

② 译注：怀特·梅尔维尔（Whyte Melville, 1821—1878年），苏格兰小说家、诗人，喜爱户外运动，尤其是打猎。

穿过马颔缰（martingale）。马球场也不比狩猎的效果好多少，有好几个所谓的优秀骑手都郑重地告诉过我，马嚼子上不穿铁链是很重要的。这就好像是说在火车上使用刹车却不把活塞杆和控制杆串联起来，或者像是拆下舵链而掌舵战列舰一样。

冬季狩猎结束后，军官就卖了马匹并购入比赛用的矮种马（ponies）。如果他能耐心等待以便卖个好价钱的话，之后马匹的事情就该买家操心了。他自己买的矮种马也是同样的道理。

与此同时，分配给他的军马他却从没有骑过。年复一年，他从来没有骑过一匹久经训练的马，也没有学习过相关的知识，这样他如何能够判断队伍里的马匹是否训练得当，又如何评价别人的骑术？

难以想象有比这种习俗更伤害马匹的东西了。大多数狩猎用的马基本上十二岁就无法使用了，但这个年龄的马在骑兵部队中却正值巅峰时期。如果年轻的骑兵军官有幸读到这几句话，他们能否意识到有必要精心照看军马以保证部队的效能？

我很清楚，这种情况并不是年轻军官造成的，真正应该承担责任的是其他人，这个我之后会提及。此时我想强调的是，今日英国遭遇的情况，与克伦威尔时代或新涌现的欠发达国家的情况完全不一样。以前流行的马匹管理方式，今日已十分不适用。

克伦威尔的用兵

在前一章，我着重说明了克伦威尔骑兵的训练与装备。现在，我要指出这些武装部队在战场上是如何被调度的。

这并不是一个简单的任务，因为历史总以离奇的方式自相矛盾。久经战阵的士兵从不谈及技术上的要点，他们认为这是众所周知的。对他们这些在战场上待了数年的人来说确实如此，但对现在只花了几周时间演习的士兵却不是这样。平民记者通常无法理解军队使用的术语的准确含义，所以只会加深已有的误会。

战争开始时，我们被明确告知龙骑兵只是骑马步兵的翻版，他们只会徒步战斗，骑马只是为了移动，而不是战术上的考虑。但仅在战争的第二年，我们就发现他们已像轻骑兵一样冲锋，和一个世纪后普鲁士塞德利茨的所为一模一样。

现如今我们找不到一个细心的尉官能在日志里记录缓步、慢跑和快跑的步速，也找不到在训练场上演练和将军视察时，应采用怎样的步骤来使部队配合一致。将军对此有什么评价，尉官对此又有什么思考？

因为缺乏材料，我们只能向前回溯那些已成历史的军事传统，并与我们的今日标准比较一番。

其中最典型的会战应该是发生于1644年7月2日的马斯顿荒原（Marston Moor）之役。

这场会战缘于鲁珀特亲王试图解约克（York）之围。亲王一直到6月20日都待在兰开夏郡（Lancashire），在那里他接到了要他紧急解救受困中的城市

◎ 耶拿战役中夺取普
鲁士旗帜的法国龙骑兵

◎ 马斯顿荒原战斗纪念碑

◎ 围攻约克

的通知。他立刻穿越群山到达约克郡，通过斯基普顿（Skipton）的道路和博尔顿桥（Bolton Bridge）抵达沃夫河（the Wharfe）。

曼彻斯特（Manchester）的清教徒早已得悉这一行动，他们撤除了围城作业，不紧不慢地移走了在波普尔顿（Poppleton）建好的舟桥。他们离开马斯顿荒原，在大概离城市两英里远的地方，占据了一个朝西的阵地，静待亲王到来。

亲王的侦察兵早已得知这一部署，他马上就调整了前进路线，在纳尔斯伯勒（Knaresborough）渡过了尼德河（the Nidd）及北部的斯韦尔河（the Swale）和尤尔河（the Ure）。亲王沿着乌斯河东岸顺流而下，通过围城者留下的舟桥重新跨过了乌斯河（the Ouse），在马斯顿和约克之间停了下来。通过一次颇具现代军事风格的大范围迂回行动，亲王完全骗过了对手。

这是7月1日发生的事，清教徒意识到阵地难守，下令在次日清晨撤退到塔德卡斯特（Tadcaster）。此地离马斯顿七英里远，通过大路到约克有十二英里。

然而，鲁珀特亲王已经蓄势待发。清教徒眼见无法在未经一战的情况下转移他们沉重而笨拙的辎重车，便立即下令步兵掉转方向去占领朗马斯顿（Long Marston）和托克威斯（Tockwith）之间几乎面向东北方的新阵地。

因为约克守军指挥官纽卡斯尔侯爵的无所作为，清教徒能在不受干扰的情况下完成其军队的部署。下午5点到6点之间，对垒双方都最终完成了其战线的布置——两翼骑兵，步兵居中。

在清教徒的左翼，克伦威尔指挥着全部骑兵，包括直属他的三十中队的

◎ 大卫·莱斯利

◎ 现代的皇家苏格兰龙骑兵近卫团
（*Royal Scots Dragoon Guards*）帽徽

铁骑军和大卫·莱斯利①带领的二十三中队的苏格兰龙骑兵。大卫是三十年战争时期的老兵，与他对阵的是鲁珀特与他的保王党骑兵。

清教徒站立在一排低矮的丘陵上，大概高出荒原五十英尺，在他们的前方有一条道路和宽阔的壕沟。沟面陡峭，对紧密阵型的骑兵来说是非常严重的障碍。

不幸的是，近期的耕作已经完全改变了乡间的地貌，使得这些描述现已无迹可寻；不过，同时代所有报告都明显指出，往马斯顿的方向对紧密阵型的部队来说不可能通行，而往托克威斯的方向却要好走很多，也就是克伦威尔的骑兵队正对的方向。在我心中，最能佐证此事的证据是：保王党们刚好停在了三百码以外的地方，而这个距离刚好让他们能够对敌军进行冲锋，但因地理问题队形或多或少会变得散乱。因为这一区域到处都是黏重土（heavy clay）②，如果真有一条壕沟存在的话，沟壁几乎必然垂直，会对军队的行进造成严重的阻碍。

---

① 译注：大卫·莱斯利（David Lesley，约1600—1682年），纽瓦克勋爵。三十年战争期间他曾为瑞典军队而战，后回归苏格兰，参加英国内战。

② 译注：黏重土，包含较多的黏土或泥沙，潮湿而富有黏性，比沙土更重也更湿润。

这一天多雨，潮湿的草地对大规模的军事调动必然是阻碍。

晚上7点时，两边的军队都在休息——鲁珀特的骑兵下马并暂时放下了自己的戒备。

是谁先下达进攻命令并不清楚——可能是克伦威尔，因为铁骑军在一瞬间就扫荡了山脚并冲向保王党。"克伦威尔带着他的五支骑兵，沿着比尔顿·布里姆（Bilton Bream）从科尼沃伦赶了下来。""现在，"阿什先生[①]谈道，"你看见的可能是世界上最英勇的一幕，因为他们像层云一样从山丘上冲下，以编制八百、一千、一千二百和一千五百人的骑兵旅前进，每个骑兵旅都包括三个骑兵队（中队），有些是四个。"

"我们从山上下来，"克伦威尔的侦察兵团长沃森（Watson）说道，"以闻所未闻的最勇敢阵列和最伟大决心。一瞬间，我们和敌人一样跨越壕沟冲向了荒原。我们的先锋师攻击了他们的前卫。克伦威尔亲自率领的包括三百名骑兵的分队杀向了由鲁珀特亲王坐镇的，由英勇士卒组成的骑兵第一师。"

那时鲁珀特的其他骑兵中队发起了侧翼进攻，迟滞了克伦威尔的攻击。但在恢复攻势后，他们又再次被鲁珀特的近卫军所击退。然而，铁骑军的进攻越发凌厉，鲁珀特的士兵渐渐分崩离析，此时格兰迪森（Grandison）和他的骑兵出现在了壕沟上，战事因而再次陷入胶着状态……克伦威尔的脖子受了伤，把他的人给吓坏了。但据说他如此回应："失之毫厘，谬以千里。"并继续向前征战。

虽然克伦威尔一开始对自己的伤势并不在乎，但伤口里涌出的血越来越多，他开始感到恶心与疲倦。有个人带他离开战场来到了托克威斯的一个屋子。在那里，他的伤口得到包扎，出血也被止住，好像还休息了一阵子。

在他缺席的这段时间，发生了重大的事件。他留下的刀头舔血的士兵们全神贯注地厮杀。厮杀持续了一个小时以上，此时大卫·莱斯利爵士和他的一些骑兵攻击了保王党的侧翼（不知是哪一边），鲁珀特的骑兵遭此包围，

[①] 译注：西米恩·阿什（Simeon Ashe，？—1662年），威斯敏斯特神学会议的参与者，在英国内战中成了曼彻斯特伯爵的专职牧师，对英国国教持怀疑态度。阿什曾撰写小册子描述内战中北方战事的进程。

终于战败溃逃。"克伦威尔，"沃森以胜利的口吻说道，"击败他们不费吹灰之力。"鲁珀特也和败军一起逃走了。"掠夺者的亲王，之前号称所向无敌。初次领教奥利弗（克伦威尔的名）铁甲军钢铁般的意志，足够让他非常害怕。"爱尔兰骑兵被歼灭了，其他部队下场也好不到哪去，幸存者则早已逃之夭夭。"他们沿着威尔斯特罗普树林（Wilstrop Woodside）边缘逃跑，奔走如飞。"莱斯利派出一个队伍干劲十足地往约克方向整整追了三英里。

同一时间，两军在右翼却打得不分伯仲。

"清教徒的骑兵向保王党左翼的骑兵发动了三次冲锋，这三次冲锋都被戈林①、卢卡斯②和厄里③英勇地击退了。"在这些冲锋中托马斯·费尔法克斯爵士④曾成功地聚集五支骑兵队（四百骑），突破击败了部分敌军，并往约克方向追赶他们。他独自返回后，试图统率或集结剩余的士兵，但为时已晚，这一翼的战斗已经失败。他只得潜影匿踪，最终毫发无伤地穿过敌人的部队。

正当费尔法克斯脱离战场时，戈林和卢卡斯抓住了这个机会。他们发现清教徒的骑兵正陷入群龙无首的境地，便以极大的勇气向他们冲锋，并同时大吼："看啊！他们在向后逃跑！"部队以雷霆万钧之力打到清教徒前方

◎ 托马斯·费尔法克斯

---

① 译注：乔治·戈林（George Goring，1608—1657年），即戈林勋爵，保皇党成员，后流亡至西班牙。

② 译注：查尔斯·卢卡斯（Charles Lucas，1613—1648年），保皇党。被誉为国王军队中最好的骑兵将领之一。

③ 译注：约翰·厄里爵士（Sir John Urry，？—1650年），苏格兰职业军人。曾多次为英国议会、保皇党而战。

④ 译注：托马斯·费尔法克斯爵士（Sir Thomas Fairfax，1612—1671年），英国内战中的议会军统帅，为议会赢取多场胜利，在军中声望很高，以勇敢著称，其关于防御的战略理论在历史上享有重要地位。后因不满克伦威尔独裁，愤而离职。

◎ 马斯顿荒原会战

的新兵团身上。他们自然不是国王老骑士——"千锤百炼、久负盛名的老兵们"的对手。清教徒开始畏缩、动摇，整个部队都陷入了巨大的混乱中。这一退却的大部队遇到了从荒原小路出来的步兵败卒，造成了一股难以形容的混乱状态。巴尔戈尼（Balgonie）①的两个骑兵中队仍然保持坚定，其中艾尔郡枪骑兵（Ayrshire Lancers）成功穿过一个保王党步兵团，并与从追击中归来的清教徒左翼会合。另一个骑兵中队历经万难后也集结起来并跟随这一步伐，但中途他们的中校休·蒙哥马利（Hugh Montgomery）和少校罗伯特·蒙哥马利（Robert Montgomery）身负重伤。埃格林顿伯爵（Earl of Eglinton）②团在阵地作战英勇，坚守了一段时间，损失惨重，伯爵的儿子也受了致命伤。在保王党的猛攻之下，他们最后不得不加入清教徒右翼的溃败潮流。在这糟糕的溃逃中，许多士兵都被同袍踩在脚下。在远处，清教徒的骑兵和步兵被一部分保王党骑兵疯狂追赶，保王党跟得如此之远以至于无法被召回——这是一个重大失

---

① 译注：利文伯爵之子。

② 译注：亚历山大·蒙哥马利（Alexander Montgomerie，1588—1661年)，第六任埃格林顿伯爵。为英国议会指挥苏格兰骑兵军团。后支持迎回查理二世。

策。另一部分保王党冲过崩溃的敌军集群抵达了山顶，那里有辎重车、行李及两三门敌人的火炮。惊慌失措的车夫和护卫被杀死，有一小部分敌人逃脱了。此时，胜利者又犯了一个错误：他们本应该防守这一新获得的优势据点，结果却跑去抢劫马车。纵观全局，可以说是这两个错让他们输掉了这场战役。

接着，戈林和卢卡斯集结剩余的保王党骑兵，对清教徒中军侧翼的苏格兰步兵发起了致命的进攻。

在两个中军或他们常说的"战斗单位"（battles）①之间，爆发了激烈的战斗，目前未分胜负。前卫驱逐了保王党的火枪兵，克劳福德②的一些步兵对保王党的中军侧翼发起了进攻，苏格兰步兵随后也越过壕沟，"他们开火是如此熟练，看上去火器是制胜的决定性要素"。但他们尚未遭遇纽卡斯尔的白衫军（Whitecoats）。

就在这一区域的战斗悬而未决时，纽卡斯尔侯爵出现在了战场，由他的兄弟查尔斯·卡文迪什爵士③、斯科特（Scott）少校、马津（Mazine）上尉及男仆伴随着。他自然要去看看心爱的白衫军现状如何。在路上，他遇到了一队乡绅志愿军（gentlemen volunteers），他们已正式选侯爵作为他们的队长，侯爵号召他们："绅士们，你们已给予我作为队长的荣誉，现在是我为你们服务的最佳时机。不论你们追随与否，我都会全力以赴尽领导之职，将你们带上荣誉的道路。"受他言语的激励，他们以极大的勇气追随他，在不到四十码的距离内穿过了两支正在交战的步兵主力。值得一提的是，在大规模的交火中他们毫发无伤。然后，他们击溃了一个苏格兰步兵团。侯爵用男仆的半铅制剑（half-leadensword）杀了三人——他丢失了自己的剑并决定用另一把，虽然他的许多朋友都向他提供自己的佩剑。击溃步兵团后，乡绅志愿队的攻势被一名长矛手所阻断。侯爵亲自向他冲锋了两三次，但他岿然不动，直到抵挡不住

---

① 译注："Battle"在中古英语里有"营"的意思，但当时诸多军事单位并不像现今这样有着明确的编制，而只是指一个独立部队，故在此我没有翻译成"营"，避免歧义。

② 译注：劳伦斯·克劳福德（Lawrence Crawford，1611—1645年），苏格兰长老会战士。

③ 译注：查尔斯·卡文迪什（Charles Cavendish，约1594—1654年），英国贵族、数学家、保皇党，后流亡巴黎。与第二章出现的保皇党将军查尔斯·卡文迪什并非一人。

人数优势，他才被击败并逃跑。在这些冲突中，虽然侯爵的许多士兵都倒下了，侯爵却毫发无伤[1]。

与此同时，清教徒中军的进展并不顺利。白衫军、少将波特（Porter）的分队以及之后蒂尔亚德（Tillyard）的士兵在猛攻他们的前锋，而戈林和卢卡斯又扰乱了他们的侧翼。清教徒勇敢地抵挡了一个多小时。通过把火枪手和长矛兵排列在一起，他们两次逼退了保王党。贝利（Baillee）和勒姆斯戴恩（Lumsdaine）注意到位于中军右侧林赛[2]与梅特兰[3]的士兵最为危险，便派预备队去协助他们。但保王党骑兵在第三次冲锋中施展了雷霆般的打击，苏格兰兵阵线被突破，士兵开始四散奔逃。勒姆斯戴恩、林赛伯爵和中校皮特斯科蒂（Pitscottie，梅特兰团的团长）带着一小撮部队独自坚守阵地。利文伯爵（Earl of Leven）[4]完全意识到了灾难性的现状，他徒劳地从战列的一端跑到另一端，试图用言语和号角激励士兵留在战场："就算你们从敌人面前逃跑，也不要离开你们的将军；就算你们为了自己的性命飞奔，也不要忘了我。"不过，他的努力没有起作用。利文伯爵见每个人都往塔德卡斯特和卡伍德（Cawood）方向逃跑，认为败局已定，最终被他的侍从说服，放弃战局听天由命。他做完这个决定后，就猛地骑马向韦瑟比（Wetherby）奔去，直到大概二十英里远的利兹（Leeds）都没有勒马停下。

曼彻斯特伯爵[5]也逃跑了，但没有跑那么远。经过努力，他聚集了五百名逃兵返回战场并留在了那里。至于老费尔法克斯勋爵，因为战败而损失了一切，于是返回了卡伍德城堡。鉴于屋子里既没有炉火也没有蜡烛，他明智地选择上床睡觉。

---

① 见纽卡斯尔的《我的人生》（life）。

② 译注：约翰·林赛（John Lindsay，1596—1678年），林赛伯爵。在内战中扮演了复杂的角色，马斯顿荒原战役中为苏格兰议会而战。

③ 译注：约翰·梅特兰（John Maitland，？—1645年），梅特兰子爵，曾任苏格兰议会议长。

④ 译注：亚历山大·莱斯利（Alexander Leslie，1582—1661年），苏格兰军官，曾效力于瑞典、苏格兰军队。

⑤ 译注：爱德华·蒙塔古（Edward Montagu，1602—1671年），第一次英国内战时期议会军的重要指挥官，克伦威尔的上司。

但在午夜时分传来了胜利的消息。于是他起床，找到了纸、墨水和一支蜡烛。他写信给赫尔（Hull）、伦敦与其他大城镇，告知他们这一大胜利后，就又回去睡觉了。因此这三个清教徒将领在逃亡中都安然无恙[1]。那天前往约克途中的阿瑟·特雷弗先生（Arthur Trevor）生动地记述下了战场上的奇妙景象，他在一封给奥蒙德侯爵（Marquess of Ormond）[2]的信中写道：

> 我在进入战场前没能看见亲王。在那天的战火、硝烟和困惑中，我根本不知道要往何处前进。两方的逃兵数量众多，他们都气喘吁吁、沉默寡言、惊慌失措，甚至算不上人，只是身体还能移动。没有一个人能给我关于亲王位置的线索。两支军队似乎融合在了一起，骑兵和步兵都是，没有人在坚守岗位。在混乱中，我寻遍了整个乡村，遇到一群苏格兰人在大吼："苦命啊！苦命啊！我们已经完了！"他们恸哭，哀号，好似世界末日已经降临，他们却无处可逃。不久后，我遇到了一队衣衫褴褛的士兵，只有四名骑兵和一名号兵；然后，我遇到了一个没有帽子、绶带，一丝不挂光脚的步兵军官，他喋喋不休地问我去下一个要塞的路。那个要塞虽然离战场有二三十英里远，但在几个小时内就被两方逃兵给塞满了。

"这是个悲惨的景象，"阿什先生写道，"看到数千被吓坏的人飞奔而逃。"很多人未曾一战就逃跑了，赶来看热闹的围观群众更是因为恐惧转头就走。有些骑兵往林肯方向跑，有的往赫尔，其他的则逃向哈利法克斯（Halifax）和韦克菲尔德（Wakefield），还到处散播国会部队已被击溃的消息。

但这时我们必须重回战场看看。在伤势得到控制后，克伦威尔又加入了清教徒获胜的左翼，并停止了对鲁珀特骑兵的追击，反而转向保王党左翼已经占据的荒原的那一边。在那里，他们遇到了托马斯·费尔法克斯爵士和兰伯特

---

① "所有六位将军都逃跑了——这件事我只偷偷告诉你"，在一封1644年7月12日给（格拉斯哥大学）校长贝利的信中如此提及。

② 译注：詹姆斯·巴特勒（James Butler，1610—1688年），第一任奥德蒙公爵，时任奥德蒙侯爵，爱尔兰骑兵军队统帅。

◎ 克伦威尔率领的铁骑军

上校①，得悉他们所属右翼发生的灾难。他们又从曼彻斯特伯爵那里，得知中军的遭遇。克伦威尔团结了剩下的力量，在大卫·莱斯利爵士的陪同下，对战场上已占领了清教徒辎重车及行李的保王党发起了决定性打击。这两处的保王党都苦恼地发现战局开始反复。不仅如此，战场上第二回合的面貌完全是翻天覆地的，原先的局势被彻底改变。至于战斗，虽然激烈却不长久。"这一天的正幕终于被揭开了，"沃森说道，"甚至整个英国都在争论第二次冲锋。敌军看到我们虎虎生风地攻向他们，立马放弃了追亡逐北的想法，并反应过来需要再次战斗来捍卫他们认为已经到手的胜利。敌人从山丘上我们的行李处冲下来，这样他们就再次处于之前我军右翼受其冲锋的战场，保持着与前次攻击相同的正面，而我们也屹立于同一地方。"

保王党勇敢地从山丘上冲下来后马上遇到了清教徒军队，根据阿什先生的说法："我们勇敢非常的部队，上帝赐予他们力量……曼彻斯特伯爵三个旅的步兵就在我们右边。我们以极大的决心向他们的大本营进攻，首先是攻击他们的骑兵，然后是他们的步兵。在进攻中，我们的步兵和骑兵互相支持，敌人在远处听到冲锋的声响就开始逃跑了，甚至都没看到我们的身影，因此很难说骑兵和步兵，谁做得更好。少将大卫·莱斯利爵士看见我们获得了这场胜利，没有多做评论，只是宣称欧洲没有比我们更好的士兵了！"

克伦威尔和莱斯利在第二次战斗中带领他们一路前行，直到遇见了白衫军。白衫军已经退入围墙，并且"在一小块地上开沟挖壕，马匹尤其不容易进

---

① 译注：约翰·兰伯特（John Lambert，1619—1684年），英国政治家。后参与起草1653年的《施政条例》，确立克伦威尔的护国公独裁统治体制。

入"，这一小块地可能是白锡克克洛斯（White Syke Close）。白衫军颇有杀伤力的射击逼退了克伦威尔的铁骑军和长矛兵。他们决意寸土不让。战斗的情形是令人绝望的。在这里，清教徒的骑兵的损失很大，因而获胜的时间被延后。白衫军耗尽弹药后，只得用滑膛枪的枪托作战。那些因受伤而无法起身的人则用他们的长矛重伤那些试图进攻的清教徒骑兵的坐骑。白衫军把敌人阻于门外整整一小时。"他们像一堵墙似的站着，却像草一样被收割。"弗里泽尔（Frizeall）的龙骑兵被派去迂回进攻白衫军的侧翼，终于在敌人的阵地上打开了一个缺口，大军才得以鱼贯而入。三十人成了俘虏，其他人拒绝投降，战死在坚守的岗位上。真可谓"马革裹尸英雄事"。康比（Camby）上尉——前演员，现克伦威尔麾下的骑兵——是第三或第四个进入围墙的人。他说他从未见过如此英勇的士兵，也从没有如此惋惜过自己的对手。他救下了两三名白衫军，虽然他们想要战死沙场。

白衫军失败了，几乎被消灭殆尽。克伦威尔对绿衫军（Greencoats）的一个旅发起了进攻，歼灭了其中一大部分，剩余的逃跑了。接着他对"国王老骑士"进行了狂风暴雨般的猛攻。戈林丢失了他的坐骑，被包围俘房。查尔斯·卢卡斯爵士的坐骑被杀并遭遇了相似的命运。保王党大军最后的残余知道惨败已是他们不可改变的命运，飞奔逃出"克伦威尔军队的缺口"。因此，"勇敢的克伦威尔拯救了这一天"。

所有还在苟延残喘的部队，不管是大是小，都被赶离战场。当时钟指向十点时，保王党士兵和令人痛恨的恶魔之子[①]都从马斯顿荒原消失了[②]。国会

---

　　① 译注：恶魔之子指的是鲁珀特亲王的将领。

　　② 《蒙克顿文件集》（Monckton Papers）有段摘录很有趣："在黑塞荒原（Hessay Moor）一战中，我在指挥的部队前转悠时，胯下的坐骑被击毙，因为敌人离我是如此之近，我无法重新上马，只得徒步进攻并击败了休·贝瑟尔（Hugh Bethel）。他受伤坠马，我的侍从把贝瑟尔的马拿给了我。我骑上马后忽然狂风大作，烟尘四起，我看不到正在追击敌人的部队的情形。我退到了沼泽，在那里，我看到了两千名被击败的骑兵。我试图把他们重新聚集起来。这时，我望见约翰·赫里（John Hurry）爵士穿过沼泽飞奔而来。我骑马跑到他身边，并告诉他这群残兵败将里没一个人认得我或他。如果他愿意帮助我的话，或许能让这群骑兵重新振作并掌控战场。他告诉我已战败的骑兵是不会再战斗的，然后就径向约克奔去。我又返回了那个部队，但此时已经是夜晚。残兵败将的指挥官马默杜克·兰代尔（Marmaduke Langdale）爵士过来找我，我们在战场上一直待到午夜12点。约翰·马西爵士（Sir John Massey）奉亲王之令过来命我们退往约克。"

得到了完全的胜利，而且是"以少胜多"，这又一次证明了"快跑的未必能赢，能战的未必得胜"①。"我们穷追猛赶，"沃森说道，"在离约克一英里的地方将他们切断，死尸排了三英里长……月光一定程度上缓解了夜晚的黑暗。""我们本该深入追击，但树篱阻碍了滑膛枪的使用。"那晚在米克盖特门（Micklegate Bar）②和约克城墙下产生了怎样的景象啊！啊，北方骄傲的历史之城，在你的城里城外，又发生了多么令人吃惊的战事啊！自从那可怖的七月夜晚以来，可曾还有如此惊心动魄的剧目上演？从大街到城门，挤满了伤痕累累、残缺不全的人，他们发出了悲痛的哭喊。"但除了约克城的居民，没人知道这一切。"

鲁珀特在战斗中丢掉了他的帽子和坐骑，本免不了战败被擒的命运，但他却藏身在豆场，等待夜色降临。运气不错的他"得到了一匹快马"，迅速逃往约克。根据纽卡斯尔侯爵的陈述，他自己是最后一个待在战场上的人。看见己方满盘皆输，所有保王党都尽力逃跑，"之后好几个对他满怀敬爱的人都在询问他的下落"③。晚些时候，纽卡斯尔侯爵也丢下他的马车和文书，逃去约克。纽卡斯尔由他的兄弟查尔斯·卡文迪什爵士及几名侍从陪同。伊辛勋爵金将军（Lord Eythin，General King）④也逃跑了，但他成功组织起路上遇见的逃亡者有序撤退。如此，三名保王党指挥官当晚便在约克会合。鲁珀特急切地询问现状。当侯爵告诉他"我们已经失去一切"时，鲁珀特说道："我的士兵已经尽力了，至于我们失败的缘由，除了恶魔对我们的敌人伸出了援手外，我想不出任何原因。"伊辛问道："接下来怎么做？"鲁珀特答道："我会重新聚集我的人马。"然后他转向侯爵："至于你，纽卡斯尔勋爵，又怎样打算呢？"侯爵回道："我会前往荷兰，因为我觉得已经没有翻盘的希望了。"鲁珀特请求他补充自己的士兵，却得到了否定的答案："我不会再继续忍受被官

---

① 译注：出自《圣经·旧约·传道书》第九章第十一节。

② 译注：米克盖特门是约克四座城门之一。"Micklegate"来源于"Micklelith"，意为"大街"。

③ 克劳弗德伯爵（Earl of Crawfurd）给出了"他口袋里所有的"二十先令，来询问他的好友纽卡斯尔侯爵是否还活着。

④ 译注：指的是詹姆斯·金（James King，1589—1652年），第一任伊辛勋爵。他是苏格兰人，曾在瑞典军中服役，在主教战争和英国内战中支持国王查理一世。

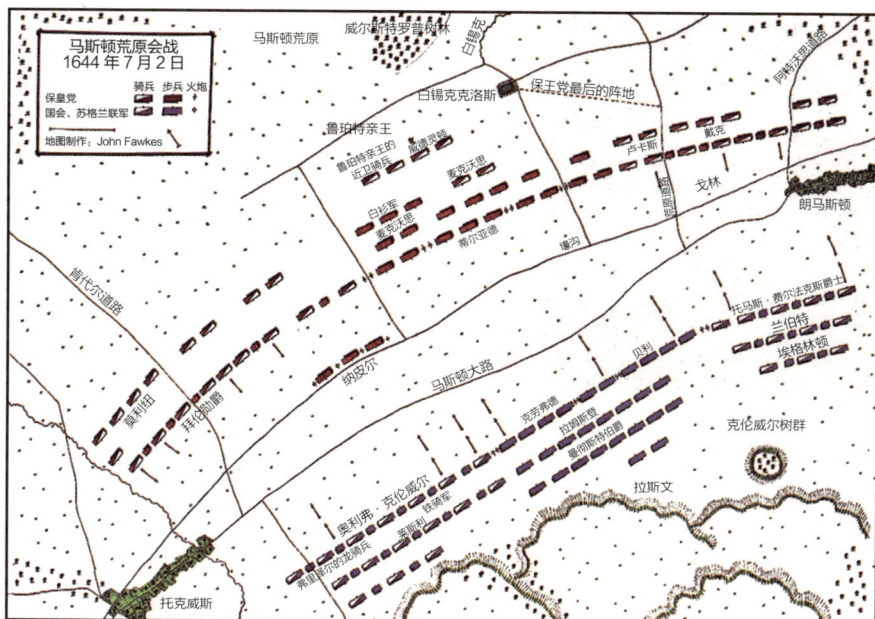

◎ 马斯顿荒原会战地图

廷嘲笑了。"伊辛则说会和侯爵一起离开。亲王因而挖苦了侯爵一番，并称他在战场上几乎没起任何作用。互相攻讦后，两人开始斗殴①，甚至有纽卡斯尔试图刺伤鲁珀特的说法，但被拦下了，然后两方停止了攻击。战败后，侯爵在约克郁郁寡欢，无比烦恼。他失去了所有士兵，而且弹药短缺，资金告罄。他痛苦地抱怨军队的背叛行为，并说如果他被困在约克时援军能来得早一点，或者马斯顿战斗能推迟三天的话，结果就会大大不同。虽然他打算离开英格兰，但他还是努力请求鲁珀特能在陛下面前为他美言几句，"他表现得像一个诚实的人、一个绅士和一个忠诚的国民"，亲王答应了他的请求。

次日清晨，坚决刚毅的鲁珀特带着所有对防守约克来说多余的士兵，沿着城北的教士门（Monk Bar）出了城，并遇到了克拉弗林（Clavering）

---

① "当鲁珀特进入约克时，他像宗教地狱里的魔鬼一样宣誓，怀着恶毒的憎恶，希冀有一阵狂风能裹挟他与他的同僚，并将他们带入地狱。"——苏格兰人达夫

◎ 纽卡斯尔侯爵，英国内战中北英格兰保王党部队的指挥官

上校的团，后者加入他。行军经过瑟斯克（Thirsk）和里士满（Richmond）后，他们翻山越岭抵达兰开夏郡，心怀宏伟的目标，试图尽可能地弥补可怕灾难造成的后果[1]。

尽管前方横亘着可怕的障碍壕沟，但这场会战中克伦威尔指挥的关键点无疑是进攻的决心。若要对付鲁珀特，克伦威尔熟知的最严密的紧密阵型是不可或缺的，他也有绝对的信心能掌控其麾下骑兵部队中的每名战士。因此，他毫不犹豫地将一切筹码都押在一个决定上面，即使壕沟后面只有三百码的活动空间让他整军备战。

赫尼希认为，只有塞德利茨穿过察本（Zabern）的泥泞山谷对大俄国方阵发起攻击的行动能与这场会战媲美。

克伦威尔在这次成功的攻击后重整队伍，紧接着发起了三次独立的冲锋，每次艰苦的近战过后，克伦威尔都坚持让部队休整。当时的将领显然都擅长休整，因为我们发现不管是戈林、卢卡斯，还是厄里都在冲锋后重新集结士兵。重新集结不仅代表单个骑兵能对自己的马匹有绝对的控制，同时也代表他有完美的自律能力，能在激情洋溢中保持冷静就已经很罕见了。只有塞德利茨的骑兵够得上这样的标准。

虽说如此，直到拿破仑时代，无法重新集结部队才开始变成普遍问题，以至被列入军事条例，现在还存在于我们的《战地实践》（Field Exercises）——"军事仲裁的指导"中。《战地实践》中明确指出，别指望骑兵能在一天之内冲锋两次。但克伦威尔时代以后，骑兵到底发生了什么，导致重新集结变得困难呢？

---

[1] 以上的记录大部分来自一篇由A. D. H. 利德曼所写的关于马斯顿荒原会战的有趣论文，在《约克郡考古期刊》的第四十三部分，可惜的是这一期刊只对其会员公布。

下文有关纳斯比（Naseby）会战（1645年6月14日）——第一次内战中最重要也是最出名的会战——的记录几乎完全出自弗里茨·赫尼希的著作，可以与鲍多克上校对同一事件的描述进行细致的比较。他们使用的都是来自斯普里格①与拉什沃思②的原始资料，描绘了关于会战的大图景。因为鲍多克上校的书随处可见，而赫尼希对骑兵原则有更深的领会，所以我认为还是该给英国读者看看，被我们忽略的将军与骑兵指挥官（克伦威尔）在博学多才的外国评论家眼中是什么样的。据我所知，我们的将军，甚至威灵顿，都未曾得到过下文中这种赞美。

　　在会战开始前，两军阵地达到了现代军事对隐蔽性的所有需求，他们利用地形便利掩护自己。

　　从东南到西北方向，有几排几乎平行的低矮山丘。军队能在山丘之间组成战列，但没有足够的空间活动。

　　最靠北边的山脊与南面的山脊被广阔的平原隔开，大概有一点五英里宽，实际的战斗就发生在这个地方。此地的东部是数个野兔窟和金雀花丛，西部是垂直穿过两军正面的大量树篱和壕沟。清教徒一方靠近这边的是奥基③率领的龙骑兵。

　　克伦威尔亲自勘察地形后，让自己保持在敌人的上风位置，以免被因士兵移动而扬起的尘沙困扰。值得注意的是，这点在今日也很重要。然后，他在右侧将士兵组成三线阵列，这与他通常的做法不同，因为空间限制了阵型展开——关于克伦威尔部队阵型的详细描述可参考图画。

　　需要注意的是，虽然保王党为了方便号令，使阵型严谨一致，却忽略了地形；清教徒虽没有遵守关于阵型的规定，却利用了地形的优势。

　　交战双方大概各有两万人，在骑兵方面，国王拥有明显的数量优势。

---

　　① 译注：约书亚·斯普里格（Joshua Sprigg，1618—1684年），神学家与传教士，费尔法克斯爵士的牧师。曾撰写书籍描述费尔法克斯部队在英国内战中的作用。

　　② 译注：约翰·拉什沃思（John Rushworth，1612—1690年），英国律师、历史学家与政治家，多次当选英国下院议员。著有研究英国内战的《拉什沃思文件集》。

　　③ 译注：约翰·奥基（John Okey，1606—1662年），英军士兵、国会成员，处决查理一世的"弑君者"之一。

国王步兵团　　鲁珀特步兵团

霍华德团　　　霍华德团

鲁珀特的骑兵　B. 阿斯特利爵士团　比尔德勋骑团　　G. 莱尔士的团　　纽瓦克骑兵

鲁珀特亲王　　　　　　T. 阿斯特利爵士　　　　　　　　M. 兰代尔爵士

巴特团　艾尔顿　　　　　散兵　　　斯基庞　　　　　　克伦威尔

韦尔缪登团　艾尔顿团　斯基庞团　H. 沃勒团　皮克尔林团　蒙塔古　费尔法克斯团　惠利　皮耶的近卫骑兵　罗西特团

理查德团　弗利特伍德团　　普赖德团　　　哈蒙德团　赖恩斯伯勒团　　皮埃轻骑兵

联合骑兵

普赖德后卫　　　　　　　联合骑兵　　罗西特轻骑兵

◎ 纳斯比会战中两军的阵型

会战的进程如下：当国王下令前进时，费尔法克斯也立马行动，这样双方都离开掩体，进入平原。要指出的是，掩体只是用来隐藏他们的力量，不是为了"避免损失"。

当保王党步兵反击中央的清教徒步兵时，骑兵开始攻击两翼，骑兵的战斗几乎紧接着步兵的战斗发生。鲁珀特骑马突破了艾尔顿[①]的士兵，并一路追击他们经过了行李营地（baggage laager）及纳斯比村庄。

当克伦威尔注意到敌方步兵胜利的进军时，他下令惠利的骑兵团（战线左侧）以重叠的两条阵线，进攻位于正面的保王党骑兵。

为贯彻此命令，惠利攻击了右翼兰代尔的骑兵，突破了两条阵线，并一直向前推进到保王党步兵预备队的地方。

当惠利攻击正面的骑兵时，占据了右侧阵地的克伦威尔的三线军队忽然掉头向左转向，并展开为横队，以五个团和两个中队的实力冲击到国王骑兵的

---

① 译注：亨利·艾尔顿（Henry Ireton，1611—1651年），议会军将军，克伦威尔的女婿。纳斯比战役中为议会军骑兵左翼指挥官。

左侧，剩下的团（属罗西特）则在右侧远远跟进作为侧翼掩护。这导致保王党人迅速瓦解，但克伦威尔立马召回了追击中的士兵，并重新集结他们，而罗西特则负责以尚未投入战阵的骑兵继续追击败军。

克伦威尔重整队伍后，直接面对国王步兵的左侧，步兵持续的胜利进军立即遭到了阻碍。

为应对敌人，克伦威尔发动左翼的骑兵中队突破和冲散了敌军的中路。只有一个团除外，该团成功守住了阵地，直到遭遇一个清教徒步兵营。

该团的负隅顽抗拖延了一些时间，期间鲁珀特和他那气喘吁吁又失去控制的人马重返战场。在那里，克伦威尔用生力骑兵军组成的紧密纵队攻击鲁珀特，通过两次连续的冲锋终于击破并毁灭了他们，追了十四英里远，一直到莱斯特（Leicester）城门。

对于这些行动的评价，赫尼希认为军事历史上几乎没有比纳斯比的克伦威尔布置骑兵更好的案例。

尽管十分不愿意分散自己的武装力量，克伦威尔开始还是因地形问题，将左翼的一半部队交给别的指挥官。同样的原因，他把手上的团组成了三线队列，一个分遣团用来保护暴露的侧翼。而其他所有的骑兵指挥官——鲁珀特亲

◎ 亨利·艾尔顿

◎ 雅各布·阿斯特利

◎ 纳斯比会战

王、阿斯特利勋爵①和艾尔顿——则全部挤在一起，无视地形，统一采用常见的两线阵列。

艾尔顿给第一线士兵指派了三个战役目标，结果一个也没完成。他的第二线士兵尚未部署完毕就被击败了，但艾尔顿依然是一个有能力的骑兵指挥官。

鲁珀特亲王在进攻中虽然成功了，却忘记了优秀骑兵部队的职责。他命令全部骑兵中队进行追击，结果紧急关头无兵可用。他那些已筋疲力乏的骑兵则被克伦威尔严整又休养过的预备队扫灭。

克伦威尔的作为不同凡响，他的第一次正面与侧翼的协调进攻就是后世的典范。当兰代尔的注意力被正面惠利骑兵队的攻击吸引时，克伦威尔则利用地形掩盖行踪，悄悄绕到他的侧翼。在五个比肩继踵的紧密骑兵团反向冲击造成的震撼下，敌军剩余的骑兵便不复存在。

克伦威尔知道胜利与失败之间只有一步之遥，因此只派一个单独的生力

---

① 译注：雅各布·阿斯特利（Jacob Astley，1579—1652年），第一任阿斯特利勋爵。曾参与过三十年战争，享有较高的军事威望。在英国内战中是一名保皇党。

62

团追击，剩余的则进行休整。骑兵休息后，克伦威尔让他们去进攻敌军步兵。他在一系列行动中也不忘重新集结与休整，因此鲁珀特归来时他手中依然有集结好的、精神的骑兵队，足够将其击败并追逐十四英里之远。

值得指出的是，克伦威尔战斗时头上遭了一记重击，掉了头盔，但他在头部裸露的情况下继续战斗。显然，不论是热血的激斗抑或个人的危险都没能让他失去精准的判断力。

纳斯比之战在任何意义上都是一场"决定性会战"。不到三个小时，国王损失了整支训练有素的武装部队和所有辎重。两万人中有六千人或死或伤，五千人被俘，骑兵部队四分五裂。清教徒俘获一百一十二面军旗、十二门火炮以及两百辆马车，损失只有八百名死伤者。

作为一场骑兵战，纳斯比会战是与曹恩道夫会战同级别的。两场会战都有同等数量的来回冲锋，同等程度的力量投入，以及同样因不尽人意的地理条件而导致的命令执行难度。如果从会战结果看，纳斯比会战则与霍亨弗里德贝格（Hohenfriedberg）会战、罗斯巴赫会战一个级别，若谈到精彩追击的例子，则可以与耶拿会战相比。从这三个角度来看，克伦威尔那天对骑兵的指挥和布置是目前战争史上无与伦比的。

克伦威尔前后共四次领导骑兵队进攻敌人的步兵或骑兵，每次都抓住了战机，进攻过程也精妙绝伦。接着是十四英里的追击，保王党六千人的骑兵团只有两百人逃脱了死亡或被俘的命运。有克伦威尔作为领袖，骑兵不仅可以取得胜利，还能赢得追击。

即使克伦威尔骑兵的训练手段和操练细节不能像腓特烈大帝时代那样被当代人精准确定，我也无法证明我们现在命名的术语"骑兵持续战线的部署"（Treffen Taktikder Reiterei）是否在克伦威尔时代就已经被理解，但克伦威尔在军事行动中对大军团骑兵的指挥已经足够证明他对一百多年后的这些原则了然于胸，腓特烈大帝正是用这些原则让骑兵成为战场仲裁者的。克伦威尔将士兵训练成能在任何时候以一个整体进攻敌人的虎狼之师。他的敌人则依然让骑兵部队各自为战，认为在马背上使用火器才是正道。

虽然战争诞生之初就存在侧击和背袭的概念，但人们在克伦威尔身上第一次发现用事先演练过的简单移动进行侧击，继而正面进攻的想法。困难之处不在于概念，而在于如何实现这些简单的移动。

克伦威尔是战术机动大师，尤其是在快速移动和单线进攻两方面。即使胜率渺茫，他也赢得了格兰瑟姆、盖恩斯伯勒、霍恩卡斯尔（Horncastle）、马斯顿荒原、艾斯利普（Islip）和纳斯比等会战的胜利。克伦威尔在纳斯比同时对正面和侧翼发起进攻，在格兰瑟姆和盖恩斯伯勒直接冲击侧翼，在马斯顿荒原那样因为地形困难而无法侧翼迂回时，则在深思熟虑后选择正面进攻。

但无论哪种战术调动，都是建立在克伦威尔心中对骑兵战争的胜利所必需条件的充分理解上。被骑手完全掌控的战马，才是骑兵领袖的真正武器。佩剑和手枪都只是附属品。了解了这点以后，他自然会在第一次进攻时就带上尽可能多的马匹以组成坚强的第一线，而不是传统的纵深纵队。从这时候开始，横队成了骑兵的专用阵型。

认识到两军交战后因为巨大的冲击，指挥官经常失去对部队的控制后，他尤其强调了"快速集结"。无论克伦威尔战术中其他要点是如何存疑，这一点是确定的。历史上所有骑兵指挥官中，他是第一个把快速集结作为军事行动的标准。每次冲锋后都快速集结军队并立即重新部署以对付敌人的生力军。他在马斯顿和纳斯比的行为都显示了这一基本原则。

在进攻中，应该有一支分遣队掩护侧翼，保证任何敌军都无法干扰到主力的行动。胜利后，应该由未参战的生力军负责追击。

既然现在已经清楚克伦威尔在每次遭遇战中都执行了这些军事原则，那么那个时代是否存在"横队战术"（Treffen Taktik）的讨论就无关紧要了。

但还有一点悬而未决，也就是不同横队间的相对力量差。在艾斯利普会战的优异行动展示给我们的是：第一线两个团，第二线一个团。在格兰瑟姆会战以及盖恩斯伯勒会战的第一次进攻中都只有一线横队，霍恩斯卡尔会战两线，马斯顿荒原会战尚不确定，但纳斯比会战的配置是很清楚的。如此看来，克伦威尔的军事行动似乎没有成规可言，而是在每场战斗中根据实际军情采取行动。只有骑术精良和训练良好的部队能有这样精彩的表现，因此，克伦威尔必然是用非常高的标准来教育士兵的。

关于克伦威尔军事教育的步骤，我们在他的报告中可以清楚地看到。一开始，他以自鸣得意的语调谈到他对"佩剑和手枪"长时间的了解，而腓特烈大帝则称之为"近战"（Mêlée）。但当他的经验告诉他——正如腓特烈大帝在军事生涯学到的——近战本身并不是应该追求的目标后，这个词就没有再出现了。接着便是"我们从不冲锋，但却击溃了敌人"。像一堵墙般推进，士兵与士兵摩肩接踵，这是克伦威尔唯一的战斗阵型。像腓特烈一样，他不刻意强调近身接战，因为近战只能决定局部的结果，而他需要全局的胜利。

当他的军事教育进一步深化时，我们听不到任何"脱离"马匹的指令了。无论是在前进还是后退，骑兵"散开或下马"的战术都不是战场上可以利用的武器。在一支训练有素的精锐之师里，马匹应该永远都不脱离骑手的即时掌控；只有在条件满足，集结的指令能被迅速和成功地执行时才可以。但克伦威尔从自己的经验中得知，即使是英格兰土地孕育的最优秀的英才与马驹，若不训练也无法达到这些要求。在他最初的军事行动中，很明显有好几次马匹都丢下骑手自己溜走了，但第二年的战斗中就再没听说这种事发生，只有在每次突击后的快速集结中才会发生。

保王党人到最后关头总是技不如人。在纳斯比的荒野追击战中，他们陷入混乱，失去了对战马的控制，导致战败。

当战马能像克伦威尔军中的战马那样俯首听命时，关于不同横队间的相对力量差，以及关于他们应起到什么作用的讨论就被带上台面了。第一线部队需要尽可能的强大，应该有足够的力量应付紧急情况，关于部署第二、第三线的迂腐教条就没什么用了。

以我们现有的兵员情况与马匹水准，能否"快速集结"是值得怀疑的，但这肯定是我们应该追求的目标。

以上是对赫尼希关于我们伟大骑兵领袖鸿篇颂歌的简要概括，他写了大约二十页，虽然我已经无情地对文章进行了删减，但仍害怕非专业的读者嫌我过于啰唆。我的理由是，正如所有对过去二十年骑兵著作有所学习的人了解的那样，在所有国家中，尤其是德国，已引发了关于横队战术的激烈讨论。

有两个学派观点。一派大声叫嚷要在军事条令里写下应对所有紧急情况的详细指示，在条令掩护下，他们总是可以避免承担军事责任；另一派则拥抱责任，宣称如果一个人足够优秀，能指挥骑兵大军团的话，他就应该得到在紧急情况时可自由发挥的信任。赫尼希的著作字里行间都充满了对前一学派的嘲弄、讥讽。幸运的是，前一学派在我国并不猖狂。我认为，我们的软弱之处在于顶级的军官总是假设责任无关我们训练不精的马匹和士兵，在印度尝试的许多进攻战术设计得很好，但超过了士兵的执行能力范围。团级指挥官会归咎于战术，而不是他们自己的缺陷。或许这是一种比较难听的说法，但事实是，我从来没见过一个能让战马在冲击前的那一刻准备好的优秀骑兵团，他们完全不知道判定骑兵的标准是什么；而如果他们想成为称职的骑兵部队，就必须用更高的标准要求自己。①

---

① 我写完上述内容后，费思（C. H. Firth）先生最有价值的一本书《克伦威尔的军队》（Cromwell's Army）出版了。可惜的是，费思先生似乎没有咨询过任何一位军官，因而无从得知，为理解战争的演变历史，判断最有价值信息的要点有哪些。他引用的权威著作有大量关于战争演变的知识，但他没重视，由于缺乏专门的军事训练，他无法从"有趣的"史料中拣选出"关键的"资料。

从克伦威尔到腓特烈大帝

第四章

　　当英格兰在克伦威尔的推动下，把骑兵的效能提高到史上空前的程度时，欧洲大陆上的骑兵发展却是退步的。

　　欧陆诸国正疲于征战。他们在一种时断时续的氛围中打仗，没有令人信服的大义与领袖能让士兵们愿为之牺牲。所有军队里面的主导思想是战斗点到为止，拿到薪水就可以，并不需要以身犯险。每一次旷日持久的战役后都不可避免地会出现这一状态。关于这一点，学习战术演变的学生必须铭记在心，因为它提供了对以下情况唯一可能的解释：为何军队甚至国家都会陷入一个不断犯低级错误的奇妙怪圈，从而妨碍和阻滞了所有改革者的努力。同时也讲清了另一个几乎令人费解的现象：为什么久经战阵的军队总是被在和平时期训练和组织的部队所击倒。正如古斯塔夫·阿道夫对阵帝国军，克伦威尔对阵保王党（所受战争锻炼较多），腓特烈大帝在莫尔维茨（Mollwitz）对阵奥地利，法军对阵全欧洲[1]及德国对阵奥地利、法国[2]。以上每个例子中的败军都久经战争的洗礼。

　　骑兵，是一种需要部队里每个人都具备胆量与勇气的兵种。因此，当大义的激励和伟人的鼓舞消失后，其受创也最大。

　　虽然在一场会战的开端，骑兵或许能击破步兵并横扫战场，但是要付出

---

　　[1] 译注：指在法兰西第一共和国与拿破仑时代，法国对抗反法同盟的例子。
　　[2] 译注：当时德国尚未统一，指普奥、普法战争。

惨重的代价。而补充训练精良的骑兵要比补充训练精良的步兵花费的时间更长，因此两个兵种间的平衡很快就能建立起来。在每一次新的冲突中，骑兵都能找到越来越多有力的理由不去冲撞刺刀和长矛。一次长久战争结束时骑兵总是处于颓丧潦倒的状态。当一个强力领袖试图进行革新时，这种努力则会被厌战老兵所组成的委员会扼杀。他们以自己在过去战役中的勇武为证，认为在对付"现代化"的武器和训练度有所提升的步兵时，骑手和战马也无能为力。

与此相反，步兵却在高歌猛进。骑兵冲锋变得越来越少见，将其击退也不像以往那般费力，他们也就越来越觉得没有保持防御性态势的必要了，理由是这样会影响他们的机动性和舒适感。这也就是为什么曾被认为是重中之重的拒马（chevaux de frise），现已消失不见。长矛兵相对于火枪手的数量减少，再加上燧发枪的装填速度上升，长矛也就让位给刺刀，而四列或六列的方阵则被两列横队所取代。最终刺刀和紧密阵型也会在实战中消失，士兵则被告知仅仅依赖他们在散开队形中的火力便可，虽然最后一步尚未在现今时代出现，但时间自会证明一切。

在整个17世纪，步兵战术家碰到的一大问题是：究竟是长矛在保护火枪还是火枪在保护长矛？由于不同战术家的经验不同，其答案因人而异。这些曾经不得不面对瑞典骑兵冲锋的人会坚持长矛更重要。而持另一观点的人认为，可以把长矛兵比例合理地降低。

有关这一话题的论述可谓卷帙浩繁，出产了数不胜数的图表，以表现两个兵种在方阵和纵队中可能存在的不同组合。因此，当骑兵四处冲战的活力复苏，而燧发枪变轻并被改进后，所有人都转而

◎ 美国南北战争时期的拒马

◎ 插入式刺刀

◎ 1745年詹姆斯党叛乱

支持由插入式刺刀（Plug bayonet）①这一发明所提供的解决方法，而长矛则变成了过去式。

这一事实从结论上显示了骑兵已经沉沦到何等悲惨的地步，因为插入式刺刀需要时间来安装，而装好后，射击自然是不可能的。在这段插入式刺刀时期，我找不到任何步骑对决的战斗，但从1745年高地军队败于我军一事来看，就足够说明如果战斗持续下去，步兵下场又会如何②。

值得指出的是，即使是在17世纪后半叶，火枪已普遍进行技术上的改进，且潜在射速翻了一倍，但实际上火力密度却总是一样的。虽然射速提升

---

① 译注：插入式刺刀是最早期的一种刺刀，因其需要插入火枪口使用而闻名。刺刀装好后自然也无法进行射击。

② 译注：指1745年的库洛登（Culloden）会战。1745年查尔斯·爱德华·斯图亚特（Charles Edward Stuart）为了夺回英国王位而在苏格兰掀起了詹姆斯党叛乱（Jacobite Rising），这场叛乱受到了高地部落的支持。此叛乱最后被英国政府军镇压，库洛登会战是这场叛乱的最后一役。

◎ 马尔伯勒公爵

了，但阵型的纵深却减少了，再加上子弹直径的缩小，也削减了其制动能力（stopping power）。采取这些措施是为了保障火力输出更加方便，因为当时已普遍引进更便利的射击阵型。

对步兵来说幸运的是，骑兵反击的机会并没有持续太久。没过几年，真正的刺刀①就被广泛采用。结果，步兵对其抵抗骑兵的能力表现出史无前例的自信，而后者的士气则相应陷入低迷之中。

我所收集的信息并不足以对马尔伯勒（Malborough）②的骑兵优秀程度做出准确的看法。和敌人相比，马尔伯勒的骑兵展现出了更高的效能，这从之后留存的团部军旗上书写的许多胜利会战的名字可以看出。但这只是个侧面反映，能最终证明其训练有素的是马尔伯勒敢于在战场上使用他们，如在布伦海姆（Blenheim）会战③中，没有一个久经战阵的将领敢让训练不足的骑兵迂回到法军左翼的沼泽坑。

另外可以确信的是，一直到七年战争开始前，没有一支欧陆的重骑兵尝试在冲锋过程中采用紧密阵型，英军骑兵也不大可能有这种成就经验。

这期间是英国和其盟友关系最亲密的日子，他们全都是军中战友。当代廉价的火车票和旅游媒介所带来的国与国间的自由交流，因而产生的小家子气嫉妒心理，在当时是绝对没有的。

因此，如果当时我们国家有任何不同寻常的军事成就，如以紧密阵型进行全速冲锋，外国见证者若不对其进行记录和评论，是极其不可能的。如克芬

---

① 译注：指的是套环式刺刀。此种刺刀不用插入火枪口，因此不会阻碍射击，同时也节省了安装刺刀的时间。
② 译注：马尔伯勒公爵约翰·丘吉尔（John Churchill，1650—1672年），英国军事家、政治家，近代欧洲最出色的将领之一。系二战英国领袖温斯顿·丘吉尔的祖先。
③ 译注：又称赫希施泰特战役。西班牙王位继承战争中的一次决定性战役。英国-奥地利联军大破法国-巴伐利亚联军，决定了法国的败局。

许勒①，大概是最著名的奥地利骑兵战士，其1726—1734年的著作对此事毫无谈及。而且他自己就是个被传统强烈束缚的人，讲究马背上的射击纪律以及下马龙骑兵的营级调动。

◎ 奥匈帝国骑兵

真正的核心要点在于，让速度最慢的马匹以最快速度冲锋，并且是膝并膝的紧密阵型，这要比一般非专业人士所想象的难度大无限倍。

任何人都可以聚集一大堆骑士，并让他们漫无纪律地朝敌人的方向冲锋，此事并不罕见。但多年来的经验证明，即使一百码的距离也足够摧毁所有的协同。骑兵整体也因而不可避免地变回各自为战的散兵游勇，这种状况延续下去的话，当他们真正对阵处于紧密阵型的胸甲骑兵时，这种行为——无论其是慢步还是快步——都无异于向现代铁甲舰冲锋那样以卵击石。

我们追踪历史，查阅这段时期任一典型的英国骑兵团后发现，在训练如此之差的情况下参加战斗，令他们从来没有真正执行过任何使用紧密阵型的高速冲锋。

每个团在结束一段战斗返回营房后，编制上已减员到最低程度，只得胡乱补充新兵与新马，然后再次赶往前线。无论其行军有多长，都没有足够的时间在关键点上进行系统训练，也就不可能实践紧密阵型，更遑论当时的传统倾向于另一个截然不同的方向。

那时的骑士，虽然是以与现在相比更高的标准培养出来的，但评判标准却完全不同，成功的目标仅仅是在单打独斗中获得胜利。直到最后，如回转阵（caracole）②这样的概念普及之后，人与马才开始作为一个整体战斗。

---

① 路德维希·安德烈亚斯·冯·克芬许勒（Ludwig Andreas von Khevenhüller，1683—1744年），奥地利陆军元帅，多次为军官与士兵撰写指导性的军事著作。

② 译注：回转阵最先是由东亚骑兵（中国人与蒙古人）发明的战术，后来在16—18世纪为欧洲骑兵所用。其目的是为了将火器与骑兵战术结合起来。当骑兵前进攻击敌人时，第一排的骑兵转向一方，用火器射击敌人，第二排、第三排等如法炮制，然后回归队伍，重新装弹。以上步骤可不断重复。

◎ 布伦海姆会战

◎ 回转阵型

虽然在今日马匹对骑手的无条件服从是——或者应该是——一切骑兵事务的基石。但该原则仅仅被认为是保证大军联合行动的一种手段，个人的技巧与命运则变得无关紧要，至少对欧陆的短期兵役军队（short-service armies）来说是这样。

一旦两军开始交战，差劲的营房管理带来的行军损失，再加上青饲料的匮乏和承包商的奸狡，会导致部队大量减员。因此，所有的空闲时间都要用来快速地训练新兵，让这些团在战场上能够守住阵地。

事情不止如此。因为目前更看重机动性，所以除了重骑兵的胸甲以外，盔甲已经普遍停止使用。但随后发生的一些情况，却改变了这一形势。

作为对无止境的劫掠特许的回应，保护私人财产不受侵犯的思想开始得到支持，这种思潮在未来不断升温。老实说，就好像只有骑兵有权使用他们所需分量的青饲料一样——也只有骑兵需要青饲料——他们也发自心底地认为随意劫掠是他们的权利。但除此之外，他们也和步兵一样受"仓储系统"（magazine system）的严格限制。

"仓储系统"完全改变了之前的战争手段，与现今欧陆的所有规章都不一样，因此稍微谈谈这一系统诞生的基础是绝对必要的。

三十年战争留下的是一片废墟。战争期间发生了数不胜数的罪行，令周遭的人们痛恶至极。战争结束时，他们已经忘却当时开战的目的，这也是每次战争发生时逻辑上必然导致的结果。

中欧的大片耕地已成焦土，但在任何地方，幸存的公民小社区都团结在一起对抗共同的敌人——军人，无论其是为哪方效命。

"自卫，而非反抗"是他们的座右铭，而地形是其唯一可利用的武器。

每个小村庄都有自己的城墙和堡垒。这些建筑多是旧时遗迹，其巨大的面积对村庄已缩水的人口来说显得多余。因此，人们建立了安全区。当危机信号出现时，畜群先被驱散，离避难地过远的农民只能舍弃自己的财产躲入深山丛林之中。

在这种情况下只有一种方式能在征服地维持自己的部队，也就是抚慰村庄内的居民并说服他们没什么好怕的。同时，也需要一个稳定的现金交易市场能让他们进行商品交易。

战争不再因宗教争端而开启，领土扩张成了发动战争的唯一原动力，希望吞并邻国肥沃土地的入侵者有最强烈的动机去抚慰被征服地的居民们。这一事实经常导致许多古怪的事情发生，同时也解释了很多离奇的背叛案例——无论是个人的还是集体的背叛。这一段历史充满了这种背叛行为。

必须铭记，在这段时间内，除了英国海军和陆军以外，我们现今所理解的"爱国主义"在当时任何地方都不存在。一个人的政治视野纯粹是由其房屋的海拔和周遭的自然环境决定的。如果一个人高居于黑森林（Black Forest）①的山坡上，那么他对莱茵河流域就会有真切的感情。如果他是平原的居民，根据惯例，他与相邻教区（Parish）②的人会互相仇视。相较于边远地区，人们对毗邻地区的憎恶更大，即使他们可能属于相近的文化圈。我们的水手和士兵背井离乡，走遍世界，因而能正确地意识到自己是个英国人。但他们与普通社会却是分隔开来的，由于在当时《每日新闻》还不存在，所以缺乏方法将自己的感受经历传递给英国的同胞们。

张伯伦③先生关于爱国主义的演讲，对某些听众来说内容怪异，但对有军事背景的读者来说却是正中红心。因为我们知道其观点是绝对正确的，并且能认识到之后在战场上出现的一些因素的奇妙精到之处。

必须记住，在当时的欧洲大陆，普通的武装力量和其为之效命的国家之间并无特殊的感情存在。

军队是君主的个人私兵，被君主以金钱雇佣而身穿制服。他们来来去去，视自己心情高兴而定。通常来说，因为没有特别的动机去安抚百姓，他们

---

① 译注：黑森林是德国最大的森林，位于西南部的巴登-符腾堡州。

② 译注：教区是基督教的一种管理区域划分，由一主教进行管辖。由于中世纪时期，主教在其教区不仅有宗教上的，还有政治上的权威，因此教区在相当长的一段时间内也起了行政区划的作用。

③ 译注：指约瑟夫·张伯伦（Joseph Chamberlain，1836—1914年），英国企业家、政治家、激进的帝国主义者。

◎ 约瑟夫·张伯伦

对待己方的村民往往比对待敌人更加凶残。

目前，由于这一欠考虑的情况所产生的恶果开始显现，导致战争中的军队开始竞争，看谁能更有效地安抚人民。这一细致的工作不能放心交给部队自己去做，因为他们的军需压力实在过于紧迫，而且指挥官因个人利益会受到损害，也无法做到公平正直。对这一难题的解决方式是指派外交代理人"军需官"（Kriegs Commissaire）。他们与我们在印度的官员相当，对部队的受苦受难毫不关心，没有军事首长的声誉。他们的晋升之路在于，并且依然仰仗于一条狭窄的通路——能够一毛不拔，成功维持，或创造当地居民的忠诚心。这些人是如此忠实于自己的责任，到最后在战场上只能依赖于现金支付——对此他们并不负责——或者建立仓储来维持军队。因为没有现代铁路，建立仓储系统是一个难题，我们这些在印度服役过的人大多了解这点。

因为军事理论以外因素的影响，战争的本质也整个改变了。通常来说，战争意味着迫使敌人屈服于你的意志。理论上为了达成此目的，任何能摧毁抵抗力量的手段都是足够正当的。出击的力道越重，其效果也就越令人感到畏惧与无法抵挡，因而抵抗的时间也会越短，受苦的人会更少。但这点只有在整个国家为生死存亡做斗争时才成立。因此，当民族主义的因素不存在时，整个斗争的本质也随之一变。传播恐慌并在被占领区制造痛苦是统治者最不愿意考虑的事情。

仓储因而成了要点，其重要性在其余因素之上。仓储的分布可以暗示接下来的全盘战略计划①，当局用了最大的努力，不仅为保障其安全，同时也掩盖其准确的位置。到最后，整个边界地区都以堑壕的形式进行防御。数英里长的地方掘沟十英尺深、建立矮墙，由工程师援建各种防御设施，比如鹿砦、栅栏、路障等。在对付这些障碍物时，骑兵明显是无力的。为了攻占一个仓库，并坚守足够长的时间以统计内藏的储物，需要调动强力的武装力量，这显然得不偿失。因为仅需间谍和特工就可以确保拿到所有需要的信息，且开销要小得多，情报则更加精确。

但保卫战地工事与骑兵的想法向来不合，所以这个任务就交给其他兵种来做。如此，骑兵就被挤出前线，到后方开阔的营地轮班，在那里他们可以放心睡大觉。

不言自明，这让大部分人可以各司其职，却不利于骑兵精神的维持和成长。

为了不让他们惹是生非，必须给他们找点事情做。鉴于每日花许多时间在马背上进行周密的训练会被长期服役的老兵视作一种耻辱，华丽的阅兵反而作为一种对骑兵效能的最高考验而被接受。

如果没有光鲜的制服和亮丽的配饰，阅兵就不可以称为华丽。为了骑兵团的名誉起见，实际的掌权校官开始在军服的金花边装饰上争奇斗艳起来，并随后发明了"训练条令"（drill order）以保留检阅官的制服，而各色士兵的制服也继而出现，与训练条令相配套，如此不一而足。

现在，这些花哨的装饰物都必须随身携带，而除了马背没有其余的转运手段——就放行李而言没有比这更糟糕的地方了。因此，全欧洲军队的骑兵军马都渐渐不可避免地变成过载的牲畜，直到最近三十年情况才开始改善②。

最后，经历数月这样无所事事又琐碎的生活之后，骑兵"上马"（Boots and Saddles）③被调去战场抗敌，但士兵们已"跟猪一样肥"。人马都如此肥胖，只得坚持一两天应付任务了事。这种状况也是一个旧迷信的来源：战场上的肥马要好过瘦马。但只有加上"无论肥瘦，健康的马才是最好的"这句话才

---

① 译注：即所谓"兵马未动，粮草先行"。

② 可见查尔斯·内皮尔爵士对骠骑兵的描述及载重表。

③ 译注：该短句是乘马号音，命令骑兵作乘马队形的预备口令。

能显得可信。

我无意对英勇且有时可称卓越的先辈们评头论足，但我必须向读者说明这样的事情是如何发生的，虽然其发生过程被战争经验数倍于我们的其他人忽略。类似的原因总会造成相同的结果，如果允许我们重蹈覆辙的话，今日的大不列颠就会陷入二十年的颓败怪圈之中。

目前为止我讨论了两个影响战争结果的主要因素，也就是有效的通信转运手段的缺乏，以及长期战争（chronic warfare）的周期性。这两个因素在历史中已消逝，而且不太可能重新出现。但还有另外一个因素，随着民主政体的扩散，可能会重新出现。

我提到以契约合同的方式执行战争行动的系统[1]。这一概念常被我们不负责任的日刊与周刊新闻评论家忽视，这种系统在早些时代已被尝试，但仍无法满足当时的需求，而当时环境给予的压力远比我们现在面临的要小。

18世纪的战争主要是"内阁战争"[2]。如上述理由，这些战争的起因不被平常人所关注。虽然内阁们在是否真的尽忠王室或为国效力这两点上还是可疑的，但他们在良心上，还是在其所处环境下尽了个人的最大努力。他们一直以来的目标是在条件允许的情况下，以最小的代价完成任务。为了这个目的，他们遍访当时的名将以招揽贤才。正如今日我们将建造港口、铁路与其他工程的工作交给知名的承包商一般，并从中选取要价最低的一家。

被选中的将领签订合同后，就出发寻觅共事已久并值得信赖的老部属，并转包一部分工作给他们。有时候国家会把自己的部队借给将领，正如今日的政府出租其闲置的工厂设备一般。不过这些部队是由有合同关系的连和中队培训出来的，其基本训练原则大同小异，这一过程中的每一步操作都会有人从中抽取分成。如果用人得当，那么在这些条件下能得到最令人满意的结果：工作

---

① 译注：指雇佣兵系统。

② 译注：内阁战争（cabinet wars）指的是欧洲君主专制时期的一种战争形式，通常是指从1648年《威斯特伐利亚条约》签订后（即三十年战争后）到1789年法国大革命之间的战争。这类型的战争也被称为"王公战争"，其主要特点是：参战的皆为小型军队，军官多出身贵族，作战多使用雇佣军，战争目标有限并且同盟关系时常发生改变。

稳定且连续。因为好的雇员或领班知道发出士兵身体力所能及的指令是多么重要。但这也是个能够产生最可耻弊端的做法，尤其是在工作本身不稳定和令人生畏时。那时就很难判断承包者的工作效率。

战时的步军士兵手中总是掌握着一个最有力的终极解决方法——如果一个将领总是抢劫或欺诈下属，那么他就别指望自己能在与敌人的第一次交火中活下来。至于骑兵，总是在军马的草料上面能省则省，这毫无疑问是当时欧洲骑兵的通病。鉴于骑兵的草料花费总是优先考虑的事情，长途行军和紧张的战场生活不被士兵所欢迎，再加上当时欧陆军队中普遍存在的士兵逃亡现象，所以士兵的喜好在长官的考虑中是十分重要的一环。

无论在何种条件下，我都无意谴责这一合同系统。但必须指出，内部人员在统一的雇佣系统下团结一心，无论其是工业还是军事上的巨型组织，在最初都经历过一个演变过程。组织在发展壮大到一定地步以后，无论其所处环境如何相异，都不约而同地发现，为了组织利益起见，分段承包的程度还是削减得越少越好。在经过这一演变阶段后，才能变成最顶尖和最商业化的机构。以我们伟大的铁路公司为例，其在基本组织事务的处理方面的能力，远超一般的商业机构，几乎接近英国的军事组织，而军事又远比商业更复杂。

以上这些看上去似乎和骑兵一点关系都没有，但军事问题的难点在于，你不能将武装力量与其所处的时间和空间分割开来，这也就是为什么政府花费了无限多的精力在此一军种之上，却毫无收获的原因。人类日常生活中的每件事都不可能尽善尽美，只有因时制宜，而导致的相对好坏。这一点常被当时性急的期刊作者所忽略，因而不可避免地一叶障目。

然而，这一阶段的骑兵在一件事达到了历史巅峰，也就是我们今日所知的"团队精神"（Esprit de corps）。当时的团队精神与现代作家的胡言乱语相比较，就好似熊熊燃烧的明焰与沼气上的苍白野火的区别一般。团队精神适用于竞赛、使命、纪律与宗教等能激发自尊心的事情，这种情况下，士兵为之流血牺牲，就好似今日的勇士就义一般。但在现代，他们只被认为是一种极端例子：是由偏执观点所产生出的恶。

骑兵刚开始还把自己的团放在第一位，到后来就没有这种想法了。虽然有时候骑兵团会为信仰甘愿牺牲，但在有些场合，又会因对军中特权的蔑视之情，而在关键时刻团结起来打乱将领制订的最优计划。

这个时代的参谋军官并不是一种挂名职务——确保士兵吃饱喝足并拿到军饷是一份困难的工作。但这和另一件事比起来简直就是小儿科：在不辱骂鞭笞的情况下，让部队集结起来面对敌人，毕竟辱骂有可能会导致公开哗变。

在上述这些前提各异、重要性稍次、数量繁多的其他条件影响下，欧洲军队大约在1740年，变成了如下文所示的状态，我将逐字引用1742年第一次西里西亚战争的普鲁士官方记录进行说明。这一材料由军史研究部（Abtheilung für Kriegsgeschichte）编纂，作者是一群德国总参谋部中最优秀的研究者，我们可以放心将其作为讨论分析的基础。

在西班牙王位继承战争结束之际，战争艺术的发展已经进入了停滞期，并呈现出部分倒退的状态。排兵布阵的原则，在路易十四战争期间虽有所进步，但大体还是老一套；其实战应用已经失去活力，军事领导者也缺乏动力进行革新。

谈到实际战斗中骑兵与步兵的比例，普鲁士只有1∶3，奥地利及其盟友是1∶4，都没有到法国1∶6的程度。炮兵力量的确十分弱小，每一千人只有一门轻火炮（通常是三磅炮），加上少数重火炮，作为预备军，例如十到十五门十二至二十四磅级的重炮。

为使军队整体能保持协同作战，并将火力最大化，"横队"阵型就应运而生。

步兵的基本作战单位是四线横队纵深的营，但普军出于实战考虑采用的是三线阵。三线阵横队被划分为分营（divisions）[1]和排（sections），彼此之间毫无间隔地并肩作战，因此营就自成一个整体[2]。分营和排的数量各有不同，但通常一个营由四个分营组成，每个分营又包括两个排；所以他们的排就对应我们的连[3]。但分营在划分时并没有考虑到"连"的实际力量，"连"

---

① 译注：在营训练条例中，分营的实践是日后整齐划一的连（company）的基础。
② 译注：每营辖四连八排，一个分营的规模与一个连一样大。
③ 译注：英法军队的连规模较小，相当于普奥军队的排。

只是一种单纯的行政单位，这种情况如今在我军依然存在[①]。横队是唯一的战斗阵型，纵队只是一种移动的手段。有三种纵队的形式：以分营为单位的纵队、以排为单位的纵队，这两者的前后间距都恰好可容纵队旋转后变为横队；至于短程的侧翼移动，则以三人或四人一组，横队向左或向右转向的方式进行（第三种横队）。值得注意的一件趣事是，普鲁士直到不久前还使用两种横队阵——三线横队用来机动，二线横队用来射击——那时他们将四线横队用作演习目的，但只用三线横队进行战斗。排纵队只从右侧开始组成，和我们现在用的指令一模一样，"从右侧开始，前进组成纵队"。向侧翼移动，连则是遵从"向右或向左变成纵队"的指令进行旋转，这个是普通阵型。虽然当时路况远比现在糟糕，但是大部分要比现在宽阔得多，在接近狭窄地形时，会通过横队变纵队的方式缩短正面，并且行军时各行间的间距会拉大为四步。至于在正面从纵队转化为横队，则是每列领头的第一人向左或右转，然后其余人依次向前组成横队。若是在侧翼组成横队，仅用普通的旋转就可以了。

士兵只有在命令下达时才会开火，且只以横队、排和分营为单位。以横队为基础的开火方式在欧洲各国很常见，普鲁士人却只以后两者为基础。但在所有的军队中，都是第一排单膝跪下，后两排准备开火。分营或排的射击先从侧翼开始，然后向中央递进。这一程序是如此的井井有条，营中一半的士兵肩上总是有已装填好子弹的火枪，而另一半要么正在装填，要么正在射击。最重要的是通过射击训练中的无数练习，来确保机械运作般的准确性与火力投射的强大性。因为这一点，在铁制推弹杆引进之后，普军的射击频率达到了一分钟五次[②]，大约是同时期其他国家的三倍。

通常来说，进攻是以横队的方式进行，为了使营成为一个紧密的整体，它必须以缓慢的小步走路：每步二十八德寸（约二十九英寸），一分钟七十五至

---

① 译注：行政单位与作战单位是两回事。以普军为例，普军一个营的行政单位为五个连，但在战时则要组成四个分营进行战斗。英军一个营的行政单位则有十个连，战时十个连变为十个排（当时英语军语里连与排是同义词），两个排组成一个分营，进行战斗。

② 对于单兵来说，是一分钟三次射击。见《战争史别册》（Kriegsgeschichtliche Einzelschriften）No.28，一篇十分有趣的论文对此课题做了修正。

◎ 法国元帅萨克森伯爵

八十步。虽然在当时还没有踢正步的说法，但他们的确是随着鼓声的节奏来走路的，会根据其变化来提升或降低速率。

这个时代的难题在于统合射击与移动，因为只有符合这些条件，进攻才成为可能。大多数军队由于缺乏和平时期的训练，导致了许多无法克服的困难。根据规定，只有在穿过火炮射击范围，进入滑膛枪射击范围时才能进攻。但惨重的损失能马上让进攻者们却步，接下来，不管长官如何下令，发生的都只是互相射击的静止战斗。持续一段时间后，长官们或许能让士兵停止射击并前进开始刺刀冲锋。

当然，从不缺乏如何在最后一步成功的建议。一些将领相信可以在完全不开火的情况下直接刺刀突入，这其中最突出的是萨克森伯爵[1]，他在《我的沉思》（Rêveries）中写道："枪炮并没有人们想象中的那般可怕，很少有人被正前方的炮火杀死。我曾见过四个人都没打中的齐射，我和其他人也从没见过炮火的冲击力能强到让我们无法前进，它也不能阻止我们用刺刀或开火的方式进行回击。"但总体来说，大家还是赞成尽可能延长开火时间，并严格保证控制的重要性。

奥地利人用他们的掷弹兵连掩护其步兵推进，其战斗流程和我们的旧散兵是一模一样的：暂停、开火、装弹，然后向前奔跑，同时阵型紧密的营不问方向跟在后面。如果进攻失败的话，撤退过程中指定的纵队需要暂停、接

---

① 译注：萨克森伯爵赫尔曼·莫里森（Hermann Moritz Graf von Sachsen，1696—1750年）。18世纪军事家，法国最后一位大元帅。《我的沉思》是18世纪重要军事理论著作。

敌、开火，然后转化为横队站稳脚跟。这是在欧陆各国惯用的作战手段，如果普鲁士在这方面超越了所有竞争对手的话，那也是因为他们在和平时期得到了更好的训练，以及对战争本质有更真切的理解。这让他们能把更大的

◎ 霍亨弗里德贝格之战中的普鲁士掷弹兵

注意力放在提升火力发展、战斗应用还有令行禁止的纪律等方面。普军的三线横队阵型使他们能有更广阔的正面并且能正步行军（普鲁士人是第一个引进正步的），在保障移动方面的秩序和准确更进一步。

进攻时的火力射击也顺理成章地纳入了规定：营以横队前进，军乐演奏，战鼓齐鸣；当"开火"命令下达后，音乐立即停止，指定射击的士兵停住，准备完毕后向前跨三个大步；与此同时，其余士兵依然保持正常速度移动；第三个阶段则是正面的横队单膝下跪，后面两排准备开火；齐射完毕后，部队重回横队的位置，然后在行军中装弹。

尽管整个横队的各个部分行动缓慢，但在射击过程中保持了不间断的运作，以及由训练得到的铁一般的纪律，确保了他们即使在最激烈的交火中也能以机械般的严谨执行命令。

骑兵横队由胸甲骑兵、卡宾枪骑兵和龙骑兵组成。鉴于枪支的引进大大提高了步兵的价值，人们也希冀通过给骑兵装备卡宾枪以及紧抓枪支训练的方式来增强他们的战斗力。但这个想法实在是太过了，结果损害了真正的骑兵精神[1]。这一点在普鲁士比奥地利更加突出。奥地利的欧根亲王[2]在他的团里激励出了真正的骑兵精神，并保护它不受错误的骑兵观念的影响。

骑兵中队是所有军队中的基本战术单位，由三列横队组成，在当时的普

---

① 参考最近的《英国军事条令》——历史总是重复的。

② 译注：欧根亲王（Prince Eugene of Savoy，1663—1738年），奥地利哈布斯堡王朝陆军元帅，杰出的军事家。

鲁士再细分成四个"排"。横队是由纵队进行旋转变成的，和上文描述的步兵一样。在沿着道路行军时，排的开放纵队①是常见的阵型，但在跨越乡间时他们常常以中队为单位进行移动。在不同军队中对攻击的执行有所不同。普军1727年条令写道："所有的骑兵中队都应该手执利刃向前发起进攻，军旗飞扬、战鼓敲响，每一个指挥官以其荣耀与名誉起誓，不允许射击，而是以利刃胜利归来。""当中队进攻时，他们要以小跑前进，但绝不能坐等敌人进攻，而是先下手为强。"但在第一次西里西亚战争期间，这些条令并不总是被遵守。骑兵战的时候，他们通常不迂回，而是直冲敌阵，并在战斗前从中队的两翼派出一些散兵去开火骚扰敌人。当时的战术还没有什么迂回的余地，因为半距纵队（half-column）②尚不存在。而且骑兵转化为横队的时候也不是像现在这样使用最短距离，这是晚些时候的发明。更进一步说，骑兵排在紧密阵型、跨越障碍等方面的训练还很不足。

在奥地利有两种攻击方式：一种用来对付土耳其人；一种用来对付基督徒。在后一案例中，骑兵以两线横队进攻，火枪在手，剑悬腰上。在接近敌人时

◎ 奥斯曼土耳其的西帕希骑兵

---

① 译注：指行与行之间间隔较大的纵队。

② 译注：半距纵队是与普通纵队（column）、四等分纵队（quarter column）相对而言的。营纵队中各个士兵前后与左右的间隔是一样的，因此一个营的横队和纵队两种阵型占地面积是一样的，只是正面的宽度不同。半距纵队和普通纵队相比，互相之间的间隔缩小了一半，四等分纵队的间隔则只有六步。至于为什么作者认为没有半距纵队的情况下不利于迂回。结合上下文来看，半距纵队可以很快地转化为横队，使部队能轻易在行军和作战两种模式中进行切换，利于迂回。

◎ 欧根亲王

开始快跑，还差二十步时朝敌人脸上开枪，然后骑着马全速向对方冲击。士兵们还被进一步教导要攻击敌骑的马头，因为"这招屡试不爽"。在对付土耳其人时，他们用的却是三线横队，移动缓慢且阵型紧密，是为了能有秩序地停下并齐射，"这些土耳其的完美骑手和锋利马刀在基督徒中引起了极大的恐惧。"

如果敌军被击败，一部分士兵负责追击，其余则重新集结。因为很少练习再集结，所以一次冲锋后，部队通常就失控了。"在对付步兵时他们的战术是一样的，作为铁则，用小跑或者中速跑进行冲锋是必然失败的。"这是可以预见的。土耳其人则反之，不顾一切地全速冲锋，斩杀沿途的一切。步兵对他们如此惧怕，以至于用铁链将拒马连接在一起，放在战场上，每次停下来时，都把此障碍物放在前面作保护之用。

所有的线列骑兵都接受过下马作战的训练，尤其是龙骑兵，他们像步兵营一样作战。下马骑兵也经常用来保护据点。法国人坚守这个作战传统的时间最长，而在奥地利和德意志的趋势则是下马作战的战斗方式逐渐消失。骠骑兵位于线列骑兵与非正规骑兵之间，大多数时候像"散兵"，也就是"骑马散兵"一样作战。他们的前锋在正面与敌人交火，其余的则紧跟在侧翼之后，以待随后延展与敌人的侧翼战斗。如果遭到冲击，他们就撤退到横队骑兵之后寻求掩护。非正规骑兵部分骑马，部分徒步作战，风格与骠骑兵相似，但没有预备队紧随在后，且在军令范围之外。徒步骑兵基本就是各自为战，在会战中他们主要被部署在侧翼与险峻的地形上，使他们能避免被齐射及常规步兵的紧密冲击。和普鲁士相比，奥地利在这方面有巨大的优势，实战经验也较多，但奥地利骑兵群缺乏纪律、劫掠成风的特点，经常带来不小的麻烦，尤其是在本土作战的时候。

直到第一次西里西亚战争打响之际，炮兵还没有可以谈及的战术训练。炮兵的训练主要在于保养火炮、准备弹药及建造炮台方面；在普鲁士他们每年有十四天时间的有靶射击训练课程。但没有军事条令，也没有各场合必要的整合炮兵和火炮的特殊命令。三磅、四磅和六磅的轻火炮，有效射程一千五百码，成对的分配给营；而八磅、十二磅与二十四磅①带榴弹炮的重炮则被集中在一个大的炮台里，在合适的场合拿出来使用。进攻时，在一个短时间的试射后，重火炮会

---

① 在重量上大概可与现代的二十五磅、四点七英寸口径、六英寸口径的来复炮相对应。这些火炮的移动不是一个新问题。

◎ 普奥战争巴特朗根萨尔察（Bad Langensalza）战役中的普鲁士炮兵

把攻击范围更广的榴霰弹拿出来使用，有效射程约五百码；接着营火炮在开火前应该推进两百或三百码之内，而且是用手拖，在步兵开火之前，都置于营和营的空隙前面。在防御时，火炮则放在步兵线前方和侧翼的某个位置。如果可能的话，重火炮会聚集在能受土木工事和障碍物保护的地方。

三军的相对位置都被写在《作战序列》（Order of Battle）里面，这份文件对每一场战役和微观操作都应该有巨细无遗的解释说明。将步兵火力提升到最高程度的需要让阵型的纵深缩小，正面极限延长，这两个因素互相呼应，导致第三条横队几乎都要消失了。骑兵配置在两翼，既是为了保护步兵，也是为了确保自由活动的空间。在正式的战场布阵中没有炮兵的位置；但就如上文所言，部署火炮的命令应该视每一个特殊的场合而定。

军队又被分成两翼、中部等几个部分，每个部分有个特定的指挥官，这些指挥官行使的是专断之权。核心目的在于让整个军队作为一个整体行动。第一线的营以二十步的相同间隔分布，没有特殊的间隔来标记侧翼或旅的界限，这更加体现了前述的意图。各营团指挥官的职责仅有确保部队往指定的方向前进，合拢空隙，并对第一线中任何可能卷入战斗的部分进行及时的支援[①]。第二线跟在第一线之后，定例是相隔三百步。这一距离是固定的，以防第二线的士兵被攻击第一线的火力所波及。

在这里恕不赘述步兵排的扎营工作与行军的不同命令，但有必要谈谈士

---

① 然而，这第三个职责看上去很少被行使。因为旅和团的指挥官们总是待在一起，而不是各归其位，看来只有一翼的指挥官有权命令第二线的营或其他单位支援第一线。

兵在应征入伍后流行且被认为必要的各种程序，军中的一般文化，以及战事频繁地区人口稀少的事情。因为"好男不当兵"，所以开小差现象很普遍。虽然士兵的数量很重要，但将他们集结在城镇和村庄里是不可能的。培养一个训练有素的士兵需要花费大量的金钱，为了不让他染上露天宿营可能导致的疾病，帐篷也是必需的。而且，士兵的无知、可靠地图的缺乏及尚不存在的新闻报刊，想要掌握完整且可信的有关敌方动向的情报，是极端困难的。为此有必要以战场阵列的部署进行扎营，以便能随机应变，快速进入战斗。

开战时，根据惯例，进攻方的将军要和前锋一起出发，用自己的双眼观察敌军是如何布阵的，从而有效地指导己方部队的行军和阵型。在这个年代他能在足够近的距离进行观察，清楚地看到一切细节。拿现在的将领和当时的将领比较，可以说差异巨大。原因就在于武器的射程越来越远，参战的人数也越来越多。因此将领被迫要以别人递交给他的报告为基础制订计划。而这些报告通常由列兵呈上，他们虽然参与了初期的遭遇战，但除了部队的调动情况外也观察不到别的东西，所以很明显，让报告的细节尽量真实就十分重要。在布伦海姆会战中，欧根亲王与马尔伯勒先在两翼部署了四十个骑兵中队。对于进攻方式的讨论加上发布必要的命令，花了差不多一个小时的时间。在此期间，军队接近并停留在距离敌军大约一英里的地方。

接着是阵型的组成。纵队的领头先转向侧翼方向，带领纵队前进，然后变为横队。当时的调动能力普遍低劣，这个过程得花不少时间。一旦完成，前卫就退回指定的位置，除非有特殊任务委托于它。

炮兵现已被带到前线，在己方还停留在射程外时，就试图摧毁敌人的火炮。炮火持续了一个小时后，部队缓缓前进等待攻击，不时停住以纠正阵型与方向。骑兵从头到尾都保持在两翼，直到离敌人距离五百或六百码时，就开始冲锋、进攻敌人。缓慢地前行以及在敌军火炮有效攻击范围内频繁停下，对于骑兵来说都是极其难受的考验。为此，骑兵应当令行禁止、不动如山，而将领则要使这一忍耐的时间尽量缩短，并且越早抓住机会进攻越好。而不论这样的攻击——有许多例子可兹证明——是因为将领的不耐烦，还是对骑兵义务有更透彻的了解而发起，总是遭到这时期战术作家们的口诛笔伐。

骑兵的突击如果成功，那么理论上只需少数中队对残卒进行追击，其余则转攻步兵的两翼与后方。但实际上，在一场顽强的近身战结束后，胜者总是像红了眼似的对败者紧追不舍，从而远离战场，剩下的一天内都回不来。

在骑兵战还在进行的时候，步兵的前锋则已进入步枪交火地带，开始真正的战斗。

如果敌军的第一线被击败，进攻阵型会重组并采取行动攻击第二线。这个过程会不断重复，直到敌军溃散。之后，手上的生力军将用于追击逃寇。作为惯例，骑兵不会采取追击行为，而是在取胜地重组，然后推进一小段距离。这一重组时间是如此之长，笨拙的阵列移动得又是如此之慢，使他们通常都抓不到败军的影子，只能任其自由撤退。骑兵很少被用在追击中，实际上追击行动本身就不被看好。

防守者的成败基本上取决于上文所述前期骑兵战的结果。如果进攻方的骑兵失败，那么常见情况是他们的步兵会放弃进攻。在当时，这一局部的优势就已经算是胜利了。另一方面，如果防守者的骑兵输了，会战则不见得败局已定，只是侧翼方向有潜在的危险。第一线步兵抵御敌人及其火力，第二线负责保护前者的后方，让他们不受返回战场的骑兵的威胁。如果第一线被突破，第二线离其最近的营就应该用刺刀上前对付敌人。如果抵抗失败，那么这场会战就是输了，因为没有足够的预备队，而且调动战线其他部分进行支援也是不实际的，这样会扰乱全局。如果他们成功以火力将来犯之敌击退，以当时的惯例，就应该满足既有的结果——防守反击极为少见，追击就更不用说了——他们害怕因放弃精心挑选的阵地而可能带来的大量损失，或不愿为无法确定的未来而冒险改变之前小心安排好的阵型。

因此，防御也仅限于维持住已安排好的阵列，至于局部防御（sectional defence）。或者攻势防御（offensive defensive）的概念，当时几乎还没有雏形。

有时候撤退是不可避免的。第一线从第二线的空隙中退下来，第二线在第一线步兵重新选择并占领阵地，准备对其进行掩护之前，都要持续抵抗。当轮到第二线步兵撤退时，骑兵也该采取同样的行动。如果撤退过程相当混乱的话，他们最好马上赶到下一个可进行守御的地区，鉴于进攻方的小心谨慎，追击通常能被阻止。

总而言之，这个时代的会战大多数都是"镜像"阵型。两边都试图将另一方消耗殆尽，进行纯粹的正面攻击。拥有最大的坚忍与勇气，加上最好的纪律的那一方，最终才能获得胜利。有时候纵队变形的协调性更被看重，但大多数时候人们想要的是"出其不意"的胜利，如在敌人通过隘路时进行截击，而不是正面会战中以己之长，攻敌之短，从而"迫使"胜利发生。

伟大的将领，如欧根亲王与马尔伯勒，对两种战术都知之甚详。但在路易十四时期一系列冗长持续的会战中，他们的战术天赋却是孤立的。随着时间推移，其余人越来越坚持必须遵守的战争惯例——这样即使兵败，也可以免于承担个人责任。

总体来说，这个时代的战术科学发展出了与军队的武器和特性最为匹配的形式——以紧密的横队保证火力交战的纪律——但这种形式是僵化的，显得死板而无法活用于不同的情况。对胜利条件的错误理解，让当时的战术家们误入歧途，去追求无法得到的东西——在所有的条件下都能行之有效的军事行动。同样的东西，在大师手中，就是最高形式的"艺术"，在他们的追随者手中，却变成了单纯的"经验法则"——这是那个时代的典型趋势，在同时期的战略学上也出现了同样的现象。

除了将领的个人品质与部队的士气精神以外，实施战争的手段在任何时候"都受政治、后勤、道路或后方联络线及募兵与排兵布阵的战术的限制"。

路易十四时期的政治局势导致数个联盟的产生，它们为短期的共同利益而结合在一起。这些利益各种各样，同盟的成分也因而不同。国家一会在这一方作战，一会又加入了另一方，取决于他们认为哪方更符合自己的利益。除了国家利益外，一些其他的个人考量也应纳入计算之中。王朝利益、统治者们无意义的狂热与个人偏好，以及宫廷党争双方催生的阴谋，有时候都起到了决定性的作用。因此同盟可以轻易缔结，也可以轻易摒弃。外交也发挥了其影响力，不仅是在战前的一系列活动中，在战时也是如此。结果就是削弱了执行军事行动的动力。外交上，一国总是希望持续不断地增加自己的盟友，策反敌对国的盟友，并唯恐原先保持中立的国家以全力参加战斗。摧毁敌人并强迫其无条件投降不再是主要的目标；相反，从外交上挫败对方被认为是最高明的手法。最终结果就是，战争只在表面上执行。更深远的结果就是，几乎每一份和平条约中都埋下了下一次纷争的种子。

政治对后勤的方式也有影响。三十年战争中的军队几乎只靠征发^①来维持，征发无休无止，结果就是意味着战争所过地域的寸草不生。作为回应，在随后的时代里，对私人财产权的重视成了主流；与此同时，将部队集中行军与扎营的传统让越来越多的士兵聚在一起，令周遭的农场与村庄无力供养。因此，军队只能自己想办法来准备后勤——在行军的时候拽着补给一同前进。只有马匹的草料是就地取材的，也可以由士兵采集而来。因为骑兵的数量过于庞大，没有足够的辎重车可供使用，所以必须建立仓储与面包房（bakeries）设施，这些仓储设施必须随着军队的进度而一步步跟上。如果仓储系统失败的话，能仰仗的也就只有征发补给了。根据上述原因，征发是远远不够的。而且这段时期供养部队的不规律，导致大量士兵开小差。总之，和今日的欧洲战争相比，后勤在行军的规则中起到了不成比例的作用。

道路的状况与环境，对于必须经其补给与移动的部队来说，肯定是会在记录中提及的。这与苏格兰的情况似乎十分相似，苏格兰人给出了以下名句：

如果你见过道路未建成前这些地方是什么样，你就会举起双手来赞美韦德将军^②。

驿道（post-roads）一般有十一码宽，而且大多与环绕的乡村一样，没有被壕沟或丛林隔断。让驿道保持秩序井然是土地所有者的责任。当道路状况变得过于拥挤时，他们通常只是卸下随处拿来的一车石头或者插上一些灌木枝。甚至连这些简单的工作，当时也没有监管体系去检查。只有当状况坏到极点时，行人才有权越野并尽可能地清扫路障。大型交通要道的修筑要到18世纪下半叶才开始着手，其进展却是飞快。当拿破仑上位时，他发现由良好公路组成的四通八达的交通网的存在，使他的许多战略成为可能。当然，如果大江大河也能被用作交通线的话，事情会更加有利。因而沿着多瑙河、波河与莱茵河等河流的河谷开展军事行动，被认为极富重要性。这种重要性，在时过境迁后，

---

① 译注：指政府或军队自己不准备后勤，而征调民间的人力与物资的做法。

② 译注：乔治·韦德（George Wade，1673—1748年），曾参加过九年战争、西班牙王位继承战争与四国同盟战争。后任北不列颠军区司令，负责修建苏格兰地区的营房、桥梁和道路。

◎ 乔治·韦德

依然被奉为圭臬，即使这种想法很多时候是错误的。

关于军队的募兵和训练对其部署的影响，必须记住这个时代的军队是完全与平民百姓分离的，他们随时准备为国王而战。普鲁士军队在这点的执行上走得过远，与其他国家相比，到了过犹不及的地步①，并且是唯一在战时状态

---

① 我在前文有意摘取了大量引文，来特别强调普鲁士总参谋部是如何重视当时的战场条件对战争手段所产生的影响。而且与印度大部分乡间地区的现有环境都十分相似。这也就解释了为什么在参谋学院（Staff College）学者的眼中，我们在印度的作战手段显得陈旧。下文甚至会更清楚地谈到招募与训练手段对军队的影响，这也是我们的印度军队必须经历的。

不依赖民兵征募的国家。

但是困难之处在于：用训练有素的士兵补充战时的损失与和平时期庞大的军队维持费用。

每一个受训的士兵实际上代表了如此多的花费，经济上的考量也就使领袖们不敢鲁莽行动，并且在战术上倾向于过度谨慎，结果就是极端重视防御战和壕沟——这一趋势在今日的英国军队中也很明显。

这些影响使军事战役的策划产生了倒退。按惯例，军事计划不是由应该去执行它们的参谋长制定，而是由外交家起草，让同盟各国的私利都能得到保护。结果就是军队被分散在整个前线上，而不是集中攻击一个决定的点。

这些外交协商常常一谈就是几个月，因而总是错过行动的最佳时机……最终各方协商好在即将到来的战役中各自的责任后，各国政府就开始起草自己的作战计划。起草计划时，参谋长可能会被咨询也可能不会，但他对此不负实际责任。当计划最终被交到参谋长手上准备付诸施行时，他们从不忘记提醒他要小心翼翼，别拿贵重的军队冒险，遇到疑难问题时要征询下属的意见。很明显这样的程序会产生怎样的问题，并且战争的效能被不必要地削弱了。我们偶尔才能发现天资非凡的统领，如马尔伯勒与欧根亲王以及紧接在后的法国元帅[1]。他们突破了束缚，并赢得了人们对其个性的尊重。

作为惯例，战役的目标通常是一个省份或者边境堡垒，绝不是消灭敌军的有生力量。一旦目标确定后，接下来就是建立仓储，据此来策划行动。然后便是行军进入敌人的国土，因为路况恶劣与辎重繁多的原因，行军速度通常非常慢。一天十英里被认为是超常发挥，平均下来的结果则是四至五英里。

当进攻方已深入敌境数英里之后，通常会在之前已同意好的防御线停下来，让面包房与仓储跟进，这些东西由分遣队保护，因此当时没有系统的"兵站部队"（"etappen"，也就是保护交通线的部队）存在。行进中

---

[1] 译注：此处指萨克森伯爵元帅。

的部队会快速地变弱，直到最终接触到敌军。如果后者明显的被前者的军事集结给震慑到，前者才可以考虑攻击，否则只能迂回。

就算铤而走险并打赢了战斗，对敌军造成的损失也很难达到预期的目标。因为缺乏追击的动力，对手通常有足够的机会恢复元气，再重返战场。此时局势对他们有利，因为进攻方可能已经转而攻击边境堡垒了。

防御体系与进攻体系也是半斤八两。作为通例，所有空闲的部队（在给第二重要的防御线部署完守军后剩余的部队）都应集中在一个中央的防御阵地里静待攻击。如果阵地被敌军迂回，那就后撤到另一个阵地。

这些阵地有很大的重要性，而且它们已经被提前勘测过，在战时会修筑大面积的临时防御工事。但公正地说，一些有识之士已强烈反对这种防御体系，并指出了其中深藏的缺点。

综上所述，这个时代战争的主要特点是"阵地与迂回"，离"决定性会战"越远越好。以常识来说，进攻方往往无法突破这些防御工事，不仅是因为火力让直接攻击的成功性变得相当不明朗，而且也缺乏有效的炮兵力量来扫清道路。因此进攻方常常在防守方对面布阵，并"提议与对方进行会战"，这个提议常常不被接受。或者在道路状况允许的条件下，威胁其侧翼，将敌方逼出自己的防御阵地。如果两种做法都不成功，那么双方就各自开始挖壕沟，竭尽全力让敌人弹尽粮绝；或是分兵，以一部分兵力引诱敌人出兵，然后在他们被召回前发起进攻。

但总的趋势是避免战斗。摧毁敌军有生力量不是战争的目标，而是通过有力的迂回，在避免引起会战的前提下，占领一个省份或一个堡垒。

对于这些观点，有许多理由对其进行表面上的辩护：首先是节约部队的必要性。由于当时的战术原因，会战十分的血腥，并且很难对减员进行补充。更深入地说，那时的战斗比今天更依赖于运气成分。因为部队缺乏对不同环境的适应性，军事教育不足，甚至还有统帅对下级将领小心眼的嫉妒。会战的成果也实在太小，迟缓的追击不仅是由战术，也是由补给的状况决定的。最终，就好像一次成功的迂回归功于将领的明智一样，一场血战的胜利则全部归功于士兵，而将领则要为士兵的牺牲被责备。

腓特烈大帝的骑兵

当腓特烈大帝继位时，他发现可用的骑兵部队总共有一百十四个中队：也就是十二个团的胸甲骑兵（分六十个中队）；六个团的龙骑兵（分四十五个中队）；以及仅两个军的骠骑兵（分九个中队）。中队分两个骑兵排，与我军一模一样，近卫军团（Garde du Corps）[①]在当时也一直维持这种建制。鉴于后者与今日德军中的任何一个军团都同样训练有素，英军的部队建制似乎不应

◎ 18世纪的法国近卫军团

对现代批评家所指出的许多骑兵缺陷负责。部队被怎么称呼不重要，驱使其行动的精神，才是整个组织中的决定性要素。

整体上来说，普鲁士部队的效能是低下的，尤其是与匈牙利、波兰、瑞典、奥地利、俄国的骑马部队相比。那些国家拥有更好的马匹补给，也有充分的实战经验优势。普鲁士的养马业正处于低潮，几乎所有的马匹都要从国外购买——从波兰沿着匈牙利边境线，一直到东方的克里米亚。马匹的供给理所当然地在七年战争中受到了影响。

骑兵的外观能让理想的军士长（sergeant-major）欣喜若狂。对着装规范

---

① 近卫军团（译者按：近卫军团是法国皇家近卫骑兵的一部分，最早在百年战争中由为法国作战的苏格兰人组成）的特例已不存在。在我撰写此书的同一年，近卫军团的编制已与其他部队看齐。

◎ 腓特烈大帝

的轻微违反都能招致最严厉的惩罚。普鲁士步兵以最高的精准度进行阅兵，但是骑兵的状况却不好，而且也无法疾驰。

腓特烈大帝用以下言辞表达了对其骑兵部队的批评：

和步兵一样，重骑兵是由骑在高头大马上的壮汉组建的。这些宛如骑在大象身上的石雕，既不能行军也不能战斗，没有一场阅兵不从马上摔下来几个人。军官对骑兵部队完全没有概念。

在另一个场合他则说：

他们行军的精确性与我的掷弹兵差不多，但是也一样缓慢。在敌人面前他们总是百无一用，而且在参加战斗时总是太迟了。

1741年4月10日，他们在莫尔维茨战役第一次接受战火的洗礼，结果是灾难性的。奥地利骑兵的表现却很优异，他们之所以最终没能成功突破普鲁士步兵横队（不是方阵），只是因为这个任务不是血肉之躯能完成的。

也有必要仔细解释，在这个时代，冲击普鲁士步兵意味着什么。后者在训练上的完美程度已经声名在外，但没多少人知道当时的燧发枪手携带八铅径打孔子弹与一点二五盎司的火药，可以使单兵一分钟装填完毕并开火五次，连队则可以在同样的时间里齐射二点五至三次。因为士兵的纵深是三线，而且每线之间的间距是两英尺，所以前排一次齐射的密度是每两码九发子弹。这个效率大概与现在海斯（Hythe）[1]最训练有素的小队，在每码每人能打出的子弹数量相同。但一发八铅径球形子弹能放倒一头野牛，而基于所谓人道主义原则设

---

[1] 译注：指的应该是位于海斯的轻武器研究军团（Small Arms School Corps），由哈丁勋爵（Lord Hardinge）在1853年组建，负责轻兵器的训练、使用与支持等。

计的现代子弹，需要十发才勉强能止住一匹马的行动。因此现代火枪与横队士兵的组合不可能拥有旧式火枪的制动能力效果。

在南非的过去十二个月中，以前所有的战争经验看上去都让位于实战带来的教训了。由新闻记者从前线传来的全部报告——包括一名前骑兵副官——都指出被拉扯到十码一个人的阵型能提供足够"惊骇"与"空前"的地狱火力（feu d'enfer）。按照这个逻辑，假设这个火力真的如我们的军事同僚所描述的那样夸张，也就是强烈到没有生物能在其面前生存，那么其射速必须超过 $13 \times 10 \times 10$[①]。简单来说就是比我们的海斯实践所告诉我们的还要快一百倍。因而，要么是海斯落后于时代，要么后者根本就是天方夜谭。

腓特烈大帝对其骑兵表现的厌恶众所周知。毫无疑问普鲁士骑兵的低能会让他有时过早地放弃战斗。当会战的命运尚悬而未决时，他就已经心怀怨恨地写下："骑兵是如此没用，甚至连恶魔都不屑把他们带走。"

之后骑兵重建工作的热情与能量，终于能抚慰他不平的情绪。他在1741年8月8日给利奥波德·冯·安哈尔特亲王[②]的回信中，缓和了他的看法："骑兵唯一的问题就在于其有许多愚蠢的军官。他们没有应有的野心，更适合当农夫或乡民，而不是骑兵领袖。"

无论骑兵军官在莫尔维茨会战前犯了什么样的错，骑兵的素质一定是很不错的。法国大使瓦洛里（Valory）见证了普军骑兵最糟糕的表现，在会战结束后，向政府报告了他对在接下来的7月于施特雷伦看到的六十二个骑兵中队所做的评论："这支骑兵部队是一个人所能想象的最令人惊奇的东西。"

很明显指的是其优秀的组织性。

我在上文所参考的主要权威著作是马克斯·耶恩斯（Max Jähns）的《德意志战争科学史》（Geschichte der Kriegswissenschaften in Deustschland）。这本书在英国应该得到比现在更广泛的认可。将其翻译是不可能的，因为它包括

---

① 译注：作者在这里的推断依据是，假设海斯的小队每人每码能射击十三发子弹，用威力弱十倍的现代子弹在十码一个人的阵型下想要打出同样的效果，则射速必须快 10×10 倍。

② 译注：利奥波德·冯·安哈尔特亲王（Prince Leopold von Anhalt，1676—1747年），普鲁士元帅，腓特烈大帝时期的一代名将。他在普军中德高望重，是军队的精神领袖，绰号"德绍老头"。

◎ 莫尔维茨会战，腓特烈大帝指挥的第一场战斗

四卷总计四千页的内容，加上对有文字以来几乎每本谈论战争艺术的图书与手稿的总结和评论。在这本书中能找到普军所有军事条令的摘要，以及除了我们国家以外几乎所有欧洲军队的军事条令摘要。这类鸿篇巨制中，一定程度的细节错误确实是不可避免的。这些书中的注释提到了普鲁士总参谋部发布了一本极有价值的小册子[1]，内中谈及1745年至1756年的和平时期，也就是从第二次西里西亚战争到七年战争爆发这段时间内的准备工作。因而我可以热情地把它推荐给任何对战术演变史感兴趣的人，并且我在下文中摘录了这些注释。

国王在莫尔维茨会战后给骑兵发出的主要指示与命令，1742年3月17日、21日，6月17日，加上1743年出版的军事条令，以及1744年7月23日与25日的军事部署，都可以在《腓特烈大帝全集》（Euvresde Frederic le Grand）中找到。它们可以被总结为：在所有行动中都强调更快的速度、威胁敌人的侧翼、禁止在冲锋中使用火器，和众所周知的对任何让敌方抢先进攻的军官进行削除军

---

① 《战争史别册》，No.28/30。

◎ 凯瑟尔斯多夫战役

衔（infamer Cassation）的惩罚的威胁。第二次西里西亚战争的进程证明了这些新命令的内涵是如何被彻底领会的。查图西茨（Chotusitz）、霍亨弗里德贝格、索尔（Soor）还有凯瑟尔斯多夫（Kesselsdorf）战役[1]全都是普鲁士骑兵的光荣日，而且在普鲁士总参谋部最近出版的《1744—1745年战役》中能找到完整的描述与说明。但对这部作品有必要提出一些警告，它的准确性并没有达到人们通常对普鲁士总参谋部战史处所期待的水平。在许多段落中能看出作者在试图证明一个先验的观点，即腓特烈大帝的教导应该与现代理论相结合，而且在很多地方作者都放弃了准确的表达以适应整本书的主题思想。这种文风让人觉得是新闻通讯记者的爆料而不是一位尽责专家的著作。赫尼希在《德意志军队报》（Deustche Heeres Zeitung）上发表的对此书的书评中，直率地指出在查图西茨战役中归功于骑兵的壮举在物理上是不可能的，他的论断建立在他自己对战场的熟悉了解之上。我本人并没有亲眼见过战场，但从记录中附带的等高线图来看，我必须承认我同意他的观点。

克里格尔施泰因[2]是那部卓越非凡的作品《现代战争的精神与物质》

---

①译注：这四场都是发生在奥地利王位继承战争的战役。

②译注：原文为"C. von. B. K."，即卡尔·弗赖赫尔·宾德尔·冯·克里格尔施泰因（Carl Freiherr Binder von Kriegelstein，1869—1905年），奥地利军史作家，曾以奥地利军官的身份加入普鲁士总参谋部。下文将统称其为克里格尔施泰因。

（Geist und Stoff im Modernen Krieg）的作者。他自己便是奥军参谋军官，有权接触迄今为止未出版的奥军文件。他也指出了《1744—1745年战役》中许多错讹之处，严重动摇了人们对整本书的信心。确实，普鲁士人自己看上去对此书也毫不满意，因为现在放在我面前的这本书（上文中我已给过书名）对自己的一些论断也不怎么当回事。

本来，有两种不同的军事条令：一个给骑兵（只包括胸甲骑兵和龙骑兵）；另一个给骠骑兵，其组织方式更接近哗变[1]后我们在印度的非常规骑兵[2]的横队，原因也基本相同。

他们[3]以独立轻骑兵的名义登记，主要是被冒险与劫掠所吸引而来，并准备服从他们选出来的领袖所发布的命令，绝不愿意像其他兵种一样以常规的方式执行。他们的诞生主要是因为局势紧张而产生的权宜之计，受到奥军优秀轻骑兵的启发，并拥有所有特殊兵种的优点与缺点。

但缺点很快就盖住了优点，并且普鲁士人很早就采取措施让骠骑兵更与常规骑兵看齐。因为他们必须在马背上执行命令，所以被教导要以严明的纪律骑行，结果就是必须要以横队的阵型进行冲锋。

与此同时，重骑兵因为在行军和扎营时仰赖骠骑兵保护而产生的劣势与不便之处，则要靠前者做好足够的前哨和侦察工作来解决。军队并没有要求重骑兵去兼顾轻骑兵的工作，反而是让重骑兵在后者缺失的情况下自己照顾自己。

阵型的通常深度是三线，从头到尾是十二英尺，但在很早的时候训练只

---

① 译注：指发生在1857—1858年印度土兵起来对抗不列颠东印度公司的印度哗变（Indian Mutiny）。据说1856年英属东印度公司在印度引进了新型的恩菲尔德来复枪（Enfieldrifle），为了保证火药的干燥，采用了亚麻籽油和蜂蜡来封存火药包。但是谣言称封存火药包用的是牛脂和猪脂，土兵中的印度教徒与穆斯林拒绝用嘴撕开火药包是引起叛变的导火索。他们认为这是英国当局试图将其转化为基督徒的阴谋。

② 译注：非常规骑兵系统是建立在"Silladar"的概念之上的。"Silladar"来自波斯语，意为"持械者"，该词用来形容那些加入非常规骑兵团的印度骑兵，这类应征者应该自备马匹、侍从、草料、衣服与武器。

③ 指骠骑兵。

◎ 普鲁士的骠骑兵

提供两线阵，其直接目标是让军官有机会处理更广阔的士兵正面。最终，当七年战争让士兵与马匹的资源变得枯竭时，已经习惯两线阵训练的军队，不得不求助于权宜之计[1]，以此来应付敌方更广阔的正面。

1743年的军事条令规范了机动的实行及"快速"冲锋，但依然没有谈到用"全速"冲锋来达到实际的震撼效果。

7月25日的"部署"命令骑兵"在以慢跑抵达离敌人两百步的距离后，战马应戴上头套并全速冲向敌人"。

一直到1747年才规定所有部队必须同时旋转组成横队。而在之前似乎都是通过按顺序旋转来组成横队，显然这个过程会浪费不少时间。

关于骑术的指导是目前为止最重要的部分，并且经历了最大的调整。

1760年，国王评论他刚即位时接手的骑兵时，他写道：

我的父亲给我留下了一支糟糕的骑兵，可以说没有一名军官擅长自己的工作。骑手们害怕马匹，几乎从来不骑乘它们，他们只知道像步兵一样行军。壮硕的士兵与高大的马匹让骑兵过于笨重，因此必须重新组织来使其更好。

之后他写下这些严肃的语句：

步兵的成功取决于双手与双脚，而骑兵的成功则取决于能否让士兵像骑士随从一样骑马，并得到马匹的完全服从。一个中队是由单个的人与单个的马组成的，在这样的基础之上，才能建立起整支军队。

在1742年6月17日于库滕贝格（Kuttenberg）发出的指示中，他指出了是以怎样的努力试图达成这个目标的：

军官必须确保他们的士兵能不断地骑乘，这样每个人都能独立控制马

---

[1] 译注：指骠骑兵。

四，如臂使指般地操纵并成为其主人。当他们能做到这点时，真正的骑兵中队也就组成了。

军事条令继续写道：

士兵要在没有马鞍的情况下，也能表现得和军校教官那样的骑术大师一样好。

骑兵新员在被允许骑马前，要进行彻底的步行训练。马镫的长度被设计为当士兵站起时，刚好能用手接触到马鞍，"这样他们就可以把更多的力量放在攻击上。"握住的缰绳很短，侧边就是马鞍的扶手。

直到骑兵能在家熟练使用带马镫的马鞍骑行之前，他们都不允许放弃使用马鞍，但这点显然不适用于骠骑兵。值得注意的是，这也是对兵员素质的反映。以单人或成队的方式，骑兵被教导以全速劈砍稻草人、跳跃壕沟或障碍物的方式进行训练。

每个人每天都有骑行训练项目，即使周日也是如此。

当分遣队进行训练时，重点是让骑兵在没有拥挤或摆动的情况下以一条直线冲向敌人。但我从中队军官那找不到任何有关"基础"或急救的事情，与现在一样，只有几个有关行进的要点会被特别提及。

无论手段如何，结果总是令人惊讶的。在数年内我们就能看到三四十个骑兵中队的横队能没有间隔地行军与进攻。最初军事条令规定中队间的距离是十二步，但在国王面前阅兵时，"陛下会亲自拟定间隔"，一直到最后他要求没有间隔存在。在1745年与吉索尔伯爵（Count Gisors）[1]的会谈中，报告显示他做了如下评论，显示了其试图达到的理想状态：

我在各个中队间不留任何空隙。因为中队如果分散开来的话，就会在侧翼给敌人留下乘虚而入的空间。此外，我也希望骑兵中队冲锋的震撼力能在两军相遇之前就迫使敌人退却[2]。

这段话当然只适用于他的第一线横队。至于第二与第三线，因为需要调动

---

① 译注：吉索尔伯爵是法国元帅贝尔岛公爵之子。他是最早前往普鲁士军队的法国人，1758年战死在克雷菲尔德之战中。

② 译注：本章节的法文由本人朋友Lillie Mermourd翻译成英文，然后再由本人翻译成上述译文。

来掩护攻击线的侧翼，或者增援并堵上阵型的缺口，依然允许中间保有间隔。

没有间隔的阵型对所有骑兵来说都是很困难的。的确，难度是如此之大，我经常听他们说这是不可能的任务。但我们有在骑兵作战中最有经验之一的教官的实践，他们表明了就算没有特殊的准备与指导，只要士兵与马匹能夯实基础训练，就能化不可能为可能。数年前，当我与一位在奥军骑兵中服役的英国人谈到这一话题时。他告诉我在1848—1850年，当他驻扎在米兰时，奥军常常用没有间隔的十二个中队组成的横队进行冲锋。而这一点，以他的经验来看，如果士兵个人打下了良好的骑术基础，并不会特别的困难。而且必须指出奥军的骑兵军官在线列中，而不是在中队的前面——我们应当在所有携带长枪的骑兵部队里恢复这一传统。

第一个提到通过部署两翼把横队组成正面的命令是在1750年，为了移动到指定位置，骑兵排或中队需要进行两次直角转向。"向外部署"（Deploy outwards）的命令一旦下达，领头的排便快速站定，其他排向右或向左转，然后以平行的队列前进，直到他们抵达与阵型指定位置相对的地方，这时他们就做"正面转向"（Front turn）①，并前进组成队列。

1750年至1754年，人们似乎终于理解了三角形的任意两边之和要大于第三边的定理，因为吉索尔伯爵发现部队用颇具现代风范的对角线行军来部署②。但和现在这样通过半转马头的方式来形成对角线相比，正确的做法是让整个排或单位都通过"半正步"（half-passage）③的方式移动。这个过程持续多长时间尚不清楚。我之所以提到这点，只是进一步地指出，骑手对他的马匹能有多

---

① 译注："Front turn"是一种让行进中的部队转回原有方向（也就是正面方向）的指令。当此指令下达时，每个士兵都会转向正前方并尽可能快地向前移动。此术语的解释可见英国陆军部出版的《步兵的战场实践与演变，经女王陛下之令修订于1859年》(Field Exercise and Evolutions of Infantry, as revised as Her Majesty's Command,1859）。莫德所提到的"两次直角转向"，第一次是指士兵个人向左或向右转，走到离指定位置处于同一条直线的地方，然后进行第二次转向，也就是"正面转向"，这时士兵的头部就会对准正面方向，然后向前走到指定位置即可。

② 见他的《普鲁士的调动策略》（Tactique et Manoeuvre des Prussiens），34页。

③ 译注："半正步"是花式马术（dressage）中的一种步法。这种步法可以让马匹在不转向的情况下斜着前进，也就是说不需要"半转马头"。

么令人不可思议的掌控。这样的骑术人们一定早已习以为常了，当上文描述的操作出现时，没有一个严谨的人——观察员里这样的人很多——会觉得不可思议或感到震惊。

所有的骑兵团，或者其他任何单位的骑兵，在训练时都被部署在正面的后排，正如国王所说，"只要他们能全部抵达（指定位置），这些中队怎么站位都无所谓。"但在集结中的士兵实际上是严禁东张西望的，而是应该快速组成横队并冲锋——这是唯一重要的东西。

对马匹持久力的要求提高得非常快，因为胖马基本已经绝迹了。没有什么比高大而肥胖的野兽更让国王不愉快了，它们在一段最短的慢跑后就开始巨量出汗并喘气。国王对这一话题反复提起，成效很快变得明显。

在1748年他只要求七百码的进攻距离，三百码慢跑加四百码疾驰。到1750年，这个要求提高到了一千二百码，三百码慢跑和四百码疾驰，剩下的全速冲刺。在1755年则是一千八百码，最后六百码全速冲刺。国王通常亲自参与进攻演习，以速度与表演来满足自己，并且从不犹豫重复第二次，如果不满意的话甚至第三次。确实，他常常在下午把骑兵团再调出去，并确保发起另外两次攻击。

有一次，在乡间遍布丘陵的尼斯（Neisse）附近，一个团在早上发起了五次进攻，然后在晚饭后还得再做两次；第二天，当国王试图继续进攻时，马匹倒下了，攻击不幸失败，但没有人因此受罚。在事情走向不如预期时，这种处置不太寻常。在1754年我们甚至能看到，就连拜罗伊特龙骑兵团（Baireuth Dragoons）这种最好的团都因没有达标而被罚三个月的额外训练。

罗布西茨战役显示了这种苦功的价值。即使马匹经历了数周的食物短缺，在进攻前等待了二十九个小时，并且他们多数都没有食物与水，但十六个骑兵中队还是发起了两次攻击与冲锋，仍跨越了一千码的崎岖地形。而今日在马上待十六个小时又怎能成为在会战中进攻失败的合理借口？即使我们的马更高大、饲养条件更好，而且负重明显更轻。

1754年，腓特烈大帝下令中队或其他单位应该靠近中央进行整队（dressing）。但他似乎遇到了反对，他的僚属害怕会引起拥挤情况，因而更偏好靠右整队的旧方式，甚至连国王也无法克服他们的消极抵抗心理。

接着我要按时间顺序列出每次演习骑兵中队的数量：1748年，柏林，

◎ 拜罗伊特龙骑兵团

三十个；1750年，韦劳（Wehlau），五十个；1751年，柏林，三十一个，马希维茨（Marchwitz），七十五个；1752年与1753年，在利萨（Lissa），分别是三十个和四十个；1753年斯潘道（Spandau）营地的秋季演习，六十一个。从这些数据可以看出骑兵指挥官有丰富的机会可以学习如何指挥大部队。

在这些记录中引人注意的一件事是大部队的频繁调动——一个横队里有十五至二十个中队。看上去腓特烈大帝并不打算在战时使用他在和平时期所操练的复杂调动方式——在面对敌人时所有的调动准则都必须简便；而以高标准训练出来的部队可以轻易地适应低标准的调动，并且他让军队时刻准备着，因而使他们信心饱满，能迎接任何挑战，而我们经常忽略这一点。

至于"横队"与预备队的部署，他的大致观点可以被概括为：

首先，让敌人被紧密得如一堵墙般的第一线横队给威胁吓走。很明显，如果一个人能创造无坚不摧和不可阻挡的"一线横队"，那它就可以扫除身前的一切障碍，也就没有第二线和第三线的什么事了。

当然，这样的第一线横队，从来没有存在过。但第一线变得越坚实，后方线列的重要性也会随之降低。

因此在实践中，协同越紧密，第一线也就越强，这也意味着重量与速度的平衡性越好。所以第一线要尽可能放足够多的胸甲骑兵。

骑着小型马的骠骑兵在面对由敌人重骑兵组成的紧密阵型前无能为力，但当后者陷入混乱时，就是骠骑兵的用武之地了，因而他们被放在后方作为预备队。而龙骑兵，具有强大的震撼力并比重骑兵更加轻捷，所以放在第二线，用以应付敌人的迂回。

不过更常见的是骑兵指挥官有权根据情况随机应变。国王明智地认为如果他已经选择了这些最负责的人做指挥，他越少被僵化的规矩束缚就越好。谁能质疑他的正确性呢？那些支持这些冥顽不灵的规矩的人应该永远都不被擢升到指挥的位置上。

塞德利茨与普鲁士骑兵

在前一章提过普鲁士骑兵训练的条令与手段后，还要指出在能干的指挥官领导下他们能创造什么样的成果——在众人之中脱颖而出的便是塞德利茨[1]。

值得一提的是，这位卓越的军官早年便是一名完美的骑手与剑客，而且在训练自己的骑兵中队时坚持身体力行的原则，他不

◎ 塞德利茨，普鲁士骑兵部队指挥官

仅做得和普通的骑兵一样好，甚至更进一步——很少有人能做到这样完美。1757年11月5日的罗斯巴赫会战是他第一次独立指挥，但他发挥得是如此之好，让这场会战成了旧时代中骑兵使用的典范战例。除了步兵武器对骑兵造成的妨碍以外，他也非常受制于现存的骑兵条令。当时，骑手与马匹的独立训练程度已经达到很高的完善度，中队在其军官的手中也显得卓越拔群，但他们的总体移动还是很慢，因为所有的运动都以"停下来"为目的。我无法确定在移动中组成阵型的做法是何时被引进的，但以我来看大概是在接下来三年之内的

---

[1] 见冯·俾斯麦伯爵（Graf von Bismarck）的《塞德利茨传》（Life of Seydlitz）。这名军官（请不要把他与德国首相混淆）虽然是拿破仑战争中的符腾堡骑兵军官，但书中所举事实都是来自七年战争幸存者的一手资料。

某个时候。

　　普鲁士胜利的希望是渺茫的——他们只有一万六千名步兵与分散在四十五个中队里的五千四百名骑兵，而与之为敌的是九十个步兵营与八十四个骑兵中队，总计六万四千人。敌军在11月4日占据了强有力的位置，以至于腓特烈大帝认为进攻是不明智的，并退到五英里以外的某个位置。在那里，他把大营扎到一处低矮山脊的顶端，他能从这俯瞰敌人。5日早晨，普军在双方骠骑兵与轻步兵的前哨战中度过的。早上9点过后，法军主力部队以两个纵队，径直朝普军左翼前进，他们的目标显然是切断普军的撤退线。这件事被清楚地观察并报告给国王，然而他拒绝，或者假装不相信这一行动有何重大意义。他让士兵开始用餐，然后自己也坐下用膳，并邀请他的大部分将军一起坐在餐桌旁。饭后，他爬上能俯瞰罗斯巴赫的山脊，进入风磨亲眼观察局势。敌军当时已经用步兵抵达普军阵线的延长部分位置，而他们的骑兵与炮兵还要在正面前方一点，正前往一处小山——亚努斯山（Janus Hill）。此山大概位于普军左后方四千码的地方，由一条有些蜿蜒的道路相连接。看到法国人是要动真格了，他在下午1点30分下令撤营，并派人把将军们召集起来，口头向他们下达了指令。他把所有骑兵都托付给塞德利茨，并允其便宜行事。部队准备完毕后，他们以疏开纵队（open column）组成的两条战线出发，左翼在前，并以上文提及的蜿蜒道路作掩护。敌军看到了这一行动，认为普军意图撤至梅泽堡（Merseburg），决定继续行军，希冀能抢先抵达那里。当步兵还在准备移动时，骑兵正在他们背后组成两条战线，塞德利茨骑马下山，用国王刚给他的指挥权召集军官，并把计划告知他们[1]。他打算让一些骠骑兵中队监视敌人，然后让其余骑兵在山脊的掩护下移动，将大营的位置与亚努斯山连接起来，最后把这座小山当成一个枢纽，旋转并打击敌军纵队的头部。

　　在将计划告知他的军官之后，他们重复了指示，然后塞德利茨给出了军事命令："左翼中队，第二线；三三一组；剩余的左转；停下、整顿！"[2]接

---

　　[1] 这是必要的，因为当时没有军事条令或指令适用于比团更大的单位。

　　[2] 译注：第二线的"左翼中队"，根据行伍的大小，一般可以是指第二、四、六、八等偶数中队（同理右翼中队是奇数中队）。"三三一组"指的是三个中队一起行动。

◎ 罗斯巴赫会战

着"进军！"第一线的左翼中队在一个移动的基准部队附近徘徊，直到与第二线的领头中队并列。剩余的中队在抵达转弯地点的途中连续改变方向，然后在到达上述的山丘①时再把方向改成右方。同时，这个山丘已被有十八门火炮②的炮群占据。普鲁士骑兵与行进中的由三个法国骑兵纵队组成的前锋擦肩而过。最后一个骑兵中队经过山丘时，才下午3点半。

一直在山丘上监督整个行动的塞德利茨现在看到他几乎在敌人的右后方，而敌军正试图转向山丘上的炮兵。他发出命令："停下；右转组成横队！"他在第一线有十五个中队，在第二线有八个。一直在右翼掩护行军的骠骑兵通过了正面，然后在横队的左翼组成了支援力量。塞德利茨下令快步前进，整个横队越过山脊。法国人大吃一惊，他们徒劳地试图转成横队来应付席卷而来的狂潮，但为时已晚，因为下一刻塞德利茨就下令整个横队冲锋前进。普鲁士骑兵全速冲向他们，法国人掉头逃跑并穿过了后排的法军。领头的两个团临阵逃脱，但两个奥地利胸甲骑兵团与两个法国团——王后团（La Reine）和菲茨詹姆斯团（Fitz-James）——成功地让自己摆脱纵队前排混乱的影响，并试图发起反击冲锋；这一进攻企图遭遇了紧接而来的第二线普军阻挠，被完全挫败。之后是一场激烈的追击与混战，塞德利茨动用了手中所有的部队，并亲自执剑上阵。与此同时，步兵也出现在战场上。通过一次在掩护下进行相似的侧翼迂回，转换成横队之后，步兵插入了法军纵队的行军线路。步兵的火力与从原有阵地向前推进的炮兵火力，让法军无力在正面组成横队。步兵在下午4点时才开始开火，十五分钟后法军阵线开始动摇。塞德利茨在之前的混战中

---

① 译注：亚努斯山。
② 四门二十四磅炮、十二门十二磅炮、两门榴弹炮。

◎ 罗斯巴赫会战油画

受了伤，于是撤出战斗包扎伤口。他在会战之前已经预见了未来的趋势，召集并重组了他的骑兵。他一直在等待机会，并且立马就抓紧了它——他让手中所有可用的中队全速跑步突击法军的右翼，因此4点半时法国人就溃不成军。

普鲁士步兵中只有七个步兵营开过火，其中五个营平均每人射击两次，剩余两个营平均每人射击十二至十五次。普军只有三名军官与一百六十二名士兵阵亡，二十名军官与三百五十六名士兵受伤；却埋葬了一千多名死者，打伤三千人，俘获五名将军、三百名军官、六十七门火炮、二十一面军旗、五千名士兵以及相当数量的行李，一直到夜幕降临他们才停止追击。

对法军与他们的奥地利盟军的战斗力做出一个合理的估计是非常困难的，但他们肯定不是乌合之众；与之相反，以法军的记录来看，常年服役的老兵们在同样的军官的领导下在西班牙王位继承战争中取得了显赫的胜利。我们甚至无法确定他们是粗心大意，还是普军轻骑兵巧妙地混淆了他们的视野。这些法军被认为肯定比后来帝国晚年的征召兵[1]要强多了。但实际上，在1813年至1814年战役中，征召兵对普军、奥军和俄军来说却仍是块难啃的骨头。此外，即使塞德利茨对步兵的进攻方向是纵队的侧翼，实际上却肯定打到了正面上。因为一个简单的命令——"向右转为横队"，会把他们变成一条战线延伸远超普军骑兵正面的横队，并且他们有足够的时间来执行这一命令。因此，与一列由方阵组成的充满间隙的横队相比，他们甚至有更强的正面火力，虽然这对他们来说没什么用。

在军事历史上没有能与此比肩的大捷[2]。出于各种现实的原因，大部分步兵营没有进入战斗，一些侧翼的骑兵中队或许被忽视了。结果就是三十八个骑兵中队、十八门火炮及七个步兵营——每营约五百五十人——在炮火响起的一个小时后击败了总数六万四千人的敌军，而步兵的弹药消耗估计不超过一万六千发。很明显在任何可想象的情景[3]下，骑兵都不太可能重获如此战果，但这场会战毫无疑问是一个坚实与可靠的依据，证明了拿破仑时代教条主义的谬误——"骑兵不能冲击未动摇的步兵"——罗斯巴赫会战时的条件与这个教条存在时的条件是一样的。

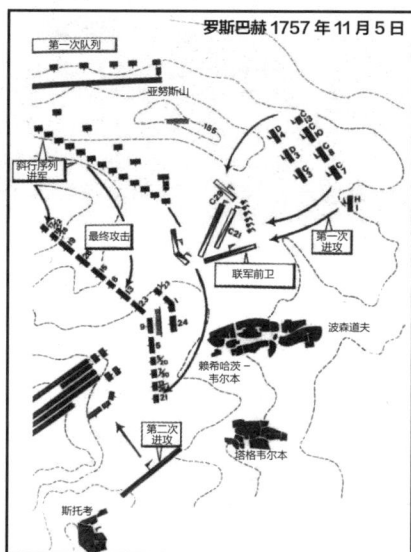

◎ 罗斯巴赫会战地图

---

① 译注：指拿破仑在1812年征俄失败后，由于损兵折将而回国征召的新兵。

② 对读者来说克伦威尔的邓巴（Dunbar）会战或许能与之相仿，虽然战术相同，但罗斯巴赫会战的执行难度却要大得多。

③ 此文写在现代"人道主义"子弹被引进之前。

◎ 1903年德意志帝国军在罗斯巴赫旧战场上重新演习

　　关于第一次骑兵冲锋的指令，我已经按照权威著作所载原封不动地给出，因此这一预备运动的极简性也就更加明显。尽管它们简单，赫尼希却在其1884年的著作《骑兵师的战术指导》（Tactical Guides for the Cavalry Division）中指出，罗斯巴赫会战之后没有哪支骑兵能以一样的精确性执行相同的行动，对于这一点还没有人反驳。此外，他也用这一点作为腓特烈大帝的骑兵单兵训练较今日更为优越的证据。这一论断意味着，在1884年无法找到三十三个骑兵中队能在一人的指挥下于四千码的快步行进中两次接近九十度地变换方向，然后以足够的精确度转换成横队。想找出作者的错误是非常困难的，但我认为他忽略了转成横队是在"停下来"的情况下做出的判断。无论1884年的情况如何，我在德国见过的由十个中队组成的旅——在以排为单位的纵队的形式下可以跑步行进两千码，并在移动中改变方向，接着转为横队——甚至能够在更大规模部队的情况下轻易完成上面提到的行动。至于我们的骑兵能否在下次演习时尝试一下，就很让人感到疑惑了。

　　虽然罗斯巴赫冲锋的结果如此优异，但接下来塞德利茨在曹恩道夫会战的功绩展示出了部队与将领更强的能力，其价值也更高。我们可以在一定程度上通过俄军步兵与普军步兵相比不落下风的事实来估计俄军步兵的实力。会战发生在1758年8月26日。参战的普军有三十八个营共两万两千八百万名步兵，八十三个中队共九千九百六十名骑兵与一百十七门火炮。俄军总计约五万二千人，但正规骑兵较弱。俄军最初的阵地朝向正东方，但因普军锲而不舍地想要迂回，俄军向右、向后变换了战线，直到他们以一个角度卡在两条泥泞的溪流间，无法再移动为止。其余两条支流更进一步地流过他们的正面，溪底则是沼泽，把俄军的阵地以相同的长度分割成了右、中、左三部。普鲁士国王的意图是进攻俄军的右翼，为达到这个目的，他在左翼聚集了六十门火炮、二十个营与三十六个骑兵中队，并派遣他们出击。很大程度上，这是我们现在应该效仿的事情——炮兵的整体分成二十门火炮与四十门火炮的两个炮群，由前锋进行掩护。剩余的部队则分成两线横队，当炮兵清理道路到了一定地步后，就全面进攻。为了适应地形，炮兵的分散在这里是有必要的。

看起来左翼炮兵营对俄军阵地起了非常好的杀伤效果[1]，当普军第一线的指挥官看见敌军从第二线抽调部队替换、支持一线部队时，他下令步兵前进并开火。国王的指示并没有被遵守，前进中的步兵暴露了他们的外侧翼。俄国人抓住这个机会，用正面两条战线的步兵发动反击，完全压倒了普军。俄军的正规骑兵攻击了撤退中的败卒，几分钟后十五个步兵营与二十六门火炮或俘或逃。俄军骑兵却没有因此失去控制，而是停下来重组，只让步兵继续追击。

与此同时，塞德利茨与三十三个骑兵中队（其中十五个中队是胸甲骑兵，剩余的为骠骑兵）一直在俄军右方更深处的察本沼泽凹地徘徊，这里是他们侧翼所在。普军从各团调来副官与工兵进行勘测并将其拓宽，使其正面能容纳半个排通过。在看到溪流另一边战局的走向后，塞德利茨下令每个团从右侧开始以半排纵队的形式前进，并用已拓宽的通道跨越溪流。两个团（十个中队）的胸甲骑兵向正追击的俄军步兵发起了进攻，剩余的一个，也就是他自己所在的团，则攻向敌军的骑兵，骠骑兵紧随在后作为第二线力量。这些命令得到了充分的执行。当每个团跨过溪流后，它们以跑步步调在正面组成横队，接着就直冲目标。第一线骑兵的冲击效果不是十分成功，但紧接而来的骠骑兵完成了任务。在数分钟的近战后，俄军骑兵从战场上被驱走，其前卫步兵实际上

---

① 因为他们采用四条战线的原因，前后两条战线间隔约两百码。

已被毁灭。俄军被一路追赶到自己阵地的后方，但那里有强力的预备队驻防，俄军也重整完毕，塞德利茨因而撤出了滑膛枪的射程范围并更改了指令。这一态势又因俄军右翼剩余的骑兵中队而变得更加不利，他们起初在步兵后面，步兵现已被击败并朝着他们的方向逃跑。但是，骑兵变阵让这些逃亡者通过间隙跑了过去，然后又一次组成横队，并以跑步步调正面突击了追击中的普军。同一时刻，塞德利茨的胸甲骑兵与骠骑兵则从侧翼袭向了他们。

塞德利茨重整自己的中队之后，决心攻击俄军右翼的残存部队——这些人依旧井然有序地屹立在自己面前。虽然俄军已经用尚未参战的预备队顶了上去，但骑兵的撤退却使其侧翼暴露无遗，塞德利茨不想让大好机会白白溜走。参加进攻的有三个胸甲骑兵团，当时正排成三条战线，间隔为一百五十码。塞德利茨把他们变阵为中队规模的纵队，左翼在前，以快步穿过俄军右翼，然后再朝右侧变回为横队，发起总攻。俄国人试图调动外侧的连来堵住横队中的缺口，但尚未做好就遭到冲击。所有位于两条溪流间高地及组成俄军右翼的人都被击败与消灭了。

俄军中央因此被彻底暴露。中央右部位于一个与察本相似的沼泽凹地上，普军的第一次进攻就是穿过此地发起的。此时对于塞德利茨来说，以队形不整的中队发起第三次冲锋的风险实在太大。因此，他让骑兵以中队为单位列

◎ 曹恩道夫会战

成疏开的纵队，缓缓撤退到曹恩道夫后面。同时，国王让中央右部准备就绪，中部面向侧翼，并派炮兵到正面，准备在榴霰弹射程内进攻。在执行这一命令的过程中，右侧的炮兵推进得太前，转眼就遭到一大群哥萨克骑兵的袭击。他们俘获了火炮，赶走了护送人员，然后勇敢地进攻紧接而来的步兵营。普军步兵对炮兵前车（limbers）部队忽然逃走而感到疑惑，但在敌军逼近五十步距离之前一直都隐忍不发，然后是一排稳定的齐射。在敌人阵脚大乱时，二十二个普鲁士骑兵中队开始进攻并击败了他们，重新夺回了火炮。

　　普鲁士步兵继续前进，在俄军正规骑兵奔向他们时开火迎击，结果至少有十三个步兵营由于恐慌而临阵脱逃。看来，胜利在俄国人那边了。但此时又是塞德利茨力挽狂澜：他已经聚集并重整了六十一个骑兵中队，共七千人以上；将他们组成三队，十八个胸甲骑兵队在前，十五个龙骑兵队在中，二十八个骠骑兵队在后，相互间隔两百五十步。马匹的状态有些疲惫，它们已被骑手驾驭十二个小时，更不用说之前参与的进攻了。

　　塞德利茨的部队一直在步兵的左侧以梯形队列跟进。眼见步兵溃逃，塞

◎ 曹恩道夫会战中的骑兵

德利茨下令："跑步前进！"然后他"逼迫"骑兵持续迂回，直到他们延伸超过了俄军右翼的位置。塞德利茨知道俄国人习惯趴在地上让敌人骑兵通过，再起身向他们后背开火，所以他决定以一个横队掩护另一个横队的方式进攻，并亲自率领第一列队伍。由于马匹过于疲乏，最开始的步调只不过是比慢跑快一点。有那么一瞬间，所有的交火都停止了，除了雷霆般的马蹄声越来越响，听不见别物。俄国人迅速合拢队伍里的每个缺口，并拿出他们所有的一百门火炮。大部队带着火炮前进，几乎同时用霰弹射击在敌军部队里撕开了巨大的缺口。对普军来说幸运的是，他们的外侧翼为了避免前方的泥泞地，这时挤向了部队中部。这种拥挤通常是很危险的，但在这里却是优势，因为它能让被撕裂的间隙更快地合拢。这样骑兵的冲锋就如一堵墙般汹汹推进，无视十二列敌军在最短射程内连续发起的火力射击，径直扫过了整个步兵。俄军阵列却临危不乱，士兵坚守奋斗，抵抗到最后一刻也没有丢失或放弃寸土。接下来一整天都是两军交接的血战，直到疲惫为其画上休止符。因为塞德利茨手上没有生力军能够追击他们，军容严整的俄军最终成功撤退。

这一天，俄军总计有两万一千五百五十名军官和士兵战死、受伤、失踪，有一百零三门火炮与二十七面军旗被缴获，相当于全体力量的四成左右。至于普军，则损失了三万人中的一万一千三百八十人，步兵承受了主要的损失，我们在英克曼（Inkerman）①的战损是我仅知能与其相仿的。也就是说，虽然结果上成了胜利者，但在这种情况下由于人数过少而无法在整体上达成合理的战损比。

为了正确认识塞德利茨的功绩，从他的事迹中评判一流的骑兵部队应该是怎么样的，还有几点需要特别指出。在战争中经历了足够多的战斗，而没有过多的行军，步兵就会得到成长，俄军所面临的就是这样的环境。并且这些步兵在与土耳其人的战争中，已经得到了进一步的训练，能够肩并肩地奋战到最后一刻。这一打法锻炼出了俄军中素质最高的一群士兵——体现出坚持不懈的

---

① 译注：指克里米亚战争中的英克曼会战。此役英法联军对阵俄军也是以少敌多。英法联军总计有一万三千二百三十九名士兵与五十六门火炮参战，损失四千六百七十六人；俄军有六万七千九百七十九人参战，损失一万一千九百五十九人。

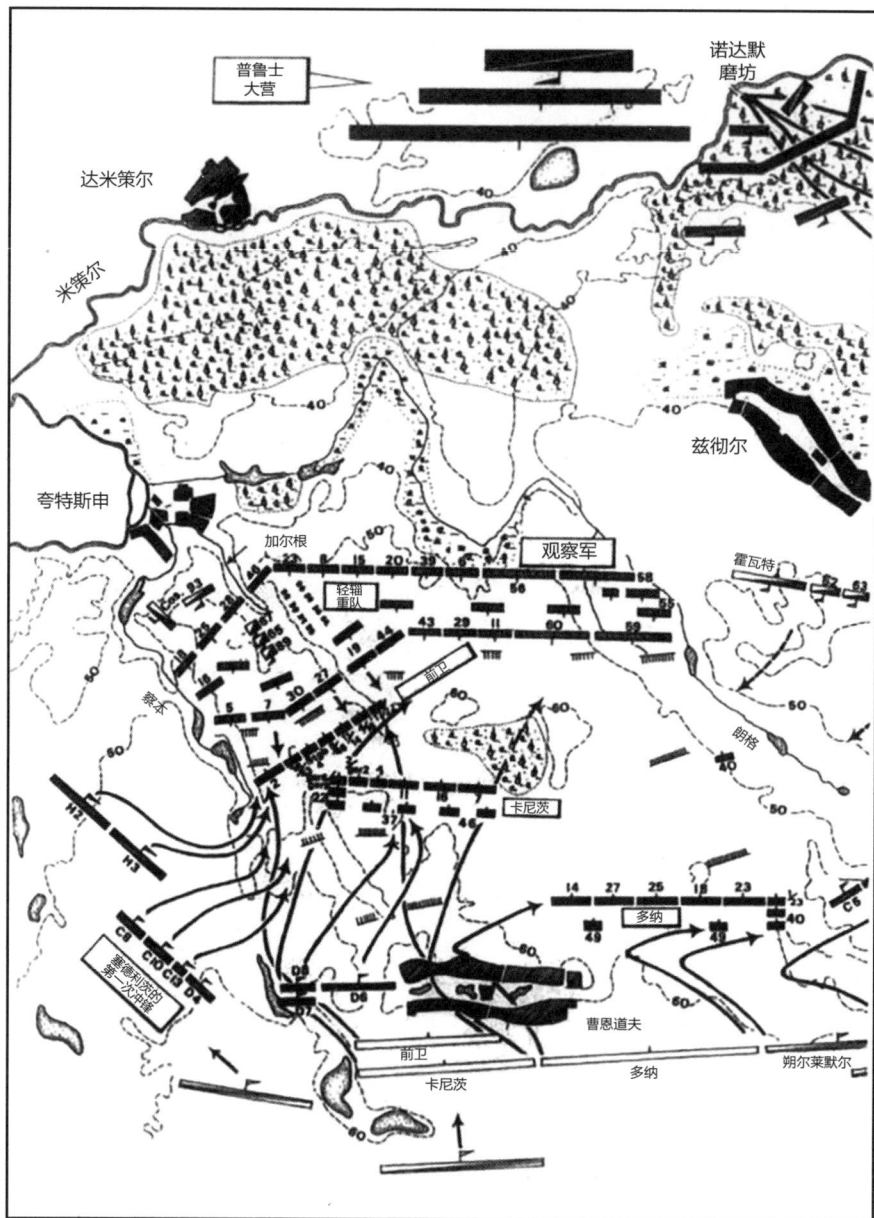

◎ 曹恩道夫会战地图

威力。另一方面，普鲁士骑兵却远不能保持这样的状态，因为在先前的战役中他们已经损失惨重。这些原因加上之后战争局势的扩大，令普军骑兵部队补充了过多的新员。新兵的骑乘训练，不得不在艰难的情况下进行，在冬营时以小部队为单位被分遣到广袤的地域上。而此次会战中最后与最大的一次骑兵攻击被之后的法国人认为是在不可能的条件——已发起两次进攻，再重新集结——下发起的。必须记住，在当时的法国军校，有一句被认为是至理名言，又被我们奉为圭臬的原则："一旦骑兵投入到攻击之中，就不能在同一天内再仰赖这支部队发起第二次攻击。"普鲁士骑兵却发起了第三次攻击，能够实现这一表现，只能用普鲁士建立了优秀的对马匹驾驭的个人训练体系来解释。这一体系在之前的战役中，已经变成军队的传统。这一传统通过实战与老兵训诫的方式，让新兵得到深刻的教育。

在《胡贝图斯堡和约》（Peace of Hubertusberg）①签订后，普军骑兵的效能飞速增长。之后有一段时间下降，主要是因为招纳了一些最差劲的马匹与兵员。原先的骑兵中，很少有人能在这些战役中存活下来——他们当然也就与晋升无缘了，所以这支骑兵部队肯定是一种理想的武装部队：部队中的士兵几乎都处于年龄与力量的巅峰期，几乎都有两到三年的战争经验，指挥官已经在与敌人的实战中赢得了士兵的支持，而在他们之上的还是有史以来最伟大的骑兵将领——塞德利茨。

我不止一次地看到德国著作强调——我自己也深信这点——在接下来的九年里普军骑兵达到了他们的巅峰状态。这支武装在之后的任何战场上再也没能达到如此完美的程度。

退步却从这里开始。对我来说历史在此时已经暗示了我们之后需要克服的许多难题。

因为在和平年代壮年期的士兵死亡率必然是很低的，所以新招募的兵员非常少，而每个中队的新兵被交给一名军士教练员（drill-sergeant）负责。对

---

① 译注：《胡贝图斯堡和约》签订于1763年2月15日，代表了第三次西里西亚战争与七年战争的终结。

军官来说，去亲自检查不到十人的训练水平简直是浪费时间。

正如我们至今依然实践的那样，年轻的军官在刚参军时，会与新兵一同训练直到解散，但之后他们就没有进一步学习的动机了。这些军官能发挥怎样的影响力，或者说他们又怎能教仅比他们低一级，但身经百战的老兵们如何骑乘呢？在这些老兵面前他们只是孩童罢了，而且他们大概也感觉到了这点。我们之中曾参与过长期服役的人一定有同样的感觉。根据我们的经历，大部分有经验的人通常都会忘记自己在刚入门时所遭遇的困难。通过实践，他们不知不觉地就摆脱了懵懂无知的状态。有了经验之后，他们就不记得自己也有这种一无所知的时期，因而对和平年代缺乏锻炼机会的年轻军官来说，也无法设身处地地为他们着想。对老兵来说，所有事情都只是个常识问题，他们认为没有必要教导年轻人如何放哨或巡逻。与长期服役的老兵一起成长的年轻军官也认识不到这个难题，因为他们只负责做一些传统规定的小杂役。不过，只要有真正战争经验的人还在，这些问题也不大。

有时候部队中缺乏获得军功的机会，而传统则恶化成了不变通的陈规陋习。战争看上去很遥远，来自上级的监察却无所不在。在这种情况下，一名军官越是野心勃勃与注重实用，就越会把时间和精力花在演习训练上。如果监察官（inspecting-general）在实践与知识上有所欠缺，那对任何武装部队来说就是厄运当头，尤其是骑兵部队。

还有另一个障碍是长期服役的士兵需要跨过的。一旦部队经过彻底训练变得秩序井然，士兵与军官在日复一日的演习训练中对目标就会变得迟钝，因为一切都是按部就班。一周几次阅兵就足够让部队保持严整，再多只会让人觉得抑郁。因此在正当演习中，懒散的习性就掺杂了进来，逐渐成为一种传统，最终演变成为最难以根除的恶习。

战争不可避免地产生分权主义（decentralisation）思想以及下级军官自决的习惯，而和平时期则是反过来。

既然久经训练的老兵不需要指导就能自己开展工作，那么队长和尉官就没什么能做的，他们就只能请假离职。指挥的重责就集中到上校与军士长身上。

所有这些因素都助长了普军骑兵的颓败，但在工作中他们还能遇到更奇怪的地方。

因为战役中的严重减员，幸存者不论是士兵还是军官，都年龄相仿，最后他们也一起变老。

我个人通过观察得出了一个可证明的事实：普鲁士人（德国人）和英国人相比要老得快得多——尤其是在上流阶层中。即使是今天，也很少有德国人能在四十岁以后保持良好的体形与充沛的活力。

当塞德利茨死时，下级军官的平均服役时间是二十年。在他们头顶上忽然没有了一个超凡卓绝的人所制造的楷模与压力后，这些指挥团与中队的年长绅士发现，与其身先士卒、一马当先，不如通过骑兵战斗演习来判断他们的指挥能力，或者偶尔在侧翼观察进攻，这要更轻松惬意一些。正如马维茨[①]非常正确地指出这正是颓败的开始[②]。旧时，攻击的正确与否是通过骑兵的正面来判断的，骑兵以能用靴并靴地紧密阵型冲锋为荣。马维茨的宪骑兵团（the Gens d'Armes）的膝并膝并肩骑行，则更进一步，足以令人称道。达到了这种程度，也就没有必要谈论精准整队（accurate dressing）了。正如前面所说，攻击正确与否是通过正面来判断的，只要正面紧闭且没有破碎，那么就没有问题。如果是从侧翼来判断的话，队伍成正确的直线就变成了主要的判断标准；而要达成这点，只能允许部队在跑步步调时呈开放队形。结果这个做法就在老腓特烈国王[③]骑兵的幸存者与后继者中传承了下去——用开放队形以跑步步调进攻，却被法国胸甲骑兵打得落花流水，虽然后者只用"快步步调"行军，但却是紧密阵型。

除此之外，还有经济原因而导致的必然困境。

马维茨对自己服役了三十年的宪骑兵团的描述，能够充分地说明这点：

> 我们的编制是十个排（当时被称为连），每个连不包括士官则有

[①]译注：弗里德里希·奥古斯特·路德维希·冯·德尔·马维茨（Friedrich August Ludwig von der Marwitz,1777—1837年），普鲁士贵族、骑兵军官、政治家。1813年，他组织并指挥"自由兵团"的志愿骑兵旅，参与第六次反法同盟战争。后以中将衔退役，投身政治。

[②]见马维茨的《马维茨日记》（Aus-meinem Tagebuch）。此书于1825年出版，是我所知的对1790年至1815年骑兵评述最重要的权威著作之一，我在写此章的这一部分时主要参考了他的日志。

[③]译注：指腓特烈大帝。

六十六人。其中有一半人在休假，只有在训练季，士兵才会集结起来，也就是从3月16日到5月23日，总计九周时间。

在这九周之中，只有三周被分配给军校中的骑行训练，每个人每天只骑一个小时，总计十八个小时。

必须承认，对一名把一年中其余时间都花在农业或工业上的士兵而言，十八个小时的骑行训练太少了[①]。

然后有三周时间是"特殊检阅"（special review）。骑兵团在交替的日子出去训练，这样骑兵又可以骑马九次。

在特殊检阅过后，一些骑兵又会离职休假，只会留下足够每排以二十四列队形出去训练的人数，而这一小撮人总计也只上马九次。

在秋季我们又有三周的训练，但每连只有十列人，且没有任何骑行训练。由此可以得出，在外面，没有一个离职休假的人有多于十八个小时的骑行训练时间，而且在训练中只骑马二十七次。没人知道骑兵事业的难题在哪，反而认为在这么一个重要的事情上花上这些时间显得太多了。

或许有人会问，留下来在职的三十三名骑兵又如何？他们的骑术肯定完美无匹吧？不幸的是，在这些人里面我们必须别除新兵与"自由兵"[②]。规章允许的这类士兵有十人，在集体中他们的骑术比那些请假离职的还要差，因为他们只有在全体阅兵的时候才出现，其他时候一概不参与骑行训练。

每年每连平均会有八名新兵。因为至少需要两年才能培养一名骑手，所以每次都有十六名新兵还处在训练期。在三十六人中，只有七人我们可以期待他们有精湛的骑术。

至于战马，每个排有七十五匹马，每年会接收八匹新马。因为新马非常年轻，三四年内它们不能为部队所用，所以在可用的马匹内，必须减去

---

① 我必须注明，马维茨在这里是给以前的骑兵团把时间和精力都花在骑行训练，而不是"实用"战术上这个行为进行辩护。

② "freiwächter"，指推卸掉所有军务，并允许在城镇里从事商贸工作的人。

二十四匹。但是还有一些被马术训练师摒弃的马匹，总有些马因为外形缺陷、病弱或者其他微小的缺点，而被认为不能承担起健全的骑载任务。假设这些马占了总数的七分之一，那么我们就必须再剔除十匹马。最终，还有一些马匹要留下来，为新募兵训练所用。这些马几乎不可能被良好地训练，因为它们总是被不同的募兵辗转使用，而且因为每名募兵每天都要骑马，算每人两匹马的话，总共就是十六匹马[1]。这样，整个排只有六十六匹马能得到部分的训练，而只有九匹马能得到完整的训练。

当六十六名士兵中，只有不到七名是训练有素的骑手；而七十五匹马里又只有九匹得到彻底地驯服，这是对骑兵艺术的拖累，而这种艺术又是全军效能的主要动力。

这种不满的呼声是源于以下这个事实：当任何人在军校里看到一个选中的分遣队骑行时，他会被其表演所糊弄，并容易得出一个错误的结论：团里的每个人都具备这样高超的技艺。顺便一提，农艺堂（Agricultural Hall）展览的狂热爱好者想必能轻易发现这点[2]。只要一个骑兵团的效能可以像一个能干的监察官所要求的那样，那就没什么好抱怨的，因为最好的团能带出最优秀的骑手。但有时候，一个训练不精的骑兵团，宁愿其日常工作全被耽搁，也要跑到公众面前表演。就算这种行为有助于吸引募兵，此时也必须要有批评家站出来，并指明其给骑兵部队造成了怎样的损害。

在上文所示的情况下，普鲁士骑兵迅速堕落。腓特烈大帝对此事知根知底，但塞德利茨已殁，无人能助他补偏救弊。再加上他无端地给自己增加了很多工作，导致操劳过度，只能时不时地找个机会对现状加以斥责。其中一次在波茨坦（Potsdam）[3]的演讲被马维茨逐字逐句地记载下来，解释得无比明白。我全文摘录如下：

先生们，我对骑兵的情况完全不满意。骑兵团的状况完全是一片混

①我完全同意马维茨所言。

②译注：农艺堂是1862年在伦敦伊斯灵顿区开张进行农业展示的地方。在这里莫德想表达的意思是骑兵队伍里士兵良莠不齐。

③译注：波茨坦与柏林相邻，是普鲁士国王与德国皇帝的夏宫。

乱，没有精确性、秩序性可言。骑兵像裁缝一样骑马。我希望这种现象不会再次发生，你们每一个人要把更多的注意力投入到自己的职责上，尤其是骑术的锻炼上。

我知道事情是怎样走到现在这一步的。上尉们满脑子只想在自己的中队里发财，而尉官们只想尽可能的请假。你们以为我看不穿你们的花招，但是我心知肚明，而且总结出来。明天，当你们启程回到自己的驻防地，距离目的地还有十里时，中队指挥官会问他的军士长，是否有任何队员住在附近。军士长会回答说："是的，先生，有一些'磨坊主'（Müller）和'农夫'（Meyer）住得很近，而且他们很乐意请假离职。""非常好，"队长则答道，"我们可以把他们的军饷省下来了。今晚把名字给我，他们能如愿以偿。"每次行军都是如此。下级军官请假去探访好友，队长抵达驻防地时，只剩下了一半人。他们带着另一半人的马匹，活像一撮恶名昭著的哥萨克人。

当骑行训练的季节来临时，队长就会叫来军士长说："我今天早上要去这里或那里开会，告诉中尉，事情就交给他了。"然后军士长就跑到中尉那，把消息转告给他，后者就说："什么！上尉不会在场！那我打猎去了，告诉少尉，事情就交给他了。"然后估计到现在还没起床的少尉会说："什么！他们两个人都不在！那我还是继续在床上躺着吧，我昨天晚上一直跳舞到凌晨三点呢。跟准尉说我病了，事情就交给他了。"最后准尉会说："听着，军士长，我闲着没事为什么要跑到外面去吹凉风呢？这些东西你懂的比我多。还是你自己上吧。"这样一层层推卸下去，什么时候是个头？如果敌军压境，我能拿这样的骑兵干什么呢？我告诉你们，我非常看重你们这个部队的价值，我对一个骑兵尉官的期待比对一个步兵校官的期待还要高。当我检阅前哨时，我希望每个负责巡逻的尉官能准确告诉我方圆五里内地面上的全部情况，并能画出简明易懂的略图来。①

---

① 顺带一提，腓特烈的要求标准并不是很高。他自己的一些地质图画，根据最近临摹重印的来看，也是相当不合格的。

如果我把他派去巡逻，他必须能告诉我敌人的准确位置、兵力详情、对敌之策及道路状况，我能否在上面移动火炮等。当需要进攻的时机来临时，我希望你们都能自己抓住机会，而不是等待姗姗来迟的命令。

你们可以看到我对你们的部队抱了多大的期望。现在走吧，在岗位上务必要尽职尽责，不要让我一而再再而三地督促你们。

没有什么比这个更能生动地显示普鲁士骑兵在堕落的道路上已经走了多远。即使如此，他们也保留了一些优良传统。据马维茨本人称，那是他在阅兵上的第一次露面；这件事发生的时候，他还是个刚入伍的新兵。分配给他的是一匹瘦骨嶙峋的马，没有讨价的余地。当"进攻"命令下达时，他冲出了队伍，经过上校跑到了空地上。"我本来应该为此而受'剑刑'[①]，但是考虑到我年纪尚轻，以及骑的马很明显体质不适，我得以免于斥责。"[②]

这至少说明有关马术的知识依然是骑兵传统的一部分。它表明完全驯服与驾驭马匹的艺术是存在的，不然的话与队伍脱节会破坏整体阵型，而不得不对其惩戒。如果一个团里没人能向别人展示如何控马，那么对因骑术不精而犯错的人就不能做出公正的裁决。我记得一个在长谷（Long Valley）接受检阅的骠骑兵团在进攻时队形陷入混乱，士兵因此四散而走，至少有一半的人跑偏了队伍。这件事给了我极深的印象，因为当我们（皇家工程兵）为在克莱卡尔特山（Clay Cart Hill）上举行的检阅而部署好时，这帮散兵游勇从我们的间隙里穿了过去。就连斯克罗格谷底（Scrogg's Bottom）可怕的障碍也阻挡不了他们的疯狂，我们在另一边看到许多背上没有骑手的马匹跑了出来。在我的记忆里，有3人被发现摔断了腿。

---

① "Fuchtel"，用剑击打的体罚。

② 他当时是个年纪很小的骑兵，才十五岁左右。

法国大革命

第七章

在研究大革命时代的战略和战术之时，学者们面临着一大困难：虽然有汗牛充栋的著作描写了军队的战场表现，却鲜有文献涉及各军在交战前的发展与演变[1]。

套路一成不变，交战的军队各有几名步兵、几名骑兵和几名炮兵，确定战斗的结果之后得出结论。没有人探究各个兵种的内在价值，也没有人思考：如果兵员的质量、征兵的办法和新兵的训练方式发生改变，是否会动摇已得出的推论？

在英国学界，由于过分关注法语史料中的信息，而忽视了本国及普鲁士、奥地利、俄国的资料，这让问题更加复杂。

不过分地说，如果研究方向出了偏差，诸如哈姆利（Edward Bruce Hamley）的《作战行动》（Operations of War）、克利里（Francis Clery）的《兵种战术》（Minor Tactics）等作品，甚至是我国自1874年颁布的操练手册，都有可能无缘问世。

以我国军事作家的逻辑能力和无可否认的勤奋，只要掌握了充足的证据材料，就能大大缩小与德国的差距，得到令人满意的类似成果。我们很早就给予连和中队指挥官更多的责任，这一措施的必要性如今在南非战场得到了决定

---

[1] 这一现象现在也在改变。大量基于各国战争部档案的资料正在法国、德国和奥地利出版。我们何不效仿呢？

性的证明。

法国旧政权的最后三十年，是一个贫困交加、
经济混乱的时代，首先受到波及的是马匹的供给系
统——这从根本上影响了骑兵的效能。法国马羸弱不
堪，法军在1807年占领奥地利和东普鲁士的产马地
后，法国龙骑兵和骠骑兵依旧只能骑十四掌高的矮
马，其佼佼者也不过十四点二掌高。

◎ 保罗·蒂埃博

若不是富有的贵族们为狩猎而饲养种马，在法
国根本找不到品种优良、训练有素的牲畜。即便是有，也缺少熟练的骑手去驯
服。幸运的是，法国人爱在林地中狩猎，而要在崎岖的岩地上骑马穿过茂密的
毛榉林，尤其需要训练有素、服从命令的马。即便一匹马能在草原上完美地越
过障碍，但进入枫丹白露的树林里也可能四肢无措。伟大的威灵顿公爵常说法
军的机动力胜过我军，原因就在这里。

关于茹尔当、奥什和莫罗①们的法军在经受淬炼前的状态的最佳描绘来自
《蒂埃博男爵将军回忆录》（Mémoires du Général Baron Thiébault）②，这部杰
作于1894年由他的家人出版。

蒂埃博自幼生活在柏林，父亲任职于腓特烈大帝的宫廷内，深受腓特烈
大军的秩序与纪律精神影响——当时普军仍然维持着活跃而强大的表象。返回
巴黎时，他还是个孩子。1784年，他第一次在瓦朗谢讷参观法军阅兵式，其感
慨值得一读：

　　我永远忘不了在瓦朗谢讷的经历，当时正赶上阅兵的时间，我生平头
　一次看到戴假发的军官，他们骑马走在板子上，防止泥水溅到身上，由于
　天降小雨，还打着雨伞。我平日里所见的普鲁士军队，衣着那样朴素、军

① 译注：让-巴蒂斯特·茹尔当（Jean-Baptiste Jourdan,1762—1833年）、路易·拉扎尔·奥什
（Louis Lazare Hoche, 1768—1797年）、让·维克托·马里·莫罗（Jean Victor Marie Moreau, 1763—
1813年）均为法兰西第一共和国和第一帝国时期将领。
② 保罗·蒂埃博（Paul Thiébault, 1769—1846年）曾在拿破仑麾下作战，他撰写的回忆录成为研
究第一帝国时代历史的重要资料。

容却是那般严整，当我把这番场面与他们相比时，别提有多么震惊和羞耻了。我觉得愤慨、丢脸，越是热爱和尊重法国，就越是想到外国人，尤其是普鲁士人放声嘲笑这幅场景的样子，这令我羞得涨红了脸。

而在二十五年之后，当法国军队在滕佩尔霍夫（Tempelhoff）阅兵场上列队时，普鲁士人再也笑不出来了。我们必须弄清楚这场奇迹是如何发生的。

读者应该首先阅读德奥特里夫（M.E.d'Hautérive）的杰作《大革命时期的军队1789—1794》（The Army during the Revolution 1789–1794）——《皇家三军防务研究所期刊》杂志于1895年3月刊载了这篇杰作的提纲——以透彻地理解大革命之初募集的武装人员的主要构成。然后，读者应该阅读蒂埃博的著作，了解征兵的方法和士兵的训练水准[1]。

最初的征募形式是国民卫队，他们类似于我国大城市的志愿兵。同样，团中佼佼者投身于各种形式的训练，并着重操练使用冷兵器和射击——尤其在后者上要达到相当高的水准。各团之间的竞争相当激烈，而这带来的潜移默化的影响迅速扩散。在1787年至1792年之间，为了保卫政权，士兵们频繁出动，体验了战斗的严肃性以及服从纪律的必要性。

随着恐怖统治达到高潮，上层阶级的境况变得风雨飘摇，他们争先恐后地去边境行伍里寻求自保，毕竟书信越通畅的地方，浪潮就来得越快。因此，他们开始去前线的部队中求生。

蒂埃博及其友人很早遭到清洗，九月屠杀[2]让他感到厌恶，也暗示了断头台离他并不遥远。1792年，他与其团内的大多数"优秀的"幸存者一起，加入了桑布尔-默兹（Sambre et Meuse）军团，以躲避随时会找上门来的灭顶之灾。

请仔细阅读接下来的每一行，这纯粹是一个适者生存的故事：天生的指

---

[1] 布维耶（Felix Bouvier）的《1796年战役》（Campagne de 1796）、德库尼亚克（de Cugnac）的《1800年的预备军团》（Armée de Réserve,1800）和科林（Jean Colin）的《1793年阿尔萨斯战役》（Campagne de 1793 en Alsace）现在也该被列进书单中，书籍每周都在增加。自从本书被送往出版社后，又多了三本大部头著作等待皇家三军防务研究所图书馆的注意。

[2] 译注：1792年9月2日，凡尔登被外国联军攻陷，首都危在旦夕，巴黎城内谣传囚犯阴谋暴动。听到消息的群众涌入监狱，在2日到6日未经审判处决千余名犯人，史称"九月屠杀"。

◎ 九月屠杀

挥才能指引着他与中上阶层的战友们走向前线。虽然子弹如"瓦尔基里"——神话之中掌握杀戮大权者——一般公正，但是凭借着天生的强健体格和指挥天赋，他们逐步地晋升。在历经几个月的战役之后，这些出身显赫的人就成了军官阶层的主体。每当有一名士兵死于敌手，就有十人因缺乏战胜命运的勇气和体力而倒下。

军队的纪律执行极为残酷专横：断头台在后，敌军在前。能渡过两道劫难的人，可谓真正的自由人和士兵：

士兵可以直视死神，

只有士兵是自由人。

——席勒《马之歌》[1]

---

[1] 译注：出自席勒的《华伦斯坦》第一部第十一幕，这段文字后来被谱曲，成为德国流行的军歌。

◎ *1794年6月26日，茹尔当将军指挥法军在弗勒吕斯战胜反法联军*

蒂埃博并未直接论述该阶段的战术演化。其例证都在敌军战史的字里行间，特别是沙恩霍斯特①的杰作《1791—1794年联军在尼德兰的败因》（the causes which led to the defeat of theallies in the netherlands,1791–94）和米切尔将军（John Mitchell）的数篇文章。蒂埃博向我们展示的是拥有最勇敢的榜样的必要性，以及无条件执行命令的铁律。一名指挥官必须执行自己收到的命令，不容许有任何借口。宁愿光荣地死在敌军的子弹下，也不要事后像罪犯一样死在断头台上。

尽管对于取得的成就而言，军队发展所耗精力和生命的代价是巨大的。但在1796年，法国已经锻炼出了一支堪称顶级的军队。

上文叙述了军队的总体情况，而骑兵的境况更加糟糕②。随着国内饥荒压

---

① 译注：格哈德·冯·沙恩霍斯特（Gerhard von Scharnhorst，1755—1813年），普鲁士军事家。普鲁士军队的首任参谋长，在普鲁士惨败给法国后，主持了对普军的改革。

② 无论如何，骠骑兵依然把君主主义的本质和18世纪的传统保留到了1805—1807年，马尔博对1796年骠骑兵的描写也适用于以后的骠骑兵。参见德库尼亚克的《1805年德意志战役》（Campagne en Allemand ,1805）。

力的加剧，各团不得不分散队伍去维持秩序，特别是护送从外省运往首都的粮食。他们还面临着"缺席"军官的难题——贵族们把时间和薪水都花费在宫廷里，工作都被丢给下属。正是这些人——真正勤劳的工蜂——后来成了兵役制军队里的军官。

革命战争前的普鲁士骑兵已经写过。至于奥地利人，他们似乎在七年战争的经验中收获甚微。马克上校[1]——他的名字后来不幸与乌尔姆的投降永远地关联在一起——事实上是一名训练有素、工作勤勉的士兵，他描写过1780年左右的骑兵：

甚至在1769年的时候，骑兵还不会骑马，不能控制自己的战马。没有一个中队控制得住他们的队列，前进还不到五十码，第一排的四十匹战马里至少就有十匹跑到了队伍前面。快速有序地变换队形是没法想象的。但是在1783年，情况已大为不同了。

带来这一改变的是陆军元帅拉齐[2]，根据数次战役的经验，他在1765年、1769年、1772年、1784年发布了一系列的新条例，并在任期内致力于贯彻其精神。从奥军在荷兰的初期胜利来看，至少有部分团执行了其精神。然而，规模超过二十个中队的大型冲锋非常少，我印象中仅有的战例是在1796年的马尔施（Malsch）和维尔茨堡（后一场战斗中，四十个中队在统一指挥下行动）。

汉诺威的骑兵更接近普鲁士模式，我军的大多数观念都承自他们。德意志其他邦国的骑兵都很差，他们的条例或多或少地模仿了普鲁士。但是他们缺乏马匹的供给，士兵们没有骑马的热忱，抠门的经济政策也一如既往地起着坏影响。

英格兰的境况也好不到哪里去，各团保持着最低编制，和马尔伯勒时代一样，直到战争爆发之际，才仓促开始战争动员，而在赶赴战场的航行中，

---

[1] 译注：卡尔·马克·冯·莱贝里希（Karl Mack von Leiberich，1752—1828年），奥地利中将，参加过巴伐利亚王位继承战争、奥土战争和拿破仑战争。1805年担任奥军参谋长，但由于决策失误，他指挥的奥军被拿破仑围困在乌尔姆，最终被迫投降。

[2] 译注：弗朗茨·莫里茨·冯·拉齐（Franz Moritz von Lacy，1725—1801年），奥地利元帅，约瑟夫二世的好友，在七年战争后，他主持了奥军的军事改革，包括制定新的条例、军事法典和后勤体制。

又产生了严重的损失。遭此削弱，英军竟然还打得不赖，令人称奇。

为了更好地理解当时的情况，有必要简单提及步兵的战术。

自七年战争以来，武器装备基本没有发生变革，而普鲁士的步兵条例得到各国的争相模仿。

邓达斯的十八种机动方式①是我军线列的发端，他只是改编了腓特烈的观点，甚至连瓦尔密的法军②也算是以"线列"训练作战的。但是他们没有足够的纪律执行，线列队形在战斗中分散为"散兵"，散兵先行交火之后，身后的小纵队再发起刺刀进攻。

◎ 弗朗茨·莫里茨·冯·拉齐元帅

正如在半岛战争③中，开阔地形上的线列火力能够轻易地扫清散兵，在敌军持续稳定的火力面前，纵队根本无法前进。所以法军会寻找地形复杂的郊野，在这种地形下，线列的优势无从施展。由于法军习惯露宿荒野，而且在行军时不顾一切、不计人命——几乎用之不竭的"炮灰"（Chair à canon）让他们拥有这一资本，因此法军可以利用机动力的优势选择阵地。

---

① 译注：指大卫·邓达斯（David Dundas，1735—1820年）撰写的操典《军事机动的原则》，他按照腓特烈军队的模式划分了十八种战术机动方法。

② 译注：指1792年瓦尔密战役中，法国青年志愿军击退了来犯的普奥联军，这场战役被宣扬为"人民的军队打败了旧军队"，此后法军一转防守态势，开始向外扩张。

③ 译注：拿破仑战争中的一部分，战争从1808年由法国军队占领西班牙开始，至1814年第六次反法同盟打败了拿破仑的军队结束。

这是现代疏开队形的真正起源，它并不是人们在和平时代努力追求的理想状态，而是由于士兵无法在压力下维持队形而产生的权宜之计。

人数和机动力造就了法军的成功，由于战争时间的延长、决定性会战的缺乏，胜利是以穷尽生命和国家资源为代价的。对于军事发展不幸的是，人们没有认识到这些要因，从而掩盖了真相。法军的胜利不是源于疏开队形，而是握有的兵力和部署指挥时不屈不挠的决心。立在征战部队背后的断头台，比面前的敌人更加危险。因此，无论被打败多少次，法国士兵总是能够卷土再来，直到敌军的抵抗消磨殆尽。

针对法军的新战术，联军拆分为多个独立的小纵队——一般是配备炮兵和骑兵的多个步兵旅，这是应对相同敌军的唯一方法。但小规模的部队难以取得决定性结果，统合作战极为困难。就这样，非决定性的战斗持续了数个月，曾经的权宜之计成了固定模式，腓特烈的会战决胜思想不见踪影。几天之内，在二十五至三十英里宽的战场上，总计三万人的几支军队打了一系列分兵战[1]。许多军官——尤其是奥地利的因分兵作战、避免失败而闻名，马克、武姆泽[2]等人均是如此，他们不久即名声远扬[3]。1799年，苏沃洛夫[4]的特雷比亚河会战[5]首先推动了会战决胜的战略思想，但是其影响力被奥地利宫廷的近臣们压抑。最终，拿破仑向世人展示了三大兵种协同攻击的威力。

我们应该注意到，法国大革命初期的战争演变，与近期的南非战事惊人地相似。我衷心希望我军不要走奥地利人的弯路，误认为会战决胜思想已经过时。为了对付灵活机动的布尔人，我军在南非被迫分散。如果在机动性相同的

---

① 如1800年的斯托克巴赫会战。

② 译注：原文作"weireuthers"，疑误。达戈贝特·西格蒙德·冯·武姆泽（Dagobert Sigmund von Wurmser，1724—1797年），奥地利陆军元帅。参加过巴伐利亚王位继承战争。使武姆泽出名的原因是他在1796年意大利战役中与拿破仑对垒时吃的一系列败仗。

③ 武姆泽和马克两人分别在1797年和1805年败给拿破仑并投降。

④ 译注：亚历山大·瓦西里耶维奇·苏沃洛夫（Alexander Vasilyevich Suvorov，1730—1800年），俄罗斯帝国大元帅、奥地利帝国元帅，军事家、军事理论家、战略家、统帅，俄罗斯军事学术的奠基人之一。也是俄罗斯历史上的常胜将军之一，著有军事学名著《制胜的科学》。

⑤ 译注：1799年第二次反法同盟时期，法国军队在意大利北部遭惨败的一次战斗。

◎ 奥斯特利茨会战，法国胸甲骑兵整装待命，准备冲锋

条件下，敌军不惜一切地寻求决战，战术就将回到常规，胜利只会属于纪律和勇气更佳的一方。

回到骑兵的话题上，在法国北部的初期战斗中，英国和奥地利骑兵赢得了辉煌的战果。

1794年4月24日，维利耶–昂科耶（Villiers en Cauchier），两个奥军骑兵中队和两个英军骑兵（第十五轻龙骑兵团）中队击溃了配备三门火炮的三千名法军。伊夫林·伍德（Evelyn Wood）爵士对这场战斗进行了特别的研究，我

将为读者们节录他的著作《骑兵的成就》（Achievements of Cavalry）。

卡托康布雷西（Cateau Cambresis）之战发生于两天后，详细资料可以参考一本不为人知的宝书，即1833年出版的米切尔少将所著《对于当代战术的观点》（Thoughts on Modern Tactics）[①]。此战中，一个奥军胸甲骑兵团与九个英国骑兵中队击败并驱散法国的一个军（两万七千万名步兵和炮兵），俘获三千名士兵和二十二门火炮；同日稍晚，两个奥地利中队和四个英国中队组成的生力纵队将法军彻底击垮，又俘获了一千名士兵和十门炮。我军当日损失十六名军官和三百八十名士兵——相较于战果，代价并不沉重。但正如米切尔将军所说："在这一场黎明之后，曙光就再未照射到战马们的身上，它们因步兵的火力担惊受怕，驮着不情愿的骑手们远离步兵的刺刀。"

人们必须记得，桑布尔-默兹军团自创建以来，已与敌军交战近两年。而美国内战的历史告诉我们，两年的实战经验对军队纪律的影响有多大。

不幸的是，我遗失了这一时期的部分资料，以下的战斗只找到大纲，详

---

① 译注：系1838年出版的《对于战术和军事组织的观点》（Thoughts on tactics and military organization）。

细资料可参见诺兰①广受好评的骑兵著作。

同年在汉德舒斯海姆（Handschuhsheim），奥地利骑兵俘获三千名士兵和十门大炮。

1795年美因茨拉锯战白热化之时，奥地利骑兵加入突击纵队，跟随他们杀进工事里再撤出来，以最精彩的方式赢得胜利。

1796年在维尔茨堡，奥军四十个中队在统一指挥下作战，考虑到难以避免的不利地形，其战果也算颇为优秀。在打垮茹尔当的几次战斗中，奥地利骑兵在黑森林的东坡与赖恩河之间、美因河与多瑙河之间、约四千平方英里的区域内进行侦察。在现代奥地利的骑兵专家看来，这不逊于当今最出色的演习②。

在1797年解围曼图亚的几场战斗中，奥军骑兵表现上佳。但此时，战争的消耗开始显现，马匹损失巨大。军队多次扩充后，充斥着未驯服的年轻马匹，导致无法实现依赖精确机动的"集群"指挥。

1801年在霍赫施泰特（Hochstedt），四十个中队的骑兵集群表现出色。但此后，奥军骑兵再也没有突出的表现。直至1809年从埃克米尔撤退时，奥地利胸甲骑兵的四十个中队连续发起冲锋，掩护了撤退行动。

在这些战役里，普鲁士骑兵不值一提。起初的几年，布吕歇尔③指挥骠骑兵打出名声，但普鲁士很快退出了反法同盟。随着将军们逐渐衰老和远离战场，普军无论骑兵还是步兵，都在无能的泥沼里越陷越深。有关这一切，我将

---

① 译注：路易·爱德华·诺兰（Louis Edward Nolan，1818—1854年），英国骑兵军官，早年曾就读于奥地利的军事学校并在奥军中服役；在巴拉克拉瓦会战中，他是轻骑兵旅冲锋（见第十章）的传令官，并在战斗中阵亡；著有《骑兵再上马训练：新体系》（The Training of Cavalry Remount Horses，1852）和名作《骑兵：历史与战术》（Cavalry: Its History and Tactics, 1853）。

② 见克里尔施泰因的著作《现代战争的精神与物质》。这部杰作的第一卷于1896年在维也纳出现，当时奥地利的档案馆首次对公众开放，它是一部研究作品的典范。某位普鲁士将军、当今仅有的几位拿破仑时代史专家之一，对我说，他认为自从1836年的克劳塞维茨（Carl von Clausewitz）以来，这是第一部抓住了战争本质的著作。在该书出版时，作者还是奥军参谋部里的一名有十三年资历的尉官。

③ 译注：格布哈德·列博莱希特·冯·布吕歇尔（Gebhard Leberecht von Blücher，1742—1819年），普鲁士元帅，瓦尔施塔特侯爵，在数次重大战役中名声远扬。他积极进攻的指挥风格为他赢得了"前进元帅"的称号。

在最后一章详细论述。

腓特烈大帝的骑兵部队已名不副实，但他们的威名如此显赫，以至于最后险些挽救了普鲁士王国。这点实在是值得一提。

法国骑兵自1800年才开始赢得对手的尊敬，而他们甚至在奥斯特利茨之战后对其自身都没有信心。在进兵乌尔姆、维也纳的途中，面对南德意志的部队和奥地利军队，法国骑兵坚决执行了侦察任务。在奥斯特利茨，法军骑兵向俄军及其盟军发动了几次漂亮的冲锋。但有学识的士兵深知，这无法与塞德利茨时代的冲锋相比，齐滕①的骠骑兵的威名仍然只能仰望。因此，法国骑兵在出兵萨勒河前，驻扎于巴伐利亚时，号召实行了许多特殊防护措施——在头盔下挂布料以保护后颈，握缰的手戴上手套，以为一场恶战在即。

在法军跨过边境后，轻骑兵部队像进军乌尔姆时那样一马当先。这些紧张的前哨部队不敢偏离公路，他们在五至七英里外与普军擦身而过，却没有发现后者的存在。

随后赶到的步兵率先发现了耶拿的普军前哨，并将其击退。几个小时后，当拿破仑策马穿过城镇，抵达兰德格拉芬贝格（Landgrafenberg），判断自己遭遇了整支普鲁士大军时，当时他的处境在他看来是相当绝望的。

诚然，拿破仑若能及时集中兵力让全军渡过萨勒河，将获得可观的兵力优势。但是萨勒河这一段的地形几乎与图盖拉河②一般险峻，两岸绵延着一千二百英尺的崎岖高地。只要一场胜利就将切断普军撤往柏林的退路。事实的确如此，但是如果战败又会如何？

拿破仑身处敌国，在河流与波希米亚边境之间的狭地作战，他明白如果强行渡河失败③整个德意志和奥地利将会立即起身反抗。

他的决心是卓越的，坚信自己面临整支普军，又无法预料到敌军之后

①　译注：汉斯·若阿欣·冯·齐滕（Hans Joachim von Zieten，1699—1786年），腓特烈二世时期的普军骑兵名将。

②　译注：南非的一条河流。在布尔战争中，英军曾在其流域作战，并渡过该河。

③　这是一项极难的任务，在当时的武器条件下，法军无法像我军渡过图盖拉河一样，在己方的岸边利用炮火掩护行动。

◎ **奥斯特利茨会战中，拿破仑的副官拉普将军率领近卫猎骑兵攻击俄军近卫骑兵**

的一系列失误，他无疑深知自己的危机，然而没有一刻的犹豫，就发出让全军左转、以最短路径进军萨勒河的指令。他在当天的一道命令中告知全军，胜利已是自己的囊中之物。

随后，他命令拉纳元帅[1]的军开始行动，于夜间在自己的斯皮温山[2]——兰德格拉芬贝格上修了一条路。抵达的部队源源不断地通过这条路，到日出时，已有三万名士兵挤在狭窄的高地上——现在可没法说它狭窄了。

他们身后和两边毗邻的山谷中仍有纵队正在前进。

幸运的是，浓雾笼罩了原野，否则法军无法通过尖坡和高原间的隘口。一旦普鲁士人察觉到大规模的法军，炮火会在二十分钟内覆盖高地，榴弹炮的轰炸将肆虐稠密的人群。

事实上，普鲁士步兵攻击过，但他们在雾中迷了路，在微不足道的前哨交火之后，就散得七零八落。等到他们中止战斗、返回营地时，法军的真正攻势才开始。随着雾气的散去，普鲁士人明白了自己的处境：分散成三部分的四万两千名普军，从正面和侧翼遭到六万名法军的袭击，后者还有更多的援军。接下来的事情人尽皆知；普鲁士骑兵被分散在各个步兵师里，无法为同一目标而集中起来，他们各自进行了英勇的战斗，却无法遏制法军的逐步推进。

相同的命运降临在十五英里外的奥尔施塔特，达武[3]在那里艰难地指挥

---

① 译注：让·拉纳（Jean Lannes，1769—1809年），法兰西帝国元帅，1806年指挥第五军。

② 译注：图盖拉河附近的一座山，在1900年的斯皮温山会战中，布尔人据守此地，打败了进攻的英军。

③ 译注：路易-尼古拉·达武（Louis-Nicolas d'Avout，1770—1823年），法兰西帝国元帅，1806年指挥第三军，在奥尔施塔特孤军击败普军主力，获封奥尔施塔特公爵。

◎ 耶拿-奥尔施塔特会战前夜的形势图

自己的一个军与布伦瑞克公爵①的普军主力交战。若有一个塞德利茨式的指挥官，普鲁士骑兵应该会冲垮法军的步兵，就像五十年前罗斯巴赫的先人那样；但是他们的继承者并没有出现，单个中队的英勇是骑兵的优良传统，可是难以弥补集群战力的缺乏。逃跑的士兵很快与来自耶拿的溃兵合流，下午2点钟的时候，普鲁士的全军都处于撤退之中。

随后，缪拉开始追击，并以不懈的精力执行了任务。他在二十四天之内行军五百英里，以诺德豪森（Nordhausen）、马格德堡、斯德丁和吕贝克为中心线，围剿败逃的敌兵。尽管他的指挥部平均每天只行进二十一英里，但是考虑到时间跨度之大、行军距离之长，以及进程中必须执行的侦察任务，这是一支大规模骑兵武装有史以来最杰出的壮举。

◎ 法国骑兵统帅若阿基姆·缪拉，指挥过阿布基尔、艾劳、耶拿、莱比锡等战役中的著名骑兵行动

我所写的与其说是骑兵历史笔记，不如说是战略演讲报告。在吸引我详细研究的所有军事行动之中，耶拿战役是一个兼备价值与盛名的惊人案例。对于这场战役，英国的通行观点是相当离谱的，几乎只参照了法国的权威材料②，我的观点也许会使许多读者震惊。然而，从没有一场近代战役得到普鲁士总参谋部如此详尽的研究，也没有一场战役更值得我军深入学习；由于经历过几次小型战役，我军没有与久经和平、过度集权的旧普军堕落到同一水准，但在普军改长期

---

① 译注：卡尔·威廉·斐迪南（Karl Wilhelm Ferdinand,1735—1806年），布伦瑞克-吕讷堡公爵，普鲁士陆军元帅，成名于七年战争；1806年指挥普军主力，在奥尔施塔特惨败于法军达武所部，战后伤重不治而亡。

② 比如哈姆利的叙述，只是转述了若米尼（译注：指安托万-亨利·若米尼，拿破仑时代著名的军事作家）不足为信的战史。

服役为短期服役之前有许多共通之处。对于我军的发展而言，其研究价值无与伦比。

斯皮温山和兰德格拉芬贝格非常相似：高度和坡度几乎完全一致；值得一提的是，前者的雾霾对我军是致命的，而后者的雾霾则成了拿破仑的帮手。

最权威的相关资料是莱托·福贝克（Lettow Vorbeck）的《1806—1807年战争》（Krieg von 1806-7）、克劳塞维茨的著作、冯·德尔·戈尔茨（Colmar Freiherr von der Goltz）的《罗斯巴赫与耶拿》（Rossbach and Jena）、叙述极其生动的莱曼（Max Lehmann）所著的《沙恩霍斯特传》（Leben Scharnhorst's）以及霍恩洛厄亲王的《战略信札》（Strategische Briefe），这些价值无量的研究文献，已被翻译为英文。近期，约克·冯·瓦尔滕堡（Yorck von Wartenburg）的《作为指挥官的拿破仑》（Napoleon als Feldherr）出了英译本，同样值得一读①。

1805年和1806年的战争拓展了法军的马匹来源，在1812年俄罗斯战役结束前，法国一直控制着主要的产马地区，足以为整支军队提供马匹。法军不懂得利用优势，这对欧洲而言是一件幸事：他们有不错的驯马本领——事实上，法国骑兵在伊比利亚半岛的表现远胜过我军，但不如英王德意志军团（King's German Leigon）。由于不知在驭马时使其绝对服从，因此法国重骑兵在冲锋时只能保持"快步"。这一问题在后世饱受争议，但我认为，俾斯麦②的目击证词是决定性的。

1809年战役期间，俾斯麦服役于符腾堡的骑兵部队中，他在埃克米尔观察到重骑兵的集群行动。描述如下：

> 与此同时，胸甲骑兵师以快步跟上，他们迎击奥地利预备重骑兵的方式是如此精彩，以至于拉纳军的步兵们停下来向他们欢呼……胸甲骑兵特别强调保持队形的紧密，移动的步伐速度从来不超过快步。军官们会

① 还要推荐富卡尔（Paul Jean Foucart）的《1806—1807战役》（Campagne 1806-7），它是法军参谋部出版的一套书中的一本，在我写完上文之后才出版。

② 译注：弗里德里希·威廉·冯·俾斯麦（Friedrich Wilhelm von Bismarck，1783—1860年），符腾堡将领、外交家和军事作家，1809年至1813年在拿破仑麾下的符腾堡军队中作战。

◎ 埃克米尔会战中的骑兵战

不断地告诉——并不是命令——行伍里的士兵们，"靠拢，胸甲骑兵们，靠拢。"在即将与敌军接触时，将军和上校们会再次重复指令，"前进，前进！"所有的士兵也跟着高喊，但是他们的步调从不会加快。法国人喊"前进"的意思就和俄国人喊"乌拉"一样。[1]

关于这一时期的历史，近期有两部引人注目的作品在巴黎出版。

首先是《骑兵战术历史论文》（Essai Historique sur la Tactique de la Cavalerie），作者为热罗姆少校，据官方材料汇编并总结了法国骑兵自古以来的典型战斗和英勇事迹。关于法军在瓦格拉姆的骑兵集群指挥，既然连这部书也认为不值一提、无可称赞，那么我也无须详细分析。这场会战的经历证明：军队空有数量并无用处，对命令的执行能力和善于集群指挥的将领都是不可缺少的，两者也互不可缺。1813年的法国骑兵，叫塞德利茨指挥也无药可救，而

---

[1] 见冯·俾斯麦的《骑兵战术》（Cavalry Tactics），由英王德意志军团的比米什上尉翻译。皇家三军防务研究所的图书馆里藏有一本。

在明登名声扫地的萨克维尔勋爵[①]——他并不是一个懦夫——也难以指挥塞德利茨的骑兵。

另一部造福后世历史学家的作品是《大革命和帝国战争时期的骑兵》（La Cavalerie dans les Guerres de la Revolution et de l'Empire），该书的作者是军官皮卡尔（Picard），他在索米尔的骑兵学校任教多年，收集了大量武装训练、新兵征募和马匹补充等相关指令。假设这些命令准确传达，并且正确反映了该时期的趋势，而命令的精神得以贯彻，法国骑兵的战绩应该更好。但读过法国人的回忆录——比如费藏萨克（Fezensac）、马尔博[②]、蒂埃博——就会明白，一道命令在前线被执行的时候，与其在巴黎刚发布的时候，可谓天差地别。在休战的间隙里，法军在征服的国家里扎营生活，亦不利于骑术学习和操练。

此外，皮卡尔先生在人名、地名的拼写上粗枝大叶，在二十页之内出现过"Clairfayt""Clerfait"和"Clairfeyt"三种拼法，不知哪种才是正确的拼写，或许没有一种是对的。

在1792年的莱茵河战事（第18页）中，我们读到屈斯蒂纳无法守住兰河的阵地，并撤退到了"柯尼希施泰因"（Koenigstein）和"汉堡"（Hamburg）的山地里。

我曾经长期在兰河流域生活过，从没有听过那里有名为柯尼希施泰因的地方，德累斯顿附近的萨克森小瑞士倒有著名的同名地方，我也知道易北河口的汉堡市。但是在十行之后，我们发现屈斯蒂纳回到了美因茨一带，他在这次惊人的行军中前往波希米亚边境，又在十六天之内抵达北海。这时我才明白，所谓的"汉堡"应该是"巴特洪堡"（Bad Homburg vor der Höhe），"柯尼希施泰因的山地"则是在陶努斯山区（the Taunus）[③]，不过那里算不上山地，

---

① 译注：乔治·杰曼（George Germain，1716—1785年），第一代萨克维尔子爵，他在明登之战中，不顾多次命令，拒绝出动骑兵追击，被免除军职。

② 译注：马塞兰·马尔博（Jean-Baptiste Antoine Marcellin Marbot，1782—1854年），法军轻骑兵军官、帝国男爵，参与过拿破仑战争的诸多主要战役。文笔颇佳，拿破仑在遗嘱中希望他"继续写作，捍卫法国军队的荣誉"。1891年，他的回忆录被其家人公开，成为拿破仑战争研究的重要史料。

③ 译注：陶努斯山位于德意志的黑森州，最高海拔八百七十八米。陶努斯山区柯尼希施泰因（Königsteinim Taunus）是当地的一个城镇。

只是较高的丘陵而已。

在总结革命军队的敌方骑兵时，他提到了西班牙、荷兰和皮埃蒙特，却对英国、普鲁士和奥地利只字未提。提到1793年的荷兰战役时英国和奥地利骑兵少有的几次胜利，他如是写道：

> 然而，这些骑兵只知道如何冲锋陷阵，却不采用正确的方式。在其他战斗中，英国骑兵勇敢而善骑，但是普遍表现糟糕：他们战马的装备较差，骑手也并非净是能手。

遗憾的是，如我们所知，这个评论相当到位；然而，在维利耶-昂科耶和卡托康布雷西输给我军的部队，水平又如何呢？

我在这本书上大费笔墨，是为了揭露法国军事研究中的偏见。既然我们能在这样一位骑兵专家的著作里找到这么多错误，那些学识稍逊的作者又如何呢？

正如我此前所说，米切尔将军是英国少数清楚骑兵的定义及其在合适训练与指挥下之作用的军事作家之一。他是一名炮兵，并不偏袒和喜爱骑兵——他无疑比内皮尔[1]更公正。

在一篇论文里，他如此评价半岛战争中的英军骑兵：

> 公认的是，他们对胜利的贡献配不上收获的奖赏。在约翰·穆尔爵士的战役[2]中，他们无往不利，如果状态保持下去，不知道能赢得多少荣誉。但是在塔拉韦腊的失败——他们在报告中绝口不提——彻底地挫伤了骑兵的锐气。
>
> 在萨拉曼卡，随着全军出击的命令，胜利的激情在队列之间洋溢，并传递到了骑兵之中，他们在会战中、追击时都上演了勇猛而有效的冲锋。然而从布尔戈斯撤退时，他们的表现又变差了。最糟糕的是维多利亚之

---

① 译注：威廉·内皮尔爵士（William Francis Patrick Napier，1785—1860年），英国炮兵军官和军史学家，曾参加过半岛战争，并著有六卷本的《1807—1814年半岛和法国南部战争史》（History of the War in the Peninsula and the South of France from the Year 1807 to the Year 1814）。

② 译注：1808—1809年，一支英军登陆葡萄牙，试图阻止法军控制伊比利亚半岛，后由约翰·穆尔（John Moore，1776—1809年）接任指挥官。拿破仑的主力军队进入半岛后将其击退，穆尔在掩护撤退时中炮身亡。

战，骑兵本应摧毁已被击垮的法国步兵，却放任他们逃走了。

这样的批评是公正的，但我在前文中也提过，在所有的海外作战中，我军都面临着诸多劣势。在半岛战争中，由于运送骑兵的距离和必经暴风雨地带的影响，这些劣势被放大了。相比乘坐现代邮轮从南安普敦到好望角，乘帆船到里斯本的旅途要艰难得多，我军在航行中的损失是近代未有的。

在这种情况下，我军在大规模的骑兵战中不占优势，并不令人意外；由于条件限制，即使士兵投入了必要的关心与注意力，也难以妥善地养护马匹——根据公爵本人、敌军及英王德意志军团军官的证言，他们也并未尽心尽力。

面对步兵时，我军骑兵的战绩更好。骑兵对步兵无需精准的机动和密集冲锋，需要的是在地形复杂的原野上保持步调和大胆前进。因此，我军的八次冲锋，有五次成功、两次失败，只有一次成了赤裸裸的灾难。

篇幅不允许我一一详述，我只抽取一个典型战例以证明在相当不利的情况下，我军展示出的战斗力。

这是萨拉曼卡会战当天的第三次冲锋，勒马钱特[1]的重骑兵旅与未受动摇的法国步兵交战。以下叙述来自一名热忱的步兵信徒，他在战斗结束后不久写下这段文字，署名为"A. Z."：

战场的地貌是一片开阔的常青栎树林，且随着骑兵的行进，树林越来越茂密，导致三个团的士兵相互混进了彼此的队列里。同时，随着右翼被挤过来，他们的正面不断发生改变，整个队列成了一条密不透风的横队。他们并没有任何混乱，以这种队形迅速冲向了前方的另一个法国步兵旅，后者借着树林的地形，排列成四分之一纵队[2]，准备迎击这次冲锋。

法国士兵们相当冷静地没有开火，直到英国骑兵进入二十码之内，才将火力倾泻而出，极其沉重地打击了这批密集的人马。

勇敢的勒马钱特和他的参谋怀特上尉被打死，埃利上校负伤，接近三分之一的龙骑兵跌下战马。然而，由于其他人还能控制住战马向前冲，他

---

[1] 译注：约翰·勒马钱特（John Le Marchant，1766—1812年），英国骑兵军官，英国军事学院的创始人，1812年在萨拉曼卡之战中阵亡。

[2] 译注：一种较为密集的纵队队形，间距为普通纵队四分之一。

◎ 英国骑兵将领勒马钱特在萨拉曼卡会战中战死

们成功地击破了法军的阵线，使其陷入彻底的混乱中。

作者的目的是证明方阵队形的牢固，而在我看来，他所证明的正好相反。据其叙述，法军士兵冷静而富有经验，占据地形优势，并排列成该地形中最利于发挥火力的队形，但他们却无力阻止队形在战斗中产生混乱或被地形阻碍，甚至还有三分之一的骑兵落马。遗憾的是，根据官方的报告，各团的伤亡数与A. Z.的断言并不相符：在整天的战斗中，该旅仅有四名军官、九十四名士兵和一百四十匹马伤亡，其中阵亡者只有二十三名士兵和六十八匹马，而这三个团在战斗当日早晨至少有一千人马。

关于侦察行动，当时的抱怨声和现在一样多，我们乐于见到它对敌军的打击。马尔博的回忆录里，有一卷讲述他在西班牙的冒险，其中抱怨了无处不在的英军参谋和骑兵军官：

他们骑着漂亮的纯种马，在我军纵队的侧翼为所欲为。他们沉着地闯进滑膛枪的射程以内，悄然记下部队的番号和特点。如果我军派出骑兵追赶，他们就躲到最近的障碍物后面：他们能轻松跃过障碍，而我军装备沉重的骑兵只好望而却步。

事实上，1872年博尼耶（Bonie）上校的回忆录里出现了几乎相同的内容，描述了无处不在的枪骑兵对法军的折磨。在滑铁卢，米夫林[1]观察过公爵的参谋军官——滑铁卢属于下一章的范畴，先在这里注出：

> 他们胯下的好马拥有高贵的英格兰血统，如果公爵说一封信"要快"，这些无畏的骑手能在一小时内跑完十八英里，并引以为豪。

要做到一小时跑完十八英里，马匹的质量和骑手的判断力缺一不可——这反映了当时的欧陆观察者对我军骑术的深刻印象。柏林—维也纳往返赛马的赢家冯·赖岑施泰因[2]正从比勒陀利亚返回故乡，他若是出版回忆录，不知将在书里如何评价我军？

---

① 译注：卡尔·冯·米夫林（Karl Freiherr von Müffling，1775—1851年），普鲁士元帅，军事理论家。在滑铁卢之战中担任布吕歇尔和威灵顿的联络官。

② 他在比赛中骑的英国纯种马，是从塔特索尔赛拍卖行购得的"一名留洋军官的财产"。

法国骑兵的衰落

如果对于我军在南非行动迟缓、浪费马匹之事而心存焦虑，那么我建议最好研究下拿破仑的俄罗斯战役，看看在类似的地形和差劲的机动性困境下，最杰出的战争大师遭遇如何。

◎ 拿破仑大军团跨越涅曼河

法军越过的边境线长度，有从金伯利到巴苏陀（Basuto）的距离那么长——从边境线到莫斯科的距离，近似奥兰治河到比勒陀利亚的距离，而南非草原与俄国平原也有诸多相似之处。虽然拿破仑的骑兵在抵达涅曼河[①]前，并未经历七千英里的蒸汽船和铁路运输，他们的大敌哥萨克骑兵大多仅装备弓和箭。但问题的关键在于机动力成了战争胜负的关键，以至于这支现代欧洲史上空前绝后的庞大骑兵武装，在撤退之前几乎就被消灭殆尽。

俄国人几乎一仗未打就达成了战争目标；如果两军配备现代的连发步枪，法军又会有何种命运？

1812年的法国大军至少集结了合计五百二十六个中队[②]的九万五千名骑

---

① 译注：俄国边境的界河。

② 译注：原文如此。

兵，其中二百四十四个中队隶属骑兵预备役，三百零二个中队分配到各个军。

预备骑兵被分为四个军：

军	军长	师	师长	中队数量
第一军	南苏蒂	轻骑兵师	布吕耶尔	28
		胸甲骑兵师	圣热尔曼	16
		胸甲骑兵师	瓦朗斯	16
第二军	蒙布兰	轻骑兵师	塞巴斯蒂亚尼	28
		胸甲骑兵师	瓦蒂耶尔	16
		胸甲骑兵师	德弗朗斯	16
第三军	格鲁希	轻骑兵师	沙泰尔	28
		胸甲骑兵师	杜梅克	16
		龙骑兵师	拉乌塞	16
第四军	拉图尔·莫堡	轻骑兵师	罗申斯基	24
		胸甲骑兵师	洛尔热	20
			总计	204

见热罗姆的《骑兵战术历史论文》。但其总数并不相符，我推测相差的人数留在了兵站

其余的骑兵划分至十一个军内，一般十六个中队编组为一个师，奥地利军的师有五十四个中队，贝西埃尔[1]的帝国近卫军则有三十五个中队。

莫朗将军[2]笔下的文字，向我们展现了法军后来的困境：

来自欧洲各地的骑兵披挂着光彩夺目的黄金与钢铁，构成了一幅何

---

[1] 译注：让-巴蒂斯特·贝西埃尔（Jean-Baptiste Bessières，1768—1813年），拿破仑的近卫骑兵军长，法兰西帝国元帅。

[2] 译注：夏尔·安托瓦内·莫朗（Charles Antoine Morand，1771—1835年），1812年担任法军第一军第一师师长。

等壮丽的画卷。在六月的阳光下，在涅曼河畔的山坡上展开无边无际的队列，闪耀着热忱与无畏。那些与哥萨克骑兵纠缠的徒劳行军，又是多么令人痛苦的回忆。他们对俄国解放的贡献甚至胜过帝国的正规军！

每一天，他们漫无边际的队列都会出现在地平线上，机敏的侦察兵甚至敢冲进我军的队列里挑衅。当我们整队进军，即将逮到他们时，又突然不见踪影，地平线上只留下白桦树和松树林。

而一小时后，当我军的战马进食时，攻击又开始了。哥萨克的黑色队列再次现身，故伎重施，并以相同的方式消失。就这样，华丽和英勇的骑兵在疲惫中严重消耗了体力。而那些被人认为不值一提的哥萨克战士则拯救了帝国，他们堪称国家真正的支柱、唯一的解放者。更让我们懊恼的是，哥萨克骑兵的数量远少于我军，且只配备了最轻量级的炮兵，杀伤力非常小。值得一提的是，敌军的指挥官堪称勇者，并在每次行动中都得到坚韧的步兵之支援。带着战利品与荣誉，哥萨克骑兵回到了多瑙河畔。而忠于国家荣誉的我军勇士们，他们的尸骸和武器遍布俄国的土地①。

这篇文章的价值不仅在于其生动的描述，也在于它所忽视的内容。作者的观点显然受到身边人的影响，并未找到这支精锐之师遭遇惨败而毁灭的真正

◎ 装备长矛的俄国哥萨克骑兵

---

① 译注：以上引文皆为法语。

1812—1813 年俄罗斯战役法军兵力持续损失数据地图
由退役土木工程监察米纳尔绘制
1869 年 11 月 20 日 巴黎

彩色区块的宽度反映法军的兵力，每毫米代表一万人，色块侧边标示有具体人数，红色代表进入俄罗斯的士兵，黑色代表撤离俄罗斯的士兵。本图提供的数据参考 M.M. 佩也尔、德·塞居尔、德·费爾萨克、德·尚贝里诸先生的著作，以及 10 月 28 日起担任军队药剂师的雅各布朱尼的未出版的日记。为了让兵力缩减的趋势更加直观，本图假设热夫姆宗王和达武元帅的部队（在明斯克和莫吉廖夫与主力部队分开，后在奥尔沙和维捷布斯克返回大部队）一直与主力部队共同行动。

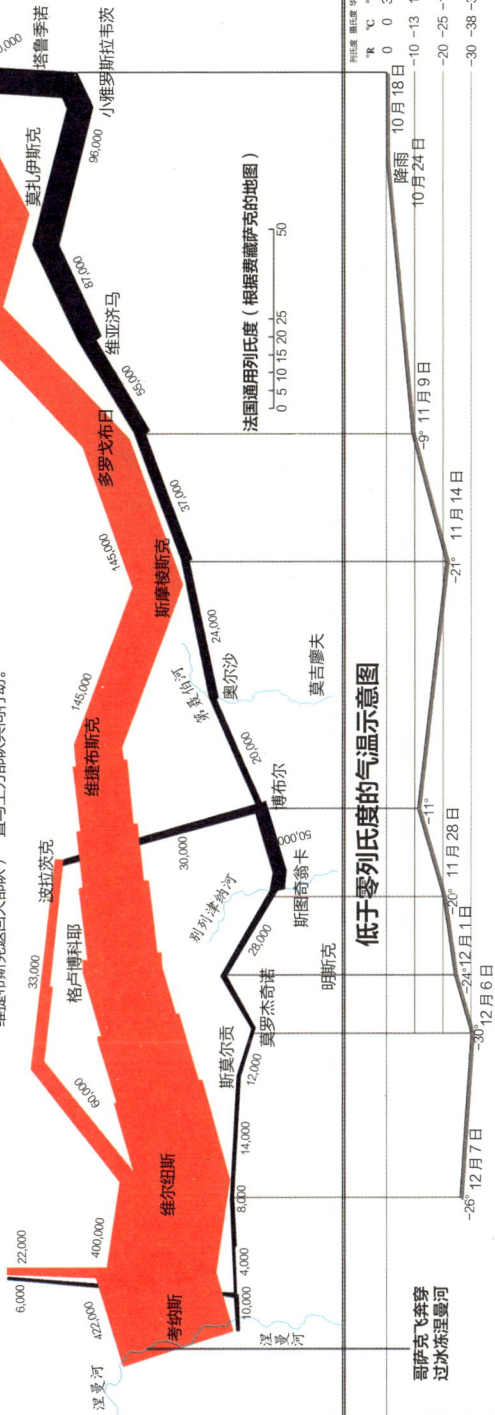

莫斯科

考纳斯
哥萨克飞奔穿
过冰冻涅曼河

维尔纽斯

格卢博科耶

波拉茨克

斯摩棱斯克

维捷布斯克

多罗戈布日

维亚济马

莫扎伊斯克

塔鲁季诺

小雅罗斯拉韦茨

加加林

博布尔

博津

莫罗杰奇诺

斯梅尔贡

明斯克

涅曼河
维伊河
第聂伯河
涅斯维日河

6,000 22,000 400,000 422,000 10,000 4,000 8,000 14,000 33,000 30,000 12,000 20,000 24,000 127,100 100,000 100,000 96,000 87,000 55,000 37,000 31,000 20,000 145,000 145,000

低于零摄氏度的气温示意图

法国通用列氏度（根据费藏萨克的地图）

0 5 10 15 20 25   50

降雨   10 月 18 日
0°

-9° 11 月 9 日
-21° 11 月 14 日
-11° 11 月 28 日
-20° 12 月 1 日
-24° 12 月 6 日
-26° 12 月 7 日
-30°

列氏度	摄氏度	华氏度
	0	32
	-10 -13	10
	-20 -25	-13
	-30 -38	-36

◎《1812—1813 对俄战争中法军人力持续损失示意图》，由法国工程师、数据地图的先驱查尔斯·约瑟夫·米纳尔（Charles Joseph Minard）绘制于 1869 年。图中呈现了拿破仑军队的行军路线（红色为进军路线，黑色为撤退军路线）、人数变化（原图一毫米代表一万人）及俄国的气温变化（下方的折线图表）等多维度的信息，被誉为史上最杰出的信息图表。

149

◎ 博罗季诺会战中，法军与俄国胸甲骑兵交锋

原因。

我们知道，哥萨克骑兵的质量和机动力都称不上出色，他们显然逊色于在埃及被法军打败过的土耳其和马穆鲁克骑兵。即使集结全俄国的哥萨克之力，恐怕也无法阻挡齐滕的骑兵部队几个小时。

事实上，在法国大军跨过涅曼河之前，对职责的使命感几乎就已在军中绝迹。法军热衷奢华和炫耀的缺点加重了战马的负担，而忽视了决定骑兵战斗力的关键细节，使牲畜处于挨饿状态，再加上管理不善，致使其愈加难以承担毁灭性的负重。

越过边界之后的几天内，有几百匹马因为食用青饲料①而倒下，全军机动力锐降，只有在敌军的刺激下，才会偶尔短暂奔跑。

---

① 译注：拿破仑对俄战役期间，由于补给运输的困难，许多士兵被迫亲自收割谷物，甚至从茅屋上拔草喂马，结果大量的马匹因吃了不洁的饲料而生病。

◎ 法军渡过别列津纳河。由于遭受俄军的沉重打击，"别列津纳"由此成为法语中"灾难"的代名词

　　克劳塞维茨在《战争论》（第四版）的第二卷第70页，描绘了整支军队迅速瓦解的惊人场景：

　　6月24日，当入侵军的主力部队渡过涅曼河时，他们有三十万一千人之多。在前往斯摩棱斯克途中分派出一万三千五百人——按理说，此时应有二十八万七千五百人，而实际上只剩下十八万两千人。也就是说，减员达到十万五千五百人，其中能证明的战斗减员至多一万人。以直线计算，行军路线约三百英里，花费时长五十二天，平均每天减员一千八百二十七人，每英里减员三百一十六人。

　　三周后，在博罗季诺，法军减员数增至十四万四千；八天后抵达莫斯科时，增至十九万八千，当然其中包括会战中的损失（总计约三万人）。应该指出，法军有过两次长时间的休整，第一次是在维尔纳①停留了十四天，另一次

――――――――――

　　① 译注："Wilna"，即今立陶宛维尔纽斯。

◎ 马塞兰·马尔博

是在维捷布斯克停留十一天，这段时间足够让成千上万的掉队士兵归队，事实也是如此。总距离为五百英里，平原地形和天气状况都适宜行军。

而在法军的撤退中，寒冷程度无疑遭到过度夸大。事实上，当法军抵达别列津纳河时，这条流速缓慢、不甚凶险的河流都没有结冰，工兵能够涉水筑桥。当日，马尔博两次骑马渡河，都佐证了当时的气候并不恶劣；且其寒冷程度肯定不及1794年的美因茨。在1794年，宽达六百码、水流时速二点五英里的莱茵河段都结上了冰。法军的士兵和马匹不缺御寒衣物，他们从莫斯科带走了够穿两趟旅程的毛皮大衣，而食物肯定也不缺——可以食用马的尸体。困守在美因茨的军队，想必渴求其一半的条件。纪律的精神已消亡，三分之二的士兵彻底被恐慌击垮。别列津纳桥上的恐慌场面人尽皆知，却鲜有人知道，这条溪流可以轻易涉过，正如马尔博和其他目击者所证明的那样。只要有一点先见之明，指挥士兵在适当的地点冲下河堤，渡过河的代价只是浸湿一双脚。诚然这在阴冷天气中也相当糟糕，但法军不缺少木柴，即使火柴奇缺，滑膛枪的燧发机也能点火。

直到皇帝离开军队，严寒才真正到来。马尔博的统计证明，仍然保持纪律的几个军并未遭受严重的损失。

马尔博从属于圣西尔[1]所部驻守在波拉茨克（Polotsk）[2]，直到渡过别列津纳河（11月28日）前一两天，他才重返法军主力部队。他指挥的第二十三猎骑兵团有一千零十八人踏上战场，并在战役中接收了三十名新兵，最终有

---

① 译注：洛朗·德·古维恩·圣西尔（Laurent de Gouvion Saint-Cyr，1764—1830年），法兰西帝国元帅，俄罗斯战役中指挥第六军。

② 译注：原文为"Pultusk"，为作者笔误。

六百六十三人回到涅曼河，共有一百零九人阵亡、六十五人受伤、七十七人被俘、一百零四人失踪。虽然没有去莫斯科，却经历了比大多数人更多的战斗。正是由于对士兵的细致考虑，才保持了较低的伤亡率。他根据古尔戈①手里的拿破仑手写笔记，估计了大军团在返程中的伤亡人数。

渡过涅曼河的各国军队总数为三十二万五千人，其中法军十五万五千四百人、联军十七万六千五百人。后者在抵达各自的国家后自行解散，因而无法准确计算损失数目。不过，共有六万名法军重新渡过涅曼河，与第一次渡河的人数相差九万五千人，其中有三万人被俘虏，后在1814年的和平时期遣返回国。换言之，实际上只有六万五千名法国人死在俄国，其中半数是阵亡或重伤不治。

事实证明，疲惫的状况也没有想象中严重。在重重的困难中，军中的兵痞们仍然保持着良好的精神，甚至有精力在夜里扮成哥萨克骚扰营地。他们盗窃、谋杀，并大肆劫掠。马尔博告诉我们，这些流氓大多是波兰人，他们后来被纪律严明的士兵们设伏一网打尽。

他们被带到迈森将军②面前，辩称只是闹着玩。将军严肃地回答："此时此地不容胡闹！"下令把这一伙人就地枪决，此后便再未听说过这种流氓行径。

在真正艰难的时候，缺乏自制力的"恶棍"往往最先垮掉，既然他们还有精力找乐子，说明情况并不如人们描绘的那样糟糕。

实际上，人们越深入研究这场战役，就越能够确信，纪律涣散是整场灾难的主因；而纪律涣散的直接原因是拿破仑一手建立的独裁体制——拿破仑的个人经验表明，他的下属缺乏在战场上紧密合作的积极性、训练度和善意。

他吓唬过贝尔蒂埃③和大多数元帅。马尔博举过在俄罗斯及其他战役中的许多例证：军长和师长向拿破仑请求指示，却只收到"没有命令"的回复，而

---

① 译注：加斯帕尔·古尔戈（Gaspard Gourgaud，1783—1852年）男爵，法国军人，俄罗斯战役中在拿破仑身边担任军械官，1815年跟随拿破仑流放圣赫勒拿岛。

② 译注：尼古拉·约瑟夫·迈森（Nicolas Joseph Maison，1771—1840年），在俄罗斯战役初期指挥第二军第六师第二旅。

③ 译注：路易-亚历山大·贝尔蒂埃（Louis-Alexandre Berthier，1753—1815年），法兰西帝国元帅，长期担任拿破仑的参谋长。

随后命令又如期下达。

骑兵永远是集权过度和纪律涣散的第一个受害者，因此只有五百名法军骑兵顺利从莫斯科回到斯摩棱斯克，也不是一件意外的事。

无论如何，这场战役都值得我国学界更加深入地研究，不仅涉及战术上的思考，还有战时军队的组织、和平时期军队各级的训练问题。若对此没有清楚的认识，便无法完成一场扎实的军队改革。

这场战役反映了"一言堂"的局限，并纠正了一个普遍的谬论：一名伟大指挥官能独自指挥庞大的现代军队。在理论上，只要有一个天才人物把握全局，把师整合为军、把军整合为军团是很容易的，但在执行上则困难重重。除非有一所又一所货真价实的"战争学院"，让所有军官在和平时期训练命令的发布与执行，而这种体制如今只有德军在完美地运行。

下级指挥官的主动性是一道难题，既不应抑制，也不应过分鼓励，应把握两者间的平衡，赋予每个等级、每个人各自能承担的责任。在确保思想与行动统一的同时，不要让主动性被烦琐的命令扼杀。

毁灭拿破仑的第一个错误，是他在向意大利军团的著名并为人神化的演讲[1]中，唤醒了劫掠和个人崇拜的意识。他解放了追随者们的野心与贪欲，又试图用规章制度加以限制。正因如此，他的政权统治还不及二十年，部下的元

◎ 意大利战役中的青年统帅拿破仑·波拿巴

---

[1] 译注："士兵们，你们现在吃不饱、穿不暖。政府多亏你们出了力，却什么也不能替你们解决。你们的忍耐和勇敢，是可以引以为荣的……我现在就要带领你们进入世界上最富饶的一些河谷。在那里，你们可以看到繁荣的城市和富庶的地区。在那里，你们可以得到的收获，将是荣誉、名声和财富。"

帅和骑兵指挥官就不再恪守职责。

沙恩霍斯特和克劳塞维茨比同时代的人更有远见，与当年的克伦威尔一样，他们注意到了国家蒙难所激发的责任意识与爱国主义。在不阻碍活力和野心的前提之下，他们教导其追随者在公共利益前牺牲个人目标，其成果为任何研究过1870年历史的人所熟知的。

我国正处于中间位置，还有海外帝国所带来的特殊难题有待解决。但是可以预见，当责任感在步兵和骑兵中传播后，野心家也将忠于其连或中队，奉献出追名逐利的精力[①]，我们不再区分彼此是骑兵还是步兵、将军还是参谋，祖国在欧洲的突发战事中将有所依靠。

皇帝返回巴黎之后组建了新的军队，这里不做详述。无论如何，他募集了大批的士兵，却难以求得合适的好马，也缺乏像过去一样训练的时间。从此以后，法国骑兵的战斗几乎没有战术可言。

有时指挥官还没有丧失决心，但骑兵已失去控制。尽管在少数战例中——如德累斯顿会战，骑兵集群的行动方向与命令相符；总体而言，表现相当糟糕。

下文节选自霍恩洛厄亲王《关于骑兵的对话》，其内容可能招致激烈的批评，但将证明我说的并非毫无根据（"霍"指亲王本人，"森"指著名骑兵专家森夫特·冯·皮尔萨赫将军）：

霍："即使是单兵训练不足的骑兵部队，只要按照腓特烈大帝的原则去指挥，也一定能在'集群'中发挥优势。"

森："恕我反对这个观点。"

霍："以缪拉为例，他的骑兵在单兵训练上不足平均水准，却有许多辉煌的胜利。"

森："缪拉并没有按照腓特烈大帝的原则指挥骑兵。他会组织深厚的大规模纵队，在移动中发动对目标的进攻。在这种队形里，骑兵不能随心所欲地改变战马的方向。另外，为了保持队形的紧密，缪拉的骑兵通常以

[①] 团队热情总比努力工作更加使人意气相投，这绝非玩笑话。

◎ 法国骑兵统帅缪拉（左一）在利伯特沃克维茨的骑兵战中险些被俘

快步发动攻击，这也和腓特烈的原则不符。"

霍："士兵的确没法控制自己的战马。我的叔叔在利伯特沃克维茨（Libertwolkwitz）①指挥一个旅迎战缪拉的密集冲锋，他告诉我，他的坐骑不听指挥（他自己的战马被打死，刚刚换上另一匹马），带着他冲向缪拉的部队，并在十步的距离外与法军擦身而过。敌人的骑兵咒骂着向他攻击，但是没有一个能驾驭坐骑到他身边的，他们一旦选定了方向，就只能以纵深的大规模队列杂乱无序地猛冲过去。虽然缪拉的骑兵以快步开始进攻，却自发地或者说不由自主地演变为全速奔跑。他们的队形也没有保持紧密，至少没有维持住秩序，我叔叔形容他们是一群亡命的暴徒。"

森："你提到的失控的冲锋，最后的结果如何？他们穿过了俄军的几个炮兵连，然后遭遇数个联军骑兵团的冲锋反击，后者虽然面临数量上的巨大劣势，却一下子赶跑了他们。"

---

① 1813年9月15日，发生在莱比锡的战役（译者按：这场战斗实际发生于10月14日，莱比锡会战前夕，法军与联军的先头骑兵数次交锋，是历史上规模最大的骑兵冲突）。

霍："可是在哈格尔斯贝格（Hagelsberg）①和马维茨的指挥下，尽管是刚刚征募的骑兵，战马也未经训练、缺乏纪律，却赢得了胜利。"

森："马维茨刚刚征募的骑兵部队里，有许多经过良好训练的能干老兵。但首次冲锋就因失去控制而无法继续作战的骑兵是无用的。冯·俾斯麦上校不敢让他们再冲锋第二次，他说：'他们太容易分散了。至于我是否应该重新评估某个人，那是另一回事。我担不起责任……'我倾向于认为骑兵失控了，只是碰巧跑对了方向。"

霍："你的批判会不会太过激了？"

森："也许我整体上表达得太激烈了。但是，我要举一个例子：六个团组成的某骑兵师被打败，同一编制的另一个师前去解救。由于一次失误，前者在混乱中全速冲向了后者，导致两个师都在慌乱中失去控制。"

霍："我得说，我不记得在军事史上发生过十二个骑兵团集体失控的战例。"

森："大概没有。这个战例发生于友军在和平时期的演习中，也就是说根本不存在敌军。"

霍："他们该庆幸这没有发生在战争中，不然两个师都会被斥为懦夫，蒙受耻辱。"

森："但他们或许并不怯懦。容易失控的骑兵部队，不管多么勇敢都有可能失去控制。我说过失控的方向是无关紧要的，你现在觉得如何？"②

后文会详细讲述马维茨的骑兵。值得一提的是，法国的历史学家聪明地粉饰了叙述的方式，以至于多年之后，利伯特沃尔克维茨之战③的骑兵集群指

---

① 译注：1813年8月27日，法军吉拉德师在马格德堡附近的哈格尔斯贝格高地附近，遭到希施菲尔德指挥的普鲁士民兵的攻击，被迫退回马格德堡。马维茨于此役指挥预备旅，冯·俾斯麦是骑兵总指挥。

② 《关于骑兵的对话》，克拉夫特·冯·霍恩洛厄-英格尔芬根亲王著，莫德、赖克曼译，1895年由凯利赫公司出版于伦敦。

③ 见伊夫林·伍德爵士的《骑兵的成就》。

挥还被我国军官奉为教科书，上述引文对其进行了无情的揭露。

既然法国人在战场上失败了，他们的骑兵战无疑就不值得效仿。

下文选自普鲁士骑兵上尉甘曹格（Ganzauge）的日记，转引于米切尔将军的著作，生动地描绘了骑兵指挥方式的反例：

当我军（顿河哥萨克）试图击退先头的部队时，一支人数远超我军的骑兵部队从镇上急促地赶来，并在我军的前方整队，组成了中队纵队，在散兵败退以后，我军面前只剩下这支密集的队伍。哥萨克难以与大规模的部队交锋，发起攻击的风险是显而易见的。但在本能与命令的驱使下，他们发起了攻击。法军以短促的快步迎击，或许是担心俄国人冲入中队之间的间隙，他们收拢了间距，以这一队形直接插入了我军阵线的中央。哥萨克们立即散开，向敌军纵队的侧翼和后方发起猛攻；法国人发现前方没有敌人，很快停止了前进。与此同时，顿河的勇士们仍然在向人群开火，并用长矛刺穿侧翼的队列。

法军在这时彻底陷入混乱，无力进行任何阵型的变换，而哥萨克无法以紧密的秩序行动。哥萨克们完全没想到，眼前混乱的人群竟然被这次大胆的袭击驱散了。法军的侧翼队列朝外，后方的队列已经往右去了。整个队伍抄起他们的卡宾枪，整齐而无杀伤力的射击持续了半小时。最后，几支步兵纵队的先头部队带着炮兵赶来，几发炮弹就解救了窘境中的法国骑兵；一大群哥萨克骑兵消失得无影无踪。这场战斗完美地证明，由于缺乏机动技巧和战斗本能，法国骑兵习惯集结纵队。正规骑兵在良好、英勇的指挥下，以其三分之一的人数即能轻松击退三个团的哥萨克。这场战斗也证明，哥萨克骑兵完全不适合发动猛烈冲击，他们松散的队形和不合常规的战斗方式鲜有收效。

一个月后，发生了一起更加有启发性的战例，反映了法军对于马上射击的依赖：

当哥萨克正在列队的时候，法军也完成了移动。他们在后方留下一支极少的预备队，

◎ 在马上举枪射击的法国龙骑兵形象

整支部队组成一列紧密如墙的横队。哥萨克杀向了这支笨拙的骑兵队伍，但遭到卡宾枪火力的猛烈还击，法军连马刀都没有拔。俄国人起初在火力之下崩溃，又组织起第二波攻势，敌军将一切都看在了眼里。我料想将遭到攻击，但是我错了。法国人只是转向外侧，在中队之间拉开必要的间距，达到这个目的后，又转向前方。我猜测，这次变阵是为了防止侧翼包抄——哥萨克骑兵惯用的作战方法。哥萨克们被严令禁止在火力下退缩，军官们来到队伍后方，他们得到了砍杀临阵退缩者的命令。在正面进攻的同时，还有几个中队负责包抄侧翼。这些命令得到了准确的执行。哥萨克骑兵冲向法军，包围了他们的中队；我看到拿着卡宾枪向我军开火的龙骑兵们，来不及拔剑就被驱散或砍杀。起初，法军停在原地，奋力抵抗着运动中的敌军。但当几个中队转身逃跑时，其他人也跟着一起溃败。预备队也没有支援，加入了逃跑的队伍，四散的骑兵很快遍布原野。没有半个中队是在一起的。这是一场彻底的追杀，大多数人落下马来沦为战俘。法军的战败完全归咎于机动力不足，以及由此对自身本领的不信赖。

另一个值得引用的例子，记载了机动力强的骑兵如何打击哥萨克。叙述者相同：

我军大意地追击着前方的法军，在接近几座小丘时，一个被地势挡住的猎骑兵团出现了。幸运的是，他们以中队为单位排成纵队，只是以快步进攻过来，被我军轻易地避开了。战斗伊始，哥萨克的指挥官把半数士兵留在后方作为预备队——这一部署又阻挡了法国人。当第二阵线加入我军的队列后，法军立即停下进军，驱走了散兵，转身以快步撤退，一大群哥萨克骑兵紧追其后。追了一段距离后，另一支敌方骑兵以急促的快步向我军左翼袭来；看上去是阿尔萨斯骠骑兵的两个中队。我军指挥官分派出一支队伍迎击，留下右翼和中路与猎骑兵交战——后者再次停下，并重整了队形。随后，骠骑兵吹响冲锋号，先头部队的身后又有两个被遮挡住的中队从两翼杀出，他们变换为横队，整支队伍一枪未放，全速猛攻。两分钟之内，战场上就不剩一个哥萨克了。

在米切尔将军的书中，还有更多引人入胜的战例，限于篇幅不再引用，请读者们先看他的结论。他如此写道：

让我们回忆一下，这些骑兵排成纵队、以快步去进攻羸弱的部队（哥萨克），然后又聚拢在一起，试图用卡宾枪的火力击退之；面对同样的敌人，他们一再组成横队齐射，却忘记了身旁的马刀，只有撤退时才会想起马刺；拿破仑的这些快步冲锋、跑步撤退的士兵，有时就在他的眼皮底下

◎ 在滑铁卢会战之中，一名英军龙骑兵中士夺取了法国第四十五步兵团的鹰旗

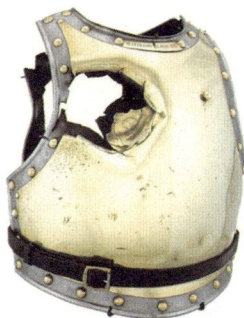

◎ 这副破损的胸甲是法国骑兵安托万·福沃在滑铁卢会战中所穿，一颗炮弹在当天打中了福沃的胸口，并夺去了他的性命

◎ 滑铁卢之战，法国元帅奈伊指挥法国骑兵发动冲锋

战斗，无疑是根据他的原则进行训练的，由此我们能窥见帝国军队里流行的骑兵战理念。

1900年，我军在演习中裁定骑兵胜负的规则，依然是基于这些骑兵部队的经验！

即使有足够的篇幅，也无须详细分析滑铁卢的骑兵行动。西伯恩在《滑铁卢信件》（Waterloo Letters）[1]中已经对整场战斗的脉络进行了清晰的整理。唯一值得注意的是，我军骑兵在冲锋中大多击破了敌军方阵——全速冲锋时攻无不克——法军骑兵却总在我军方阵前败退。一部分原因在于，位于山脊后坡的我军步兵损失相对较少，并等到敌军距离五六十步内才开始射击——在这一距离内褐贝司枪（Brown Bess）[2]的效果极佳，好比用十二铅径[3]步枪猎杀一头扑过来的猛虎。但我认为，法军的败因主要在于总是以快步发起冲锋。在这一问题上，默瑟（Mercer）的证词是决定性的[4]，大部分步兵的证词都暧昧不清，比如"法军以相当的狂热和坚决发起进攻"，未必证明法军在以密集队形跑步。

另一个佐证骑兵均未以密集队形跑步的证据是，双方骑兵在相互交锋中"穿过了彼此"，又从队列的另一边穿出。往往在撞上生力骑兵的密集队列后，其疯狂的进军才被阻止。

至于普鲁士骑兵在6月16和18日两天的战斗，布吕歇尔——他遭人记恨是众所周知的——撰写的报告称骑兵部队为懦夫，因而犯下众怒；曾有志愿骑兵旅的指挥官要求与他一对一决斗！

作为腓特烈大帝的信徒，马维茨深知那份报告想传达的信息。为了阐明

---

① 译注：威廉·西伯恩是以研究滑铁卢战役闻名的英国战史学者，他曾收集了滑铁卢战役中大量军官的书信，后由其子出版成书。

② 译注：指英军在18到19世纪初装备的前装滑膛枪。

③ 译注：约十八点五三毫米口径。

④ 译注：A.C.默瑟是滑铁卢会战中英军的骑炮兵上尉（名誉少校）。他在信件中写道："尽管面对我们的火力，骑兵纵队继续以快步前进，直到距离我们仅有一条小路的宽度，正当我们以为要被吞没时，几个先头中队突然转向，试图到后方去，混乱发生了，整支队伍变成了嘈杂的人群。"（西伯恩《滑铁卢信件》，第218页）

◎ 格布哈德·列博莱希特·冯·布吕歇尔

◎ 冯·德·马维茨

这个问题，他写作了一本短册子，透彻地分析了马上勇夫与骑兵战斗力之间的重要区别。

他提出的第一个问题："强大的骑兵部队需具备哪些要素？"第二个问题："当时的普军骑兵是否具备这些要素？"

第一个问题所提及的要素，既有精神上的，也有身体上的——优秀的步兵也需具备这些优点。但骑兵的情况更为复杂，因为他们取决于两种生物——骑手和战马的配合。精神要素包括士兵的个人勇气和整支队伍的集体精神。

身体要素包括肉体的健全和健康、战马和骑手配合的"马术"，以及整支部队在战斗中的机动力和精准性。

其他兵种经常引用布吕歇尔的报告，指责骑兵缺乏勇气。这一说法是站不住脚的，骑兵与步兵的兵源来自同一阶层，所有士兵都被同样地灌输了爱国主义思想和对复仇的渴望，却没有人质疑步兵的勇气。勇士都加入了步兵，只有懦夫选择了骑兵——显然是荒唐的论断。

骑兵的失败来自更深层次的原因，在探讨其他问题时会重新阐述。

集体精神的美德，需要"团体"，即团体中的人来展现。在拥有集体精神的团体中，士兵信任他们的战友，又担心因不光彩的行为遭到孤立，从而迸发出个人勇气。相比个人的感受，集体对于荣誉和耻辱的感触更加深刻，正如过去两年（1813—1815年），每个人的心中都怀着牺牲自我、解放祖国的热切愿望，若是施以明智的手段，就能将其转化为势不可挡的精神力量。骑兵兵种是否有采取明智的手段呢？

军官是士兵们的代表，是一个团的传统——几乎可等同于集体精神——的真正支柱。如果集体精神在军官阶层中消亡，更不可能在士兵中存续，除非以一种扭曲的形式——这会对军官产生负面影响，造成排他意识和自大心理的抬头，导致执行命令的过程中产生摩擦，使指挥官难堪。

因此，军中必须有足够数量的军官，才能在士兵之间播下集体精神的种子，让每个人服从多数人的意见。如果一个团里只有十几个军官，团内很难有健康的集体精神。

应该指出，作者并不认同臃肿的军官团队，比如印度参谋团、皇家炮兵团和皇家工程兵。他理想的军官数不超过四十至六十名——这一意见透露出作者的扎实学识，令人感叹其经验之丰富；在我军的骠骑兵、龙骑兵和枪骑兵中，军官数量呈增长趋势也是出于以上原因。我希望扩充能更快些，我军骑兵极其缺乏军官，这导致下级军官的半数不光彩事迹及团内大部分的铺张浪费问题。

至于团传统的丢失，我曾在皇家三军防务研究所图书馆亲身经历过一个案例。某一天，在我外出用午餐时，一名退役的上校找到柜台的员工——一位值得尊敬的老卫戍炮兵，希望查阅自己的团史。他自称曾指挥某骠骑兵团，但员工却找不到相应的资料，最终上校在暴怒中离去。我回来以后，发现我的员工惴惴不安。在员工告知我来访者的姓名后我才发现那是我的熟人，于是我从书架上取下某轻龙骑兵团的团史查阅这位上校的履历，发现该团在他入职之前三年才被改编为骠骑兵。他虽然曾短暂出任指挥官，却对团史不熟悉，以致完全不知道这场剧变。在这间杂乱的屋子里堆满了著名的旧团史资料，书中甚至还有几幅身着旧军服的精美人像，但他显然没有注意到军服的变化。

回到冯·德·马维茨的著作：

军官必须长期归属于同一个团，才会将团视为家庭。集体精神会避免滋生自私情绪，如果士兵们长期共同生活，就不会出于一己之私，斩断与军官兄弟间的情谊。倘若军官被频繁调换，没有时间建立情谊，集体精神就会被毁灭。这或许会唤醒士兵成为指挥官的野心，但他想指挥的团在精神上已不复存在。

坚持这些原则对新建的军队尤为重要，正如在此前的战争（1813—1815年）中，我军没有时间培养士兵之间的集体精神，只有军官中存在该精神。

对于士兵来说，实现这些原则需要更强大的团。相比从上校到鼓手都是新人的弱团，应该以骨干老兵为基础扩充，继承番号和旗帜，组建少而精的强团。

我军骑兵团的军官太少，只有二十三人，还经常达不到这个数字。他们的调动过于频繁。尤其是在上一次战役打响前，所有团的指挥官都遭到调换。

各骑兵团原先就很薄弱，为了组建新团，却要从每个团里抽出一个中队，再把四个中队拼成一个团，在大敌当前的节骨眼上，这是最为愚蠢的做法。

因此，在构成集体精神的所有要素中，上次踏上战场的普鲁士骑兵不可能拥有任何一项。普军骑兵的个人勇气和热情不亚于任何军队，但他们的精神品质不足以有效地整合这些素质——那样才能使团和中队成为指挥官的可靠工具。

然后是身体上的要求，首先是骑手和战马——作为一个不可分离的单位的健全和健康，我军的大多数战马健康状况不佳。经过1812年战争，所剩不多的合适马匹不是死在俄罗斯，就是过度疲累而无法工作。为了重建骑兵部队，我军只好征募数目庞大的马匹，由于补给不足，甚至缺少筛选的时间，只能照单全收：老迈的骑乘马、拉车挽马、驮货的马，无论法国人留下什么，新兵都只能骑上去。他们不懂得在强壮的部位用力，在柔弱的部位收力，以保护自己的坐骑。在两场仓促的战役①中——第二场战役

---

① 译注：指1813年，拿破仑与反法同盟的春季战役（4月—5月）和秋季战役（8月—11月），起初交战双方主要是法国对阵普鲁士、俄国，在两次战役之间长达数月的调停和谈之后，奥地利也加入反法同盟。

持续到冬天——幸存的战马几乎全毁掉了前掌，前躯僵硬得无法挽救，无法再作为骑兵的战马。无论如何，在几个月的短暂和平期内，我军仅补充了比例相当低的新马，以极其不利的健康状态踏上战场。

判断骑手与坐骑的组合效能的标准相当低：骑手能否让坐骑以任何要求的步伐速度，从任意方向跨越任何地形，并在任何情况下有效地用武器对抗敌人。达成这些目标的技术被定义为马术——一方面，发挥骑手的优势；另一方面，锻炼坐骑的强壮部位，保护薄弱部位，以充分地发挥其力量。

不经调教的马是无用的，它无法完成上述目标。不会驾驭坐骑的骑手，只有不幸屈服于怯懦而危险的野兽，听凭它们横冲直撞。

近年来，马术在我军的骑兵中几乎绝迹。战马不再受骑手的驾驭。命令跑步时脱离缰绳，要求停止的时候又改变方向。原因在于，马匹不理解骑手腿部挤压的含义。要求离开队伍或者超过其他马时，它们或是不听指令，或是撞到其他马；简而言之，马遵循粗野的直觉而非骑手的意志。坐上这种野兽的年轻士兵可谓令人同情，他们还不懂驾驭的方法，只能听任马匹情绪的摆布，不得不使出浑身力气，拉拽可怜牲畜的嘴巴，用马刺踢它，最终让马比人更绝望。这些扶助（aid）[1]方式完全是错误的，非但无法调教马，还会加剧其反抗。当一名士兵用尽全力才控制住马，连前进方向都弄不清的时候，绝对无法正确地使用武器。因此，他作为骑兵是无用的。而我军的骑兵普遍存在这种情况，并非是说人人都无药可救——这是不可能的，如果所有人都如此，改革便失去了希望；但我认为大部分人都是如此。虽然各团的水准有异，但在整体上半斤八两。作为资历丰富的老军官，我认为马术已在军中消失殆尽，几乎没有年轻军官懂得如何从零开始训练战马和骑手。如果现状继续维持，随着年长的中队指挥官们离世，这项技术终将失传。

---

[1] 译注：马术术语，指骑手为了使马匹听从自己指令，而借助缰绳、马刺等进行诱导驱策的方法。

我军骑兵开始衰落之后，有一种新的观点悄然蔓延开，或许其本身就是衰落的根源。该观点声称，"马术对骑兵是无用的，只需要勇气、战马颈上的缰绳以及一对锋利的马刺，就能够摧毁敌军。"

这一观点完全否定了骑兵教学：当恐惧蒙蔽战马的双眼，而敌人近在眼前时，一个不会骑马的人只要松开缰绳、踢打马刺，就能驱使战马冲入敌阵；即使战马一直待在马厩里，吃得大腹便便，照样能放心逃脱。而真实情景与此完全不同——尤其是经历长途行军后，浑身疲惫地迎战敌军时，战马从来不会径直冲过去，它们总会走弧形路线试图逃避，直到面朝昨夜的营地。参与过对敌冲锋的人肯定明白，没有一匹马喜欢碰撞，它们都想停下避让。要发起一次成功的冲锋，必须迫使战马保持路线方向。法国人也是差劲的骑手，为了阻止难以避免的这一趋势，他们排成紧密的队列，迫使战马无法转身，并且前进速度缓慢，以防止队列散开。

否定马术者的论据在于，法国骑兵尽管骑术拙劣，有时却能打胜仗。他们看不到法军采取的对策，仅凭几个孤例而不花功夫考据细节，就生造出一个理论。

许多士兵承认自己缺乏某些技艺的造诣，比如舞蹈、击剑、游泳。而奇怪的是，从没有人承认自己不会骑马。有人辩称自己并非正规的骑手，标准的骑术（马术）并不重要，只要能到达目的地且不会落马即可。人们知道，如果没有谨慎地避免夹在战友之间的风险，每天会落马无数次。在指挥坐骑运动时，这种人的腿部位置明显错误，完全听任坐骑的摆布；利用扶助工具下达前进命令时，如果坐骑没有在原地站稳，他们就认为它粗野不驯而将其否决；经过几次失败后，或许找到了三四匹安静又耐心的马，能容忍他们在背上为所欲为，于是他们自觉学会骑马，并且怡然自得——或许不是以骑兵要求的方式，但他们已经会骑马了。这种人忘记了一件事：骑兵无法自由选择战马，只能接受分配到的战马。他们没法规避落马的可能性，却必须随时准备跨上分配的战马前往命令的地点。

综上所述，我军骑兵的衰落原因显然有两点：第一，战马未经训练，抑或在服役中劳损；第二，我们的士兵不会骑马。

一支无法激烈冲击、敏捷移动的骑兵部队是无用的，还不如把开销全花费在步兵身上。

我军的骑兵无法进行任何一种战斗：既不能四处侦察，也不会密集冲锋。

以上就是当年资历最丰富的骑兵指挥官的思想精华。虽然在当时无人响应，但是毫不过分地说，没有他留下的这部日记，就没有普鲁士骑兵的重生。正是他对于过去的记录，才给后人开拓了未来的可能性。

我之所以用如此多的篇幅讲述这部作品，是因为作者所说的每个字，只需轻微地修改就可以应用于现在的我军骑兵。今后我还会涉及这一话题，在这里仅指出：我军复兴的潜力远远胜过当年的普鲁士骑兵。只要让全军共同承担责任①，让每名骑兵尉官从年轻时起就以优秀中队为荣，正如海军的年轻尉官以优秀的鱼雷驱逐舰为荣那样，自然会将问题解决，无须增加纳税人的负担。

---

① 在写下这些文字的几天之后，发布了明确将这些责任赋予中队指挥官的军令，距离我首次提出该问题已经过了十七年。

普鲁士骑兵的复兴

　　从前一章可以得出结论：1815年后，普鲁士骑兵的前景一片惨淡。相比引文中马维茨的描绘，实际情况可谓有过之而无不及。

　　世上最难的任务便是要说服一名久经军旅的老兵，告诉他个人经验和机遇不足以弥补头脑的匮乏，亦无法凌驾于成千上万的先辈所积累的经验。这在任何一支军队中都非易事，对当时的普鲁士而言更是难上加难。年轻的一代自认为已经摆脱了那场灾难，他们将惨败归咎于前辈的无能。连德意志最深沉的思想家克劳塞维茨也走入歧途：在这一时期他的大多数作品明显地不尽人意。

◎ 1815年战役之后，克劳塞维茨出任普鲁士战争学院的校长

◎ 沙恩霍斯特主持了耶拿会战之后的普军改革

误区源于克劳塞维茨这代人普遍对失败的旧体系抱有厌恶的情感，从而无法认清失败的深层原因。他们把责任归咎于军队表面，不去考虑技术因素，而后者才是国家遭遇倾覆与厄运的最大原因。

如果沙恩霍斯特仍然在世，凭借其天才的洞察力，或许能遏制这股长期阻碍进步的谬论风潮。但随着他在1813年早逝，其约束力便丧失了。挖掘被遗忘的历史、恢复骑兵在塞德利茨时代无可置疑的重要地位，这些事只能交由现在这辈人来做。

参谋学院（Staff College）的学生一定会记得，在小图书馆里有一大箱书，是已故的皇家炮兵将领米切尔（本书中多次引用他的著作）遗赠的。在箱子左边的角落里，有一排鲜有人问津的红绸带文卷。那是一批陈旧的德意志军事论文，其中的宝贵资料记载了热衷于军事发展的人们关于新旧学派长达二十年的争论。根据此类不为人所知的史料，我将试图复原滑铁卢战役后三十年里普鲁士骑兵的全貌。

首先，人们必须明白在激情岁月之后接踵而至的，将是彻底的枯竭与倦怠。在1814年的德意志王公会议上，米夫林的箴言便有暗示："宽恕所有罪人，让世间不再有地狱。"不过，这番幻梦不久即被拿破仑逃离厄尔巴岛的消息打破。

滑铁卢战役后，祸害欧洲的恶魔终被击败，人们期盼已久的安逸年代终于来临了。军官们厌倦了战争，他们还有损毁的庄园需要倾心经营。只有失去财产的军官才和士兵一起留在了军事岗位上。

诚然，过多的财富不利于骑兵的效率：他们会铺张浪费乃至购置每匹五百几尼（guineas）①的赛马。但更糟糕的是，贫困使普鲁士军官饱受煎熬。就像在印度，骑兵中队分散在饲料最廉价的区域。尉官们不得不过着拮据的生活，这种拮据的生活令人麻木，唯有顽强的意志才能忍受。

竞争在单调乏味中毁灭，人们只会去啤酒馆子打发时间。作家冯·温特

---

① 译注：英国旧时货币单位，一几尼价值二十一先令，现值一点零五镑。目前有些商品结算，如马匹买卖仍然用几尼计算。

费尔特（Von Winterfeldt）著有几则军事短篇小说，描写了骑兵中队里的祖父孙三代军官以及随之产生的闹剧，从中能够一窥时人的生活状态——于军史学家而言，它与屠格涅夫、果戈理笔下俄罗斯人的生活同样有趣。在小说中，每当身居高位的检察官出现在附近，驻区的"警报"就会及时通风报信，士兵和军官们闻讯回到临时营房里备马（以团为单位的马厩在当时还很少见），准备赶在军号的最后一个音符前露面，之后照例是阿谀奉承的报告。机敏的军官都荒废在倦怠中，"真正的警报会被拉响吗？"大约二十年前，我们中有多少人经历过类似的岁月，又有多少人起来反抗过现状？

在那个无比悲哀的时代，《飞叶报》（The Fliegende Blätter）[①]的幽默成了一剂调味料。在一张讽刺画里，一位老上校发现整个团的士兵通通翘掉操练课而跑去打野猪了，他埋怨道："唉，他们本应该叫上我的。"另一幅画里，精疲力竭的老农在给下级尉官指点布哨的位置，抱怨着二十年来他们都是这样做的。上述作品中反映出的纪律和效率，都与我们现今对普鲁士骑兵的印象大相径庭。

只有了解上述事实后，才能准确理解短期兵役体系中的革新原则。变革是以如下形式开始的。

每个人都必须服兵役。热忱和聪慧的军官把不遗余力地工作视作唯一的救赎，他们与士兵一起生活、以马背为床，并发现在把握军事细节方面，个人努力的作用是有限的。军队内有成群的新马，在缺少驯马师的情况下，他们仍将骑乘的技术复兴至艺术的境界。虽然有大批新兵入伍，又缺乏可靠的军士，他们依然掌握了军事教学的艺术。普鲁士人自力更生，复兴了腓特烈大帝时代骑兵军官的原则：在单位的效能上，中队指挥官直接向国王负责。

因为不得不节约每一颗谷粒，军官们必须了解每匹马的胃口，以便精确地分配食物，也意味着要对马厩管理倾心尽力。由于晋升速度缓慢，他们有充足的时间谙熟此道。

这些条件培养出了过去三十年普鲁士骑兵复兴所依仗的人才，其中佼佼

---

① 译注：1845年到1944年期间在德国出版发行的讽刺周报。

◎ 冯·罗森贝格在年轻时是汉诺威的第十三枪骑兵团的一名上尉，他一生参与过五百八十四场赛马，赢得其中一百八十四次胜利

◎ 位于汉诺威新布尔特赛马场内的罗森贝格纪念碑

者包括冯·施密特、冯·罗森贝格[1]、冯·克罗西克（von Krosig）等人。

冯·施密特将军在我国军官中享有盛名，几乎无人不知，他的著作已被译成英文。应当指出的是，他本质上是一名教官，虽然他也强调战马应对骑手的"无条件服从"，但从未提及如何实现。

冯·罗森贝格更像是一位天生的骑手[2]，他训练战马和新兵的技巧特别值得关注。担任中队指挥官和骑兵团上校期间，罗森贝格会亲自处理细致的工作，无愧于获得的非凡成功。他还批判并剖析了旧骑术教学，其观点收录在一本小册子中，标题可粗略译为《骑术与新兵训练的窍门》。我手中的副本不巧未标注日期，不过根据字里行间推测，罗森贝格的观点大致形成于19世纪50年代初，即他的尉官时代。

罗森贝格在著作的开头将骑手划分为两类：被动型（passive）与主动型（active）。出色的被动型骑手骑乘稳健，双膝紧贴鞍座，握缰轻柔，能通过拉紧一侧的缰绳或是单腿夹紧命令坐骑，也能恰当地利用身体重心的改变——

---

① 译注：海因里希·冯·罗森贝格（Heinrich von Rosenberg，1833—1900年）创立了汉诺威赛马协会的雏形，被视为"德国军官马术运动之父"。

② 他是欧洲最好的障碍越野赛骑手之一。

向任意一侧或者向后——让马转向或停步。优秀的主动型骑手则运用身体重心、双腿和位于两侧的缰绳去征服马匹，确保马匹完全服从自己的意愿。

从被动式骑乘切换到主动式骑乘的时机很难界定，最佳的判断方式是同时观察骑手和马匹。举个例子或许更容易理解：优秀的赛马骑师通常会用被动式骑乘，直到冲刺阶段他们才会稳稳坐下，用马刺和马鞭控制赛马的腿脚，确保马匹发挥出它的极限力量。

我们的年轻军官里，有许多优秀的被动型骑手能稳稳地跃过障碍，但马匹一旦开始挣扎，他们就不知所措。

最好的解决方式是继续"坐着不动"。而骑手总是背道而行，效仿熟练的主动型骑手去刺激、鞭策马匹，这种行为反而导致坐骑惊慌失措、不听命令。相比前者，如果骑手选择集中精力坐稳，能提前两个身位抵达裁判台。

在骑术学校中也是如此。不自量力挑战主动式骑乘的人，也许能完成"肩内转"（shoulderin）或者"高级快步"（passage）的动作，远远看去像模像样，但实际上马匹并未充分屈挠（bent）或驯服——简而言之，这只是"障眼法"。

驯服一头执拗的牲畜，也要用到主动式骑乘中的"惩罚"……救回一匹失蹄的马儿，则属于被动式骑手的本领。若要用轻柔的骑乘驯服一匹烈马，则两种骑乘方式都需要。如前文所述，明确的切换时机是难以界定的。很少有人能成为真正出色的主动型骑手——幸而这并非必备的技术。只要有一匹性情温顺或是经由专业人士训练的马，一般的市民或军官都能成为合格的被动型骑手。

我们在骑术教学中常犯一个错误：苛求士兵精通他们未曾学过的主动式骑乘。士兵的骑术日渐退步，且用蛮力取代技巧，谁该为这一切负责？我认为，急功近利的教官负有主要责任。教官最初应当教好士兵被动式骑乘，之后再择优实行进阶教学。

起初，战马配备鞍垫（numnah）、肚带和口衔缰绳。新兵在马背上学的第一件事，就是把体重均匀分配在骨盆（连接股骨的）髋关节之间，并在上述前提下，尽量把大腿向后收。大腿和膝盖内侧轻抵于马身，不

◎ 军事骑坐姿势范例

◎ 新入伍的骑兵练习骑马

要感觉自己坐在上面，骑手应坐于骑坐位置上。膝盖内侧虽然贴近马匹，但不要挤压它；小腿呈自然下垂状态；在这一阶段，不允许新兵试图夹紧腿肚；脚尖在初学时可下垂。身体仪态并无特别的规定，士兵可以尽量保持让自己舒服的姿势。在练习快步时，新兵的身体要随着坐骑的步度（stride）起伏。跑步训练中，马匹保持快步以上的步调，骑手的膝盖、大腿内侧和臀部贴紧马身。骑手的仪态整体自然而放松，后腰内收，故随着马匹的步度能感觉到臀部和马背的前冲力；躯干的上部用于保持骑姿的放松；总而言之，在初学阶段新兵可以后倾身体、放松肌肉。握缰方式参照章典，教官必须让新兵学会放松，用力均匀地拉马嘴，不要猛拉或勒马。为了掌握正确的感觉，保持手臂和肩关节放松是至关重要的。

新兵在头几天的训练里积累些许自信之后，应当每天练习跳小障碍十次以上。为保护马匹，障碍高度定为八英寸即可。在六周以内——经验证明这个时间足矣——学会在跳小障碍时保持前文所述的坐姿：在跳跃的瞬间不依靠小腿支撑，而是凭膝盖内侧紧贴马身。下一步是教会骑手在鞍垫上停止和转向。骑手在命令停止时，落重心于两坐骨，上身后倾并轻拉缰绳以扶助马匹。转向时，将身体重心向内方[1]坐骨一侧倾斜，

---

①译注：马匹转弯时靠里的一侧称为内方，靠外的一侧为外方。

双手轻轻引导方向。新兵的肌肉会迅速适应新技巧。一旦火候成熟，每天至少应有两小时骑在马上。单次骑乘时间越长，越能保护马匹，练习停止和下指令的时间也越充裕。教官应避免泛泛而谈，要向每名新兵清晰、完整地描述每一种感觉，必要的时候需要亲自演示，并通过提问确认士兵是否理解。不要让新兵坠马，不得已时可教他们抓住马鬃。教官绝不能失去耐心，否则只会让士兵感到焦虑，从而导致身体僵硬，这可能是骑术进步中最大的阻碍。

应该给战马剃毛[①]，士兵可以因此省去梳毛的工夫。剃毛的马同样吃冬饲料，还能比未剃毛的马干更多的活。最初六周中骑乘三百七十五英里的新兵，相比仅仅骑了二百五十英里的战友，学到的东西当然更多。在马儿状态允许的前提下，新兵应尽量多练习快步和跑步。相比快步，跑步和跳跃的训练能让新兵更好地感受放松的正确坐姿。教官褒奖要果断，激发士兵的竞争情绪以激励他们，要让士兵在骑马时感到快乐。心怀抵触的骑手或许会被迫入伍，但是永远不能掌握冲刺和"感觉"。

罗森贝格总是使用"感觉"这个词，表示双手的动作以及对马匹动作准确的、近乎直觉上的感观。只有掌握了这种"感觉"，才能成为真正的骑手。但我在英语中并未找到与之对应的词。

从训练的第一天起，教官就应该竭力为教学带入冲刺的气氛，同时尽力避免不必要的坠马以防折损士兵的勇气。只要保证训练的安全，新兵就会对跳小障碍情有独钟，每天都期盼更多的练习。教官可以鼓励佼佼者加练，劝阻技术稍逊者，以防他们伤到自己。新兵之间会迅速萌发竞争心，主动要求挑战更大的障碍；如此日益月滋，就有可能开发他们的潜能。在该阶段的训练中，膝盖始终保持紧贴，然后是学会利用腿肚——这一点至关重要，能巩固骑手对放松骑坐的学习。只有学会这个技巧，才能正确利用胫部。不然，新兵很快就会勾紧小腿，无法在马背上自如地活动四肢，往后也不能学会扶助的正确使用。一个在鞍垫上被教坏的新兵，在马镫的

---

① 德意志的新兵训练总在冬季进行。

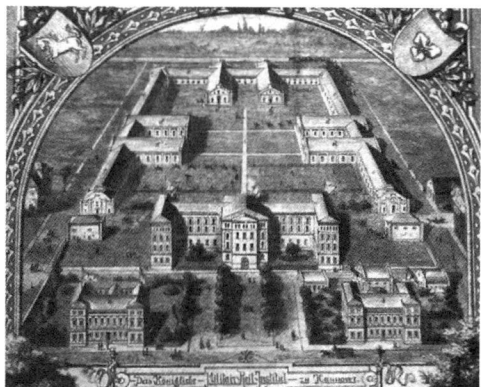
◎ 普鲁士的军事马术学院，1866年起由柏林搬迁至汉诺威

学习中要走许多弯路。他们不是紧紧地钩起小腿使马镫不断地滑落，就是把它们当作支撑点。原因在于他们从未掌握放松的骑坐姿势，没有这种认识的士兵是永远不能真正学会骑马的。学校里的骑手过多地用胯部骑坐，以此更好地利用胫部，就这个目的而言并没有错。他们不需要保持平衡的扶助，因为这只有在他们极少使用的"放松骑坐"中使用，而且他们从不越野骑马。要是偶然碰上复杂的地形，他们就会变得缩手缩脚，不让马匹放开行动，因为在训练中只教过用缰绳操纵战马。实际上，只有骑手适当调整重心，才是防止战马失蹄的唯一方法。

赛马骑师站上马镫，膝盖紧贴而不挤压鞍垫，臀部离开马鞍。通过这种姿势，骑师和坐骑都充分地节约了体力。但是该姿势基本上只适合平地，在军事训练中并没有价值。在我军的骑兵中，优秀越野骑手的骑姿正如前文所述，赛马骑师坐下冲刺时也使用同样的姿势。最糟糕的骑姿可能是：骑手在马匹跑步时，身体随着坐骑的步度抛几掌高。骑手和坐骑对此都不能坚持很久。就算一头牲畜拥有牛的脾性，在骑手身下也会摇晃起来，任何跑步间的队形变换都无法准确进行了。但在我军的骑手甚至是我们的障碍越野赛骑手中，这样的骑姿都太常见了。这完全应归咎于不当的基础训练。

令人扼腕的是，塞德利茨在新兵训练上留下的技巧寥寥无几。唯一确凿的是，他在特雷布内茨（Trebnetsz）和奥劳（Ohlau）担任中队指挥官，尔后成为一个团的上校时，曾经用障碍物把操练场和马场围起来，所有士兵只有越过它们才能出入。

在这里应补充一下，罗森贝格的观点已经为一些人所瞩目。霍恩洛厄在

175

《关于骑兵的对话》中的部分观点，就与他完全一致。

接下来，要对一部曾经享誉德国的骑术著作进行有趣的批评，其作者是冯·埃尔蓬斯（von Elpons）。他的骑术风格培育了德意志的老一辈骑兵；尔后在1864年至1876年间，前有腓特烈·卡尔亲王[①]，后有施密特、罗森贝格等人鸣鼓而攻之。正因为这部著作，我才不顾英国战术权威之反对，坚持如下论点：衡量德国骑兵在1900年的实力，不能以1870年他们在法国的战绩为依据。因为他们当时才摆脱旧式骑兵训练的阴影。许多学生向冯·埃尔蓬斯抱怨："普鲁士的骑术条例实在太难理解！"后者如此评论道："这些话往往带着无可奈何的服从，总能让我暗中窃喜。"无疑在他眼中，军事训练的目标并不是给予光明和引导，而是传播黑暗与晦涩。这是军事科学史上的一种典型训练办法：深谙自身无知的人，想方设法地遮而掩之。这种人的处世哲学如同墨鱼，喷出墨汁来蒙骗追赶者。英国观察家经常批评德军夸张的胯部骑坐（forkseat），即源于埃尔蓬斯的训练；当然，匈牙利鞍的形状也是造成这种姿势的部分原因：其鞍架的周身装满软垫和枕垫，提高了骑手的舒适度，却让战马增加了负重。罗森贝格对胯部骑坐的批判可谓一针见血：这种姿势彻底破坏了骑手上半身的平衡感。仅次于骑坐姿势的重要技巧当属正确地控制缰绳。

过去的骑术教学总是强调，控制缰绳时手臂与肩关节保持不动，手腕向内屈；换言之，即不允许手臂和肩关节移动，手背与手腕成直角，所有的动作只靠翻转手腕完成。尽管这一理念在学校行得通，但很难理解它为何会被纳入军事训练。不可思议的是，旧例竟然沿用至今。士兵在入学以后，除非遇上学校检阅，不然谁会异想天开真去实践教学内容？根本没人看得懂那四行翻转手腕的动作要领，也没人能实践，更别提在训练中上衔铁（bit）了。士兵翻转手腕是服从于明确的指令，但战马的动作并不是服从于手腕的翻转，而是士兵在无意识中使用的其他扶助。我们教官欺瞒士兵，士兵也欺瞒我们。宝贵冬季时光的努力完全付诸东流，马和人自找气

---

① 译注：指普鲁士亲王腓特烈·卡尔（Prince Friedrich Karl of Prussia，1828—1885年），为普鲁士国王腓特烈·威廉三世之孙、德意志帝国皇帝威廉一世之侄。其在普奥战争、普法战争中大放异彩，有"血亲王"之称。

受、徒费口舌，全为了一出无人在意的老套"骗人把戏"（原话如此）。从学校毕业的那一天起，他们的骑兵教育才真正开始。最简单和自然且便于理解的握缰方式如下所述："缰绳轻柔、均匀而稳定地经衔铁施力于马嘴。马匹有可能抗拒骑手的扶助指挥，故忌猛拉。让牲畜的脑袋自由摇晃，放松肩关节和手臂，服从它的每一个动作。它会很快发觉无法摆脱这一均匀的力，脑袋就变得老实下来。但由于马的颈肌比人的手臂强壮得多，马匹能轻易地反抗指挥，叫骑手屈服于自己的行动。如果战马察觉到凭蛮力就可以自行其道，那么前几周就白忙活了，只好从头再来。"

罗森贝格将军竭力主张：转弯时应该向内方倾斜身体重心，不要扯内方缰①，而是双手朝指定的方向拉缰绳，外方缰的压力已经足以实现目标。他说：

> 观察在战斗前线转弯的中队，或是两个训练马上格斗的士兵，人们就会发现：没有一个军人会拉紧内方的缰绳。既然如此，为什么要浪费先前的时间传授毫无实践价值的东西呢？

> 命令战马停下时，重点在于身体重心向后倾。类似地，要稳住失蹄的马匹，重心的作用占到九成，只有一成的影响来自缰绳。故遭遇复杂的地形时，拉紧缰绳的旧习惯是毫无意义的。战马的头部需要保持自由，若是它猛地向前探头，收紧的缰绳会把骑手向前拽，不等他恢复平衡，马就跌倒了。上下斜坡是一项很好的训练，能让骑手习惯自身的重心分布。教官不必一开始就劳神费力地教授严格的军事骑姿，那仅仅是一个表面形式，通过整齐划一的外观来展现军纪是它的唯一价值。士兵一旦学会了骑马，外观上的打磨自然不在话下了。过分拘泥于外观只会产生呆板的骑手：这些人拉着战马的衔铁控制可怜的牲畜，在马上如飞的姿态如同大鼓上的豌豆粒。可以想象，这样的骑手很难在前线长途奔袭，更没法发动冲锋，故而在他们身上花费时间很不值。新兵在鞍垫上的训练内容包括：稳定而放松的骑姿，正确地用缰绳引导及在转向、停止和攀登过程中平衡自身与马

---

① 译注：马术术语，指骑手所要去的那个方向的缰绳，与外方缰相对。

匹的步调。经验证明，如果骑手不能在六到八周内掌握上述内容，教官便失职了。

完成上述水平的训练后，新兵立即进阶至马鞍教学。保持原有的坐姿和平衡，并从此开始后收小腿，腓肌轻柔而稳定地抵在肚带后方。主要的难点在于，放松膝盖和踝关节及控制住马镫。马镫是为了给予骑手扶助与便利，如果镫革太长，骑手为了控制脚镫只好勉力前倾，从而无法坐稳；如果镫革太短，士兵的小腿无处可放，也会妨碍到骑坐。教官必须按照士兵的身材来调整镫革。"教士兵完全把脚置于镫中是无益的，应该着重注意放松膝关节的动作。如果士兵恰当地把脚踩在马镫里，列队行军、越过障碍都会变得更安全。"接下来，士兵要学习利用腿肚的压力，起初用在单侧，之后两侧并用；此时以单侧为主，以后训练新马也一样。奔跑训练中，尽量多练全速行军——时速十五英里的长途奔袭（当然是在野外）——直到骑手驾轻就熟，马匹也安分合拍[①]。在该阶段，亦可松开缰绳练习跑跳。骑手能因此充分掌握关键的放松骑坐，并明白在面对复杂的地形或障碍时，最好让马匹的头部放松。这些看似对普通新兵有些苛刻，但根据以往的经验，他们很快便能达到要求。不论如何，这是训练出合乎我军要求的骑兵的唯一良方，"如果一名骑兵在操场般平坦（实战中未曾一见）的地形上才能接近敌军，他还会有什么长进？"士兵们必须学习在快步中从马镫上起立的技术——用于行军队列和侦察。在大多必须绝对控制马匹的情况下，包括操练场以及复杂地形，都只能使用军事快步。

士兵在马鞍上如鱼得水，也学会了用口衔缰绳操纵马匹后，就要开始在练习中使用马嚼和武器装备。这里需要注意的是，应尽量保持放松，均等握缰的力度；使用武器劈砍和指挥时要从肩部发力，完全摆脱躯干的影响；注意放松肩关节。

骑手应该对战马具备哪些素质才能在战场上靠得住了然于心，尤为重要的是在任何地形上的绝对服从与安全：绝对服从，即马匹在任何情况下都按照

---

① 在这一点上，第十九骠骑兵团是我在英国见过的唯一能达到德国骑兵平均水平的团。

骑手命令的方向前进，骑手不必生拉硬拽，马匹就自觉随着骑手的腿、缰绳或重心的改变而变；复杂地形中的安全在一定程度上是练习的成果，也得益于骑手与战马合适的平衡。好的步调或许顺其自然，但是出色的骑手也能利用合适的平衡取得。适当的平衡要求体重均匀分布在马的四条腿上，以有效地防止马匹扭伤肌肉或提前冲刺。

我们不必赘述作者关于屈挠课程的所有论述。简而言之，他认为屈挠的教学是获取战马绝对服从的必要前提，但在屈挠和侧步的大部分教学中，应该只利用单腿的压力，这时外方的腿不施加压力。如果马匹试图疾步摆脱，放任它即可，很快它就会自行慢下来。

纯种马很难服从骑手腿部的压力，但是为了军事用途，所有战马都必须学会服从；一头骑手无法准确驾驭的牲畜，通常也不适合行伍。当战马懂得顺从骑手的腿后，接下来教它们"服从"。首先，骑手默然骑马走到某个障碍物前，可以预见马儿一定会拒绝前进。这时，骑手聚精会神地轻轻拉住缰绳，一旦牲畜想要转弯，就夹紧反方向的腿。要是它完全停住或是试图后退，就后倾身体并夹紧双腿，直到它决心前进为止。耐心与持久是最重要的，骑兵中队的每个人——包括刚入伍的新兵——都必须利用这些简单的扶助取得战马的服从，否则他在实战中就是无用的。

这个小技巧是有名的障碍越野赛骑手维拉莫维茨伯爵（Graf Wilamowitz）教给我的，当时他还是布里斯劳的一名年轻军官。一天晚上，他在食堂里说："要是我想在障碍越野赛里信任一匹马，它在开头一定得反抗我，不然我就把它牵出来，诱使它反抗，再强迫它服从。"这番话叫我印象深刻。当时，我的教官持相反的观点，认为骑手应当避免用如此激烈的方式驯马。后来我抓住机会单独与伯爵聊天，并请求他解释之前说的话，他也做了友好的解答。从他那里，我初次学到了轻柔握缰和利用小腿的意义。就好像在昏暗的夜空与汹涌的大海里，突然看到了远方灯塔的光明。回到驻地，我感觉自己发现了一个新世界。这段短暂的对话真是价值千金，我从中收获了很多乐趣！

正如前文提到的，罗森贝格很快成为全国最杰出的障碍越野赛骑手，收获了不计其数的胜利。我是从罗森贝格以前的学生——一名天赋异禀的英国赛马赢家口中初次听说他的理念的。他的建议让我获益匪浅，我记不清楚见过多少骑手在赛马中因为忽视这些技巧而落败。值得指出的是，如果一个骑手坐在现今的时髦鞍座上，是不可能正确使用这些技巧的。

当然，对马匹服从的要求也应该循序渐进地执行，不宜操之过急。为了阐明马匹的服从能到何种程度，再次引用原文：

> 在学校和操练场里没有天然的障碍物，人们可以用如下方法，骑马列成密集横队，让每匹战马依次出列，跳过没有翼墙的障碍物。一个士兵站在障碍物的后面，通过甩动鞭子、挥舞布块、鸣枪等方式，想方设法地恐吓马匹。所有的障碍物都不设翼墙。

我也问过罗森贝格的另一个学生，罗森贝格究竟能否让马匹的服从达到书里写的程度，其想象力与文笔是否言过其实？他向我保证说，书里没有一句夸大之词，团里的每匹马都确实达到了上述水准，而且罗森贝格还骑着它们穿过纸屏风且钻过火圈：

> 为了彻底让马匹服从，还有一点必不可少：在步调较快，尤其是跑步时，不让马匹抵在笼头上。

换言之，骑手无须拉拽、马匹也不会失控：

> 为了达到这种程度，士兵必须骑坐稳定、握缰放松，也就是要保持手臂灵活、肩关节放松。如果遇上了抵住笼头的马，就派最出色、最强壮的骑手骑着它保持“屈挠”（肩内）姿势奔跑一段距离。如果有人不走运碰上了在跑马场里被糟蹋的倔马（经常脱缰的马），也推荐进行这一步骤。

要知道，在罗森贝格眼前进行一场令他满意的检阅可不是儿戏。我不清楚我军有多少骑兵中队能成功地熬过这一折磨，但是既然德国人经历三年的服役就能胜任，我军骑兵无疑也能。虽然我军的战马体型更大、脾气更爆[①]，但是我军的七年服役期及士兵在骑术上无可置疑的热情显然更具优势。

当马匹习惯保持稳定的头部位置，不乱甩脑袋，适应嘴部受衔，并能理解骑手单腿的压力后，士兵接下来就开始利用双腿的压力让它们收缩后躯，以

---

① 顺便提一下，在体型方面，德军的胸甲骑兵和枪骑兵至少与我军相等。

达到前文所述的"体重均匀地分配在马匹的四条腿"。为实现这一目标，最佳的练习方式是短促的收缩快步（collected trot）；教官最好亲眼判断马匹的后躯是否完全下沉。下一步进阶至收缩跑步（collected canter）。同样，训练的重点不在于较慢的步度，而是要让马匹的后躯完全下沉。这一过程务必循序渐进，如果操之过急，可能导致马匹过劳或变得暴躁。收缩的目的不仅是使马匹更顺从，也是锻炼战马的背肌、增强完全伸展时的速度与忍耐力。许多人认为，彻底收缩跑步会减缓马匹的步度，这就大错特错了，事实正好相反。灵缇犬是在奔跑中追求速度的典范，赛马应该极力模仿它们的奔跑姿势。在灵缇犬奔跑时，用肉眼就能观察到它们的背部上弓、后躯下沉，与我们在收缩跑步中要求马匹背部弓起如出一辙。这与体操训练有点类似。许多马在赛跑时没有掌握收缩，我们会发现它们的肩部和髋关节像罗盘般摆动，脚步确实相当敏捷，但是跑完全程用的时间却不少。

关于年轻战马的跳跃训练，罗森贝格的主张是，首先驱赶不载人的马穿过设满障碍的上坡路，然后让骑手上马，把坡道从十步宽拓展到十五步宽，再继续练习。他完全反对在慢步和快步中让马匹跳跃，除非是在训练马匹服从，因为这个动作对马来说相当不自然。只要马不会半途而止或尥蹶子，罗森贝格不反对它们略微冒失莽撞。在和平年代，队形的整齐也许会因此破坏，但是在战争中，鲁莽的问题是会自行解决的。战马的跳远距离达到八九英尺即可，一旦它们喜欢上跳跃，就训练它们跳不带翼墙的障碍。上下斜坡的训练在罗森贝格眼中也是相当重要的。

◎ 骑兵策马跳过障碍（摄于1909年）

头部位置与屈挠的教学部分篇幅过长，也太过专业，我在此不一一翻译。罗森贝格对头部位置的观点与我军的操典一致：马颈只在立柱处屈挠，屈挠角度介于锐角至直角之间——实际上如果骑手使用放松的握缰姿势，马匹会自然呈现这一动作。他认为没有必要为了驯服马匹而使其过度屈挠，并乐于看到操典把这一部分删掉。关于赛跑和狩猎的章节写得相当出色，但不巧的是，我的篇幅有些不够用了。值得注意的是：一些德军骑兵认为，学校和操练场足以完成军官与士兵的训练，但罗森贝格激烈反对，他列举了波希米亚和法国因疏忽大意犯下错误，从而在战场上颜面扫地的诸多例子；另一方面，如果他的战友中有人在能跑障碍越野赛或是稳稳地骑马追逐猎犬后，就自以为军事教育没什么可学的话，他也会毫不客气予以抨击。以上两方面在完善骑术时都至关重要。罗森贝格厌恶的另一论调是，正确的训练和平衡会使马匹的速度变慢，对此，我在前文的引述中已有解释。总而言之，请读到这里的读者们牢记，以上观点并不是骑兵理论家的空谈，而是来自欧洲最杰出的骑兵之一，他所说的一切都有长年累月的经验支持。如果他的一些要求过分严苛，对我军骑兵而言难以企及，那么问题一定出在我军的训练体系或是诠释体系的方式上。

在过去几年，我军已取得长足的进步，我们应当再接再厉。但是，从近期的骑兵演习报告来看，士兵的骑术与中队的指挥好像成了我军的全部希望，失败似乎只可能源自军队的战术布置，而非中队自身的不足。一个典型的例子是，军队试图重振过时的多梯队冲锋，而不是采用最近发展于印度的将骑兵主力排成横队冲锋。我军无法完成十六个中队的横队冲锋，并非战术本身不可行，纯粹是因为士兵的骑术和中队的指挥不到位。如果达到罗森贝格的标准，就算是六十个中队的横队冲锋也不在话下；没有人会否认，罗森贝格标准下的士兵与中队在小规模作战时比我军更有效。多梯队冲锋在多年前就已废弃，由于每个梯队的规模过大，导致在实战中难以保持正确的方向。与两三个中队组成的单个梯队相比，超过十六个中队组成的横队不论是对己方士兵还是敌军而言，都更有势不可挡的压迫感。另外，如果士兵训练有素、马匹休息得当，长横队的侧翼并不会不堪一击。在"冲锋"的指令下达之前，位于侧翼的中队可以迎击来犯的敌军。在多梯队的队列中，被包抄的侧翼或许相对安全，但其他士兵却比在长横队中更加危险。一旦外侧的中队被击垮，残兵会溃散到第二、第三中队。相反，如果长横队的侧翼被击垮，横队的其他单位可以在任何麻烦产生前将其扫清。外侧中队的迎击及后方编成普通梯队的二线部队，足以保护横队的侧翼。除了难以保持正确方向，多梯队冲锋时各梯队的奔跑距离也存在问题。梯队必须在敌军一定距离外组成，假设这个距离为六百码，如果有二十个中队，每四个中队为一个梯队，组成间距为一百码的五个梯队，极侧翼的中队就一共要行进一千码，刀刃相接之际，多余的四百码会大大影响战马的状态。随着敌军越来越近，领头的梯队逐渐加快速度。为了保持阵型，下一个梯队也要加速，整个队列上行下效，故而第五个纵队在接近敌军之前，可能要用近乎冲锋的速度跑完多余的四百码。和平时代时一遍遍操练过时的梯队冲锋，在战争中总是失败，这种事屡见不鲜。而现行的将兵力集中在第一排的横队冲锋始终能收获成功。就我个人而言，我认为横队冲锋应该被保留。

在本章和前一章中，我着重探讨了普鲁士骑兵失败的原因——军队自身骑兵精神的枯萎，以及1806年战败的影响。值得我们注意的是，这些经验证明了过度的集权及无法从训练中明断优劣之人掌管骑兵的恶果。

腓特烈大帝在世时必亲任骑兵监察（inspector-general of cavalry）。不幸的是，他比自己手下的骑兵干将都要长寿，驾崩时也没有给军队留下正式的统帅。那支声名卓著的骑兵部队，几乎完全按照步兵理论被拆分到各个步兵师，没有留下一支在战场上能作为整体调遣的骑兵部队。

如果在耶拿或奥尔斯塔特的战场上，分散在各军的服从步兵指挥的六十个骑兵中队[1]能按照七年战争中的伟大将领们的方式调遣指挥，也许能扭转战争天平。但是，由于无法动用这么多兵力，纵然普鲁士的下级指挥官展现出绝伦的勇气，他们零散的努力也没能阻止失败，整支军队最终还是崩溃了。普鲁士在1807年至1809年重建骑兵部队后，只有七十六个薄弱的中队作为核心兵力保留了下来。

保留这些中队或许是出于战争需要，但由于步兵思想仍然占据主流，他们再次被拆分到各个旅，而且还被征召的预备役骑兵中队拖累——其作风如马维茨的描述，导致普鲁士骑兵在1813年至1815年战争中再次衰落。

不幸的是，人们忽视了这一点。多年以来，骑兵效率低下的责任都归咎于步兵的军、师级指挥官。

---

[1] 战争爆发时，普鲁士骑兵共有二百五十五个中队，即三万九千人。

后果不言而喻。除非一个人天生拥有骑兵的本能，在人马配合的细节方面，他必然不及一个成年累月在马厩里管马的人，因为后者已在潜移默化中掌握了相关知识。前者或许能成为最热情的骑手，一周里有五天骑马打猎，甚至能成为越野赛马的高手，但他永远会缺乏一些素质，而这些素质是青年骑兵、野战炮兵尉官所熟知、候补军官们也能迅速领悟的东西。

争强好胜如德意志人，立即会发觉并研讨每个监察军官的弱点。所有中队很快会为了通过检阅，而不是为了战争拼命训练。

我们知道，我国也存在这种坏风气。不管是骑兵、炮兵还是工程兵部队，我都记得他们用"障眼法"欺瞒毫无防备的步兵监察官的例子。在四十年前的普鲁士，一名典型的步兵将领历经二十年的服役后才能获得自己的连队，在此之前他很可能根本没有接触过马。他的判断依据只是至今仍流传于德军中的种种奇谈怪论。相比我国的军官，蒙骗他们更加容易。故而坚持这些论点变得更加必要，如果没有对事实的清晰认识，我们就无法理解冯·施密特、罗森贝格对抗了多少传统与偏见。

关于这段争论的官方历史，可以参考克勒（Otto Kähler）的《1806—1876年间的普鲁士骑兵》（Die Preussische Reiterei von 1806 bis 1876），这本书在该国没有引起与其相符的关注。我想主要原因是，鲜有读者了解书中的人物和背景，从而难以从字里行间理解书里讨论的问题的重要性。

普鲁士军队名册上的军官不太可能用迂腐、守旧来描述他们的先王。但是在已故的威廉一世国王①即位以前，几乎所有发展的滞后都是历任统治者消极抵制进步造成的。

事实上，普鲁士有不少可靠的骑兵专家被委以思考、汇报骑兵状况的重任，包括冯·博斯特尔将军②、冯·弗兰格尔陆军元帅③在内，委员会也着

---

① 即德意志第一位皇帝。

② 译注：路德维希·冯·博斯特尔（Ludwig von Borstell，1773—1844年），普鲁士骑兵将领，曾在耶拿会战中巧妙地阻挡法军内伊部。

③ 译注：弗里德里希·冯·弗兰格尔（Friedrich von Wrangel，1784—1877年），普鲁士陆军元帅，外号"弗兰格尔老爹"，血亲王腓特烈·卡尔曾是他的副官。

◎ 弗里德里希·冯·弗兰格尔元帅

手为军队制定了新的条例。在1821、1843、1853年，普鲁士都举行了针对骑兵的大规模演习。但是，骑兵的发展一直缺少推动力，直到腓特烈·卡尔亲王担任第三军的指挥官之后才产生足够的推动力。

冯·弗兰格尔陆军元帅无疑对这一时期的普鲁士骑兵发展厥功至伟，他以无与伦比的洞察力发现了骑兵训练的真谛，并凭借自己的地位为血亲王的军事教学施加了决定性的影响。

我特别注意了这一进步的缓慢，这为我军骑兵的发展——准确来说是"未来可能的发展"提供了参考的例子。普鲁士人历经二十年摆脱战败的影响，并在论战的嚣尘中重新发掘了支撑骑兵效率的基本真理；然后花费二十年筛选、培养出适合指挥团级及以上单位的人才，又用二十年培养出数量可观的中队指挥官，以保证各中队在训练中采用同一标准——成功指挥大规模骑兵的基础。

从1815年开始，普鲁士骑兵直到1875年才达成战术所需的统一性。这也解释了普军为何在1866年和1870年的战争中没有意识到骑兵的整体"角色"，森夫特·冯·皮尔萨赫将军在与克拉夫特·冯·霍恩洛厄-英格尔芬根亲王的会话中即对此有所指。

迄今为止，我也没能收集到奥地利骑兵在当时发展的充足例证。总体而言，奥军经历了类似的轨迹，但是没有下滑到普鲁士在滑铁卢之后的低水准。显然，由于未曾遭遇耶拿式的覆灭，奥地利为自身的革新进步保留了相当多训练有素的骑兵军官和士兵。

相比普鲁士人，奥地利骑兵的整体天赋更高，服役期更长——普军三年、奥军七年[①]，其骑术标准自然也要高得多。此外，驻扎于意大利的奥军常

---

① 事实上，这也是我军现行的服役期。

年处于战时状态：1848年至1849年在意大利和匈牙利作战，1859年在意大利进行军事活动。必须指出的事实是，意大利的灌溉平原对骑兵作战极为不利；另外，和柏林比起来，维也纳方面总是对军队漠不关心。

诺兰为奥军当时的内部状况提供了不错的间接证据。我倾向于相信，因为奥军在行伍服役的时间更长，拥有更多可靠的军士，故奥地利军官不必像普鲁士军官一样过问那么多细节。

与奥军中的英国军官及其他人的谈话让我更加确信了这个观点。奥军在演习中展现出了高水准是家常便饭，而非刻意努力的结果。

据我所知，二十个骑兵中队的密集横队冲锋在奥军的演习中常常出现，演习时，军官并不在前带头指挥，而是与士兵一同列队冲锋。这意味着队列中的士兵能卓越地控制战马，完美地把握时间。如果没有理解骑兵的基本原则，苦练二十年也无法达到这一成就。如果还记得1886年之前的印度精锐骑兵团，就会很清楚这一点，但告知我上述情况的人们却没有想明白。

1815—1870 年的英国骑兵

◎ 在滑铁卢会战中，威廉·庞森比的英军第二骑兵旅一度冲垮了法国步兵，但在混乱的队形下贸然前进，遭受了沉重打击，庞森比本人在这次行动中阵亡

当欧洲各国的骑兵在1815年的战役后撤回国内时，没有比英国骑兵的前景更加光明的了。19世纪初以来，英国的各骑兵团在欧洲与印度稳步地加强。滑铁卢会战表明，我们的指挥官能够以决断和胆识指挥旅级单位。

在滑铁卢会战中，几乎全部英国骑兵团都顺利通过了奥安（Ohain）凹路①，

---

① 译注：滑铁卢战场上一条两侧高、中间低的公路，位于英军阵地圣让山的最高处，现已被填平。

并一次又一次成为法军的灾难。这一事实让我相信，我军骑兵的骑术已达到相当高的水准。西伯恩收集的滑铁卢信件没有将这条凹路当成真正的障碍物，看起来他们仅仅将其当作日常的双跳训练（in-and-outjump）。越过凹路后，他们很快以良好的秩序迎战法国骑兵，保持着正常的队形并没有散开。如果阵型出现混乱，众人的信件至少会有所提及。

不过，这一记叙的缺乏也说明我军对密集冲锋的轻视——这正是塞德利茨时代的普鲁士人大放异彩之处。在拉艾圣（La Haye Saint）和乌果蒙（Hougoumont）之间的山坡上，皇室旅（Household Brigade）遭遇了法国骑兵。这场令人震惊的结局[①]无疑证明，英军的队列并不够紧密，同时也反映出战马并没有无条件服从。实际上，许多战马——尤其是在庞森比旅的战马，脱离了士兵的控制，不听集合号令。

如果人们需要借口，大可以把责任推卸到之前六个月的事情上，比如仓促的战争准备、横跨海峡的行军等。但是，当局并未利用这些理由，他们显然把疏散的冲锋当作家常便饭，并且非常满足[②]。

财政部再次毁掉了所有的前景。许多团被无情地缩小编制或解散，留下的团分散到全国各地——倒退开始了。正如前文所示，这是所有长期服役军队的通病。年轻的军官们没有人可教，在无知和懒惰中成长，把工作都丢给了军士长。

热爱本职的骑兵们主要通过法语资料直接学习或是间接汲取步兵学者的知识。没过几年，我国对骑兵实战能力的怀疑就与其他国家一样普遍了，而他国本该有更多质疑的理由。

为何经历过维利耶–昂科耶、卡托康布雷西、萨拉曼卡和滑铁卢等战役的英国骑兵，下一代却倒退到1813年至1814年间法国和普鲁士骑兵的水准？原因难以定论。我只能推测，很大程度上是由于骑兵的人数相比步兵微不足道，以

[①] 译注：击退法军的英国骑兵在追击中失去秩序，损失惨重。

[②] 一个值得提出的问题是：任何关注骑兵的军官，要是能从记录中查清各个团从半岛回国后的遭遇、编制的短缺、战争中的马匹补充数量，以及军官们在私人信件（如有留存）中对渡过海峡之后指挥状况的看法，都将获益匪浅。

及步兵对骑兵的观点和态度——他们把骑兵看作是自己的附庸，而不是一个单独的军种。

这一看法流传至今。每当我在争论中提及英国骑兵面对他国步兵取得的胜利时，对方总会举出法国骑兵没能突破英国方阵的例子反驳我。据我所知，英国骑兵从没想过突破英国方阵，德国骑兵也没想过突破德国方阵。

人们有必要清楚地认识"骑兵无法冲击步兵"这一理论的根源。如我们所见，这个幼稚的观点根植于过去三十年所有白白浪费的机会里，并催生了关于骑兵兵种的各色谬论，导致骑兵被长期忽视。它的论据相当简单：在过去的前膛枪时代，骑兵就无法冲击步兵，所以他们在射速更快的后膛枪面前必然无能为力。

然而，在装填方式发生改变的前二十年，骑兵一直在冲击步兵。在符合作战基本原则的情况下，其战绩和过去一样出色。

在1848年的叛乱[①]中，匈牙利骠骑兵几次成功的冲锋在历史上亦不逊色。我军在1846年和1848年两次锡克战争中的表现也值得关注。

波普（Pope）的旅在吉利昂瓦勒（Chillianwallah）[②]的失败，无法掩盖第十六枪骑兵团在阿利瓦尔（Aliwal）的精彩冲锋[③]，以及第三轻龙骑兵团的诸多光荣战绩[④]。也许有人会说，这些成功只是在土著身上取得的。但是应当记得，这些土著都是经过训练的锡克士兵。一些经历过半岛战争和滑铁卢之战的老兵也参与了战役，在他们眼中，锡克人在射击和瞄准上都精于拿破仑的步兵，这些人就算阵型被击垮也会奋战至死，除了曹恩道夫的俄国人，历史上再没有哪一国的步兵能做到。

---

① 译注：指1848年欧洲革命，是平民与贵族间的抗争，范围几乎波及整个欧洲。

② 译注：吉利昂瓦勒会战（1849年）发生于第二次锡克战争期间，英军右翼的波普命令骑兵发动了一次穿越荆棘丛的失败冲锋。在慌乱中，英军决定撤退，结果一个团被追击的锡克人击溃，导致英军右翼的步兵被迫撤退。

③ 译注：阿利瓦尔会战（1846年）发生于第一次锡克战争期间，第十六枪骑兵团带领整个旅击退威胁英军左翼的锡克骑兵，并与经过欧式训练的锡克步兵交战，击破后者的方阵并造成巨大伤亡。

④ 译注：第三轻龙骑兵团参与了两次锡克战争中的七次会战，包括穆德基会战（1845年）、费罗泽舍会战（1845年）、索布劳恩会战（1846年）、勒姆纳格尔（1848年），吉利昂瓦勒会战和古杰拉特会战（1849年），尤其是穆德基的冲锋为他们赢得"穆德基的安拉"之赞誉。

◎ 在1846年的阿利瓦尔会战中，英军第十六枪骑兵团击破锡克步兵的方阵

◎ 在巴拉克拉瓦会战中，英国轻骑兵旅向占据有利条件的俄国炮兵连发起正面冲锋

克里米亚战争时期的巴拉克拉瓦（Blaclava）会战也没能证实那些陈词滥调。那次冲锋①究竟是否是基于战场形势的正确决策，或许仍然是个悬案。但是事实并没有改变：数量呈压倒性优势的炮兵和步兵发出的火力，没能阻止或抑制指挥得当且纪律严明的骑兵冲锋。直到撤退开始之前，我军的损失都不严重。如果冲锋得到有效的支援，大部分损失也许都能避免。

在镇压印度哗变的战争中，即便敌我兵力悬殊，我军所有的冲锋几乎都取得了成功。在这四场战役中，我军面对的枪林弹雨是近代不曾有过的规模，甚至未来也可能没有骑兵会遭遇如此强的阻力。战役中投入的野战炮装填量超过了现代榴弹炮——这些短炮的装填速度本身就不逊于任何后膛炮②。步兵阵型规模的扩大远甚于射击速度的提升，尽管这在面对激烈冲锋中的远程炮火时有诸多不利。

我会再次详述这些观点。在这里想说的重点是，假设在三百码内要面对一万发飞驰的子弹，至于这一万发是来自五千名士兵的两轮射击，还是五百名士兵的二十轮射击，根本无关紧要。重要的是，每颗子弹最后是否击毙了马匹

---

① 译注：巴拉克拉瓦会战（1854年）中，卡迪根伯爵的英国轻骑兵旅向占据良好地形、准备充足的俄国炮兵连发起了正面冲锋，一度攻入其阵地。俄军最终被迫撤退，且伤亡巨大。诗人丁尼生据此创作了著名的《轻骑兵旅的冲锋》。

② 不是速射炮，那只是个先天不足的装饰品。

或士兵，或在呼啸一两英里、坠落地面之前能不能制造几个伤员。

我们在回顾这些战役的历程时，几乎没有提及骑兵效能的关键问题，大部分的重点都在沉默中被忽略。不幸的是，我国骑兵已明显堕落至相当低的水平。

◎ 1857年5月，驻扎于密拉特的印度军队发生哗变，成为印度大规模哗变的导火索

回首锡克战争的诸多场景，人们往往回忆步兵的雄壮进军，英国骑兵近乎惊人的迟钝总是叫人神伤。在追击坦提亚·托比①之前，骑兵总是重蹈覆辙。四五十年前，在同样的气候条件下，莱克勋爵②展示过恰当管理的骑兵有怎样的作用。

想象一下，如果1857年5月那个关键的周日③，莱克勋爵身在密拉特，一支势单力薄的叛军怎么可能进入德里？再想想解放勒克瑙之后失去的战机吧④。

在克里米亚，我们可以辩称马匹才刚下船——在一定程度上，导致了阿尔马河（Alma）之战⑤后追击的失败——但奇怪的是，从没有人提起这一点。相反，人们往往借口马匹缺水。但是从我军的登陆点到塞瓦斯托波尔港（Sebastopol）的二十五英里间，流淌着阿尔马河和贝尔贝斯河（Belbeis），水源应该不成问题。

① 译注：坦提亚·托比（Tantia Topi，约1814—1859年），印度哗变时期印度方面指挥官。
② 译注：1801年至1807年间任驻印英军总司令。
③ 译注：1857年5月10日（周日），以孟加拉第三轻骑兵团为首的印度军队在密拉特发生哗变，次日进军德里拥立莫卧儿皇帝，揭开了印度民族大起义的序幕。
④ 译注：1857年9月，一支英军历时八十一天攻占了勒克瑙，但是因为人数劣势不得不死守城内。另一支英军于11月救援该军，但是担心其他叛军的进攻旋即放弃该城，没能巩固英军的成果。
⑤ 译注：克里米亚战争中的一次战役。四万名俄军在缅希科夫指挥下在阿尔马河一带阻击六万三千名英法土联军，俄军战败撤退。

翻阅记载这几场战役的传记和史书，对我军失败的解释是，士兵因长期服役陋习多，训练僵化。这些作者的弦外之音是，我军失败的原因是骑兵教育的失败。查尔斯·纳皮尔爵士批判英国骠骑兵及其军服的著名长文也反映了这一点。

也许有人希冀经验能成为一笔财富，促使士兵竞相以务实为荣，但这些事件的直接影响无处可寻。在印度确实设立过一个委员会，负责研究更换装备以及那些在锡克战争里令人放心的事物。四十年过去了，他们所有的建议都进了被人遗忘的角落，只有他们强烈推荐的笼头链（chain-bridle）作为步兵军官坐骑笼头的一个基本附件被保留下来。用过它的一百个人里有九十九个会觉得那就是一根用来拴马的普通链子。

我曾在皇家三军防务研究所及其印度分部的图书馆里查阅，在英国或印度是否有过关于正规骑兵改革之需的报告文件，字里行间是否透露出马维茨日记或霍恩洛厄的《关于骑兵的对话》展现的洞察力。不幸的是，我只发现了现行政策的诸多滥用，却没有找到对改革实际有用的建议。

在当时以及多年以后，非正规骑兵①的存在使人们转移了对此的注意力。

人们似乎已经忘记，非正规骑兵从新兵入伍时起就是"合格的"骑手，能完美驾驭马儿——得益于残忍的当地马嚼。他们从小就惯于驾驭缰绳、稳坐鞍上，配备一名值得信任的指挥官，他们就能风卷残云般横扫缺乏领导的敌军。他们应该保留行动的自由，若不是如此善战的民族，自由只会导致士兵失去秩序。

在和平降临以后，杰出的骑术中最重要的特点——马匹对骑手"无条件服从"及产生这一特点的原因都被忽视，这些富有战斗经验的兵源逐渐消亡。

引进英式马嚼后，新兵就不再在马背上生活，因而变得不善驭马。印度哗变二十年后，一个土著骑兵团未必做得到列横队跑步六百码，随后变为两排冲锋的动作。

雅各布为各团编写的以他名字命名的教学资料，是说明我军核心问题的生动案例。他在公务缠身时被要求完成这份资料，作为一个现实主义者，他选

---

① 译注：指印度的土著骑兵。

择以最短暂和快捷的方式满足了任务的要求，并没有考虑军队的实际情况。

我军长期服役制度的弊端开始显现。年轻士兵的培养纯粹变为例行公事，雄心勃勃、富有竞争心的士兵都把精力发泄在营房之外。在我看来，训练新兵的工作比任何职业都需要优秀的战术素养、决断能力和对人性的洞察力，但这被交给了资质最平庸的人。如果不是少数缺乏"价值"的一流军官被迫留了下来，我们在印度的军队不可能保持现有的战斗力。

受篇幅所限，我无法详细论述大规模骑兵的演变以及美国人在内战时使用的骑马步兵。在这里我只想让人们注意常被忽略的几个要点。

骑马步兵本质上是非常时期的产物，各团士兵的质量因士兵的来源地不同而参差不齐：来自南部州和西部州的骑兵大多是出色的骑手，东部州的骑兵则很糟糕。

南北双方原本都把骑马部队作为骑兵使用，换言之，主要将其用于突击而非开枪射击，但是各地区的不同环境改变了当地的作战形式。不论是易于防守的森林，还是开阔的草原，几乎每个地区都发展出了各自独特的战术，而在草原州，骑兵的效能达到了相当高的水准。

在当时的情况下，不可能让骑兵和现在的德军与奥军一样易于指挥，但为了在战场上决胜，这方面的提高又是必不可少的。在南北战争中没有决定性的大型骑兵冲锋，这不意味着骑兵做不到这一点，而说明在时机成熟时，骑兵行动的一致性和准确性不足以把握住机会。如果行动一致而准确的骑兵部队存在，我想在那场战争中涌现的优秀指挥官们——只提几个最响亮的名字：谢里登①、舍曼②、菲茨休·李③、J. E. B. 斯图尔特④——都能找到机会进行冲锋。

---

① 译注：菲利普·亨利·谢里登（Philip Henry Sheridan，1831—1888年），美国南北战争时期的联邦军骁将，著名骑兵将领，在战争后期发挥了重大作用。战后为四星上将，并为美军的现代化做出了卓越贡献。

② 译注：威廉·特库姆塞·舍曼（William Tecumseh Sherman，1820—1891年），美国南北战争中北军中地位仅次于格兰特将军的将领。美国内战时期联邦军著名将领，陆军上将。

③ 译注：菲茨休·李（Fitzhugh Lee，1835—1905年），美国南北战争时期联盟军的骑兵将军，罗伯特·李的侄子。

④ 译注：詹姆斯·尤厄尔·布朗·"杰布"·斯图尔特（James Ewell Brown "Jeb" Stuart，1833—1864年），美国南北战争时期南方军陆军少将。

◎ 南北战争中，纽约骑兵部队第一营征募骑马步兵的海报

美国骑兵战法的特殊之处——远程袭扰，最初只是为了适应作战地区的自然环境。

美国人烟稀少、河流密布、电报通信落后、交通不便，这些问题为远程袭扰的战术提供了天然条件。除了供水问题外，南非的自然环境与美国如出一辙，类似的战术也在当地发展起来。但是远程袭扰战术的成功，并不能证明人们通常的猜测：这一战术也适用于俄国以外的欧洲地区。

虽说养马的人数不胜数，其中也不乏好骑手，但是照料一匹马和照料一群军马完全是两回事。照料一群军马需要纪律与规范。

因此，不管南北战争中的骑马步兵在战绩上多么出彩，都无法在能力上匹敌经过和平时期训练的骑兵部队。

这些骑马步兵往往对马匹投入过多，在同等消耗下的行军距离更短；在同等距离的行军中，骑兵消耗的物资要少得多。这些或成为影响战争的关键因素。

值得特别关注的是，如果骑兵部队得到大规模扩充——根据近期战争的结果，我相信这会成真——假设士兵征募自边境地区，配备驯服的战马，经过长距离行军训练后，他们将体现出惊人的力量，远超史书上的任何部队。因为在准备长途行军用的马匹，以及减轻骑手装备和食物负重方面，都有了全新的发现。

换句话说，不能仅从过去来判断骑兵的价值，在充分考察了作战国家的自然环境后，他们的潜在价值超越了过去的一切评估，实际上为我们的征兵问题提供了答案。如果我们主要依赖步兵，但无法在遥远的边境地区征兵，就可能无法招到我们需要的人数。

为了减轻补给运输的困难，应该多对燃油引擎进行实验。轻型蒸汽拖拉机

◎ 在库斯托扎会战中，奥军中的匈牙利枪骑兵攻击意大利步兵

（light steam-sapper）[1]虽然可以运行，但需要良好的道路才能进行快速运输。

谈起1866年的普奥战争，除了官方史料外，霍恩洛厄亲王的《骑兵文件集》给出了很有意思的信息。人们的注意力往往集中于波希米亚战场，而忽略了奥地利骑兵在库斯托扎（Custozza）的精彩表现。因此，我节录下文[2]为例，以证明优秀的骑兵在后膛枪面前的战果与基于"操练场上的客观理论"的预测截然不同：

库斯托扎会战伊始，奥军普尔兹[3]和波格丹诺维奇（Bogdanovitch）的两个骑兵旅，共十五个中队合计两千四百名骑兵（根据《国家晨报》，中队的平均人数是一百六十人[4]），从正面对意大利的安贝尔（Humbert）和比克肖（Bixio）两个步兵师发动进攻，他们策马追赶散兵、击破了几个方阵，所到之处散布恐慌和混乱。由于耕地遍布意大利，大多数意军步兵

---

① 译注：一种以蒸汽为动力的运输工具。与蒸汽机车不同的是，它不需要轨道就能行驶。
② 原文第35页。
③ 译注：路德维希·冯·普尔兹（Ludwig von Pulz，1822—1881年），奥军陆军元帅。
④ 奥地利骑兵的中队人数远多于其他国家，一般有二百二十人。

◎ 在柯尼希格雷茨会战中，奥地利骠骑兵与普鲁士胸甲骑兵交锋

以树丛为掩体，并在骑兵撤退时向其释放了毁灭性的火力。但这次冲锋的战果是，意军的三十六个营丧失了战斗能力。

奥军骑兵不仅没有被摧毁，甚至伤亡极少。从上午7点的第一波进攻到下午5点，他们自信地牵制住那两个师，使其无法去支援其他部队。随后他们再度冲锋。在恐慌中，意军有个营的步兵放弃武装抵抗。结果，两千四百名骑兵不仅牵制住了两万五千名步兵，最终还抓获了多于自身人数的俘虏。

在战场的另一处，西西里枪骑兵团的三个连（共计一百二十人）发动

了一次及时冲锋，虽然伤亡惨重，但是摧毁了四个营并让剩下的那个营陷入恐慌中，阻止了敌军占据那些可能会导致奥军输掉会战的关键地点，他们却只损失了两名军官、八十四名士兵和几匹马，代价不算高。

这些战绩是在可能最不利于骑兵作战的国家中取得的，行军时常常有围墙、花园、葡萄园挡住去路。

应该指出的是，意军的步枪火力可覆盖五百码以内的地面[1]，射出的子弹威力足以击碎骨头。意军步兵组成了六排的方阵，他们能射出的子弹数量是间距四步宽的普通散兵线的两倍。

奥地利骑兵在波希米亚边境的失败，足以归咎于作战地区的自然环境，奋战的奥军骑兵只有在柯尼希格雷茨（Königgrätz）之战[2]之中拥有公平的作战地形。在波希米亚的天气、地面坡度以及战马的状态等多方因素影响下，他们最终在步兵面前败下阵来。

我恰巧在这场战役结束约一周年后考察过战场。向导是一位参加过此战的奥地利军官，他向我保证当时该地一直在降雨，天气糟糕。

大冲锋发生在赫卢姆村（Chlum）的山脊上，这段缓坡以三度左右的坡度抬升并延展两英里。土质是厚重的黏土，到处长满了庄稼，在战争中被踩踏的

---

[1] 这种枪的射程可达一千二百码，类似旧式的恩菲尔德–斯奈德步枪。

[2] 译注：该战役发生于1866年7月3日，是普奥战争中的决定性会战。普军兵分两路，易北河军团和第一军在比斯特里茨河方向与奥军激战。腓特烈王储的普鲁士第二军在下午2点半赶到后，奥军中枢阵地赫卢姆被攻克，损失惨重。近四十个中队的奥地利骑兵发动冲锋，以巨大的伤亡为代价掩护主力撤退。

部分清晰可见。

由于该地区驻军过多，战马几乎都在挨饿，故上坡时的速度不如平时快。

事态的发展并不令人意外。山脊上迎击的普鲁士人几乎都是"生存的适者"——因为在赫卢姆争夺战中，想开小差的士兵都已经找到了机会。面对这样的情况，有谁会为奥军英勇奋战后的失败而诧异呢？可是，如果这些忠诚的骑兵能在三个小时之前集中到山脊后面，在腓特烈王储的军队尚未赶到，比斯特里茨河（the Bistritz）方向的普军还在漫长的山坡上缠斗时投入战斗，会战的结局很可能会大不相同。

从战术角度来看，这场战役的结果在各方面都是灾难性的。由于装备后膛枪的一方大获全胜，很容易轻率地将武器视作决定性因素，从而忽视战术及从战术中获益的士兵的因素。

假设让双方装备前膛枪再度交战，不管进行多少次，结果都不会改变。因为普鲁士人在战略高度和各级军官的智谋上都更胜一筹。

冷静思考即可明白，落败的一方一如既往地被落井下石，即使是在燧发枪时代初期，批判也经常过火。然而，冷静思考恰恰是人们缺乏的品质。战术上的异端邪说诞生了，这种思想将武器置于人之上，并忽视指挥官在解决问题时必须面对的人性因素。

简而言之，一旦国家把当时的人力和财力资源托付给某位将军，将军就必须以全局预观看待战役。

两三次决定性的胜利会终结一场持续六周的战争，但是没有可靠的军队就无法获得决定性的胜利。士兵的素质越高，必要的决定性胜利就越少。如果普军在训练中只学过躺倒或是在有效射程之外开火，他们是不可能攻下赫卢姆山脊的，奥军将会有序撤退。在拿下维也纳前或许还要经历六次大会战，战争将不得不拖延到冬天。普鲁士最终在人力和财力上的消耗将可想而知。事实上，现在我们知道，如果普鲁士在萨多瓦（Sadowa）战役①落败，法国将介入

---

① 译注：柯尼希格雷茨会战也被称为萨多瓦会战，萨多瓦在战场上更靠近普军。

战争，战争的走向显然会扑朔迷离。

然而，军衔较低的士兵却不能理解这些，书籍市场上泛滥着《战术反思》①的订单，这本书令人厌烦地讨论着老问题："如何不敲破鸡蛋就煎出鸡蛋卷？"

结果是致命的，尤其是对骑兵部队，他们不仅丧失了自信心，还感到军队内的舆论矛头指向了自己，并且更加坚持"骑兵无法冲击步兵"理论的正确性。因此，当他们在四年后再次面对敌军时，未能抓住机会也是理所当然的。

---

① 译注：书的全名为《1866年普鲁士战役：战术上的反思》（Prussian Campaign of 1866: A Tactical Retrospect），出版于1869年。作者布隆萨特·冯·舍伦多夫（Bronsart von Schellendorf）作为参谋曾参加过普奥战争。

普法战争

第十一章

波希米亚战役后为期四年的和
平时间，远不足以解决新出现的战
术问题。普鲁士人为自己的胜利所
震惊，试图找到胜利的原因。多年
以来，他们对自己的军事制度习以
为常，没有意识到该制度才初次经
历实战的考验，因而没有发觉制度
蕴藏的惊人潜质。军方（而非参谋
部）轻率地把注意力放在了新兴的
后膛枪上。

◎ 1867年的门塔纳会战是1866式步枪的战场首
秀。此战胜利后，法国议会收到了"沙瑟波表现出
色"的报告。法军在1868年完成了全军对该步枪的
装备

普军被后膛枪在冷静且训练有素的士兵手中制造的杀伤力深深震撼了，但
是杀戮的规模并没有胜过旧时代。毫无疑问，法军装备沙瑟波（chassepôt）①
的消息，以及法军对门塔纳（Mentana）之战②战果的夸大报道，使普军上下
都怀着忧虑的心情期待与这种新式武器交锋。

骑兵无疑是最大的受害者，笃信旧谚"决定战争的不是武器，而是人"

---

① 译注：即1866式步枪，是法军装备的第一款后膛枪（1867—1874年），由安东尼·阿方斯·沙
瑟波（1833—1905年）设计。
② 译注：门塔纳会战（1867年11月3日）发生于意大利独立战争期间，法国–教皇国联军击败了
试图攻占罗马的加里波第。

◎ *1866式步枪*

的少数人，都成了人们不屑一顾的危险异端分子。

在先前的章节中，我曾提到克勒的《1806—1876年间的普鲁士骑兵》，这本书是对骑兵努力改革的最佳纪录。但是改革稍纵即逝，当战争爆发时，骑兵部队既未装备新武器也没能重组编制。

各骑兵团依然分属各军指挥，虽然独立的骑兵师已经在原则上被接受，但是组建这些单位的命令直到7月29日才发出。试举一例，隶属王储军团（the Crown Prince's army）的第四骑兵师，实际上直到越过边界交战的那一天（8月4日），才初次作为一个独立的师接受检阅并交付指挥官。

这些师的建制也很混乱：有的两个师共有十六中队，有的一个师就有二十个中队，有的四个师仅有二十四个中队，有的一个师竟有三十六个中队。

第一和第三骑兵师没有一个团配备卡宾枪，因为只有骠骑兵和龙骑兵才

◎ *1870年7月31日，普鲁士国王威廉一世出发去前线*

◎ 在战争打响前，法国人聚集在巴黎的巴士底广场，高呼"打到柏林去"

◎ 普法战争中法国胸甲骑兵与普鲁士枪骑兵的交锋

装备这种武器，而这两个师由枪骑兵和胸甲骑兵组成，所以只装备了手枪——甚至不是左轮手枪。

至于其他的师：近卫骑兵师包括两个龙骑兵团、两个胸甲骑兵团和两个枪骑兵团，只有百分之三十三的士兵装备了卡宾枪，第四骑兵师的比例与之相同，第六师有百分之四十、第十二师有百分之五十、第五师有百分之五十五、第二师有百分之六十六。各不相同的比例证明，在军方负责人眼里，骑兵在这场战争中能起的作用相当低。

理所当然，枪骑兵和胸甲骑兵多次在战争初期被法军步兵的小规模散兵打败，结果对这场战役的战略产生了相当大的影响。不过，德国人并非歇斯底里的民族，媒体没有打算拆掉陆军部或吊死老毛奇和冯·罗恩[1]。

法国骑兵装备火器的比例要高得多，且武器的射程和精度都是德国撞针枪的三倍，装填速度至少是两倍。在装备方面这一空前绝后的差距，正如事实证明的那样，对战役进程的影响并不是无足轻重的。

法国的每个军都有自己的骑兵师：下辖三个步兵师的军，所属骑兵师的规模为两个旅；下辖四个步兵师的军，所属骑兵师的规模为三个旅。而普鲁士的莱茵河军团也有两个预备重骑兵师可供调度。法国骑兵或许是用于对抗敌军

---

① 译注：两人分别是普鲁士的总参谋长和陆军大臣。

的胸甲骑兵和枪骑兵师，而普鲁士骑兵则显然是以相同的目的而组建的。

德军每个步兵师下面都有负责侦察的轻骑兵团，法军步兵师下属的骑兵并无固定的分工，而是给各中队分配具体的任务。假设法军在战役开局便得胜，是否会按照拿破仑时代的传统，派骑兵上阵冲锋？在这种情况下，法国骑兵的体制是否存在不足？这些预测令人饶有兴趣。显然，只要普军把他们的骑兵师合理投入前线，其步兵师属的骑兵部队就失去了用武之地，除非是在步兵部队独自作战的时候。在法国的骑兵制度下，中队的开支是否更低依然存在争议。但事实是，现在各国都更倾向于法国而非德国模式。

在战马方面，普鲁士人不仅在马匹资源上拥有巨大优势——尤其是骠骑兵和龙骑兵需要的矮马——而且他们的骑术也比法国人高得多，这是"中队制度"在过去四十年缓慢发展的结果。但总体而言，南德意志则在拿破仑战争中耗尽了马匹储备，还没有完全恢复元气，其骑兵并不出色，几乎比不上法国骑兵。

据我所知，双方在装备负重上的规定相同。普鲁士骑兵的身材更高大，因此他们的战马要比敌军多承载约一英石，在整场战役中，这些战马在耐力上也更胜一筹——再次证明，相比从纸面上调整负重规定，正确地操练和理解骑术更有利于保护马匹，这是近期对南非战事的批评者经常忽视的。

还有一点值得我们关注，法军骑兵普遍服役七年，还有不少重复入伍的士兵——富裕的被征入伍者购买豁免权，雇佣这些人代替自己入伍。在纸面上，他们的骑术条例与普鲁士人几乎完全相同，高级军官几乎都拥有丰富的实战经验——比对手值得夸耀。然而，服役期仅为三年、缺乏实战的锻炼的普鲁士骑兵无论处于任何地形，都在直接对决和机动性上占据优势。

相同的评论也适用于两军的高级参谋及各个部门。这有力地证明，无论是个人的勇气还是经验，都无法匹敌对国家的责任感以及士兵出于责任感而自我牺牲、相互协作的力量，这是普鲁士军人在人际交往时的特征，如韦尔迪·迪韦努瓦（Verdy du Vernois）[1]自述与总指挥部参谋的私人关系时向我们

---

① 译注：时任总参谋部参谋，老毛奇的得力助手，曾于1889年至1890年出任陆军大臣。

◎ 普鲁士宰相俾斯麦、参谋长毛奇和陆军大臣罗恩等重臣陪同国王威廉一世视察战场

展示的那样。

我们对1870年德国骑兵的现有观点，基于由已故的霍恩洛厄–英格尔芬根亲王执笔，叙述极为谨慎且有着华丽配图的官方历史著作。在《骑兵文件集》中，他作为严格意义上德军功绩的"局外人"，写下了自己的看法。鲜为人知的是，德国的骑兵专家对这部作品群起而攻，指责他蓄意把正努力改进完善的下一代人变得松懈。已故的森夫特·冯·皮尔萨赫将军是德军中的主要骑兵权威之一，他和亲王见面时的大量对话被如实记录，后来由亲王编成了《关于骑兵的对话》。想要了解普鲁士骑兵的真实发展，我推荐阅读这部作品，而非《骑兵文件集》。尽管该书是为德国军队而写，只要加以必要的修改，几乎每个字都适用于我国的情况。

各团的团史也是信息来源的一大渠道，但是数目庞大、不便查阅。幸运的是，最近孔茨少校（Major Kunz）为我们整理了复杂的团史资料，并辅以战争日记和总参谋部档案中的文件，在1895年完成了一份几乎完美的参考资料和对战时骑兵指挥的分析①，其中无情地揭露了军队上下在敌人面前犯下的诸多错误，并且预估了骑兵在现代标准下能取得的战果。

我想请各位特别关注这些资料，希望它们有助于纠正我军正盛行的一个观点：1870年的战绩是普鲁士骑兵能达到的最高水准，当时的训练方式必将成为下一代的标准。而普鲁士人却是这样想的："1870年，我们在指挥平庸、训练糟糕、骑术不精的情况下，都取得了这样的战绩，如果我们反思自己的错误并避免再犯，下一次能取得多大的战果？"

我们应该如何看待1870年的普鲁士骑兵？从霍恩洛厄亲王《关于骑兵的对话》的以下引文中可见一斑，这是冯·皮尔萨赫将军对于亲王疑问的回答，尽管在我看来过分悲观，但明确指出了阻碍普鲁士打造真正强大的骑兵之师的不利条件：

> 10月1日到（次年）4月1日的冬季骑术教学中，我们让马匹待在骑术学校和训练场的平地上，此后的中队操练和团操练也都是在平坦的阅兵场上。在分队训练的短短四周时间内，有没有必要让骑兵直接越过他们在行军中遭遇的任何地形？骑兵能否相信只要坐稳并控好衔铁，战马就能安全地驮着自己？能否期待骑兵把目光放在敌军和自己中队的指挥官身上？他们会不会紧张地低头看着地上的每块石头和每条沟壑，担心坐骑的嘴巴反抗导致队形失去秩序？在这种环境下成长起来的指挥官，当他知道每一片土豆地、每一道山脊和沟壑都会疏散自己的队形，如何去相信自己的中队能在接敌时保持密集队形？另外，骑马的热情在四十到四十五岁之间容易衰退。在我军，军官只要徒步或者站在操场中间就能完成大多数工作。

普法战争的梗概广为人知，我想让各位把注意力放在普鲁士骑兵一些公认的失败上。我无意贬低他们的军队，而是想让读者明白：要评估骑兵经过优良训练后所能达到的上限，迄今为止的历史仅仅是最低的标准。

团操练才刚刚结束，许多军官趁着分队训练尚未开始请了几天假。战争

---

① 译注：《1870和1871年战争中的战斗和战斗中的德国骑兵》（Die deutsche Reiterei in den Schlachten und Gefechten des Krieges von 1870/1871），柏林，1895年。

不期而至。7月17日晚上10点到午夜间，各个卫戍区都接到了战争动员令，次日天未破晓就有几个中队越过了国界。我有个朋友的驻地在兰道，他请了三天假去拜访孚日的几个阿尔萨斯朋友[1]，并在假期最后一天下午悄悄策马而归。出乎意料的是，在离国界线一定距离的法国领土，他发现了自己团里的几个骑哨。他猜想是士兵在外放哨，指挥的中尉无意越过了国界，于是立刻上前命令他们撤退，然而哨兵答道："对不起，先生，我们正在与法国打仗。命令在昨夜抵达，我们正到处找您。"

这样的例子数不胜数，我认为应该特别注意这一点：没有什么能更好地从本质上解释德国军人的动力——在过去三十年，它使每个德国军官牢记坚决履行职责，随时准备战斗。他们无暇进城采购华丽的装备，或是花整个下午去搞清楚最无用的实战武器左轮手枪的使用技巧，也没有时间淘汰中队的战马。当"集合"的号声响起，士兵必须迅速列队，一切准备就绪。人生中的这种课足以教会一个人"今日事今日毕"。当1870年再次响起号声时，军队必然不会再有犹豫与分歧。这也解释了德国为何存在广受批评的"皇帝的警示阅兵"。

在此摘录孔茨作品（第40页）中失职的一例，以证明普军骑兵并非认知中的那般完美：

> 7月21日夜间，驻于茨韦布吕肯的第七枪骑兵团的一个连队接到命令，要求破坏萨尔格明德（Saargemünd）[2]和哈格瑙（Hagenau）[3]之间的铁路。带队的军官对该地区一无所知，而且没有地图。在山间游荡了四十八小时后，他们终于找到了铁路，用石头在铁路上搭了一个临时路障，并没有使用携带的炸药和火药。

这件事似乎没有激起风浪，因为那名军官没有颜面尽失，被逐出军队。在我眼里，这简直是军事史上的一则奇闻：一个人在自己的祖国——意味着他能问路——竟然找不到出发地以南二十英里的一条东西走向的铁路。想象一下，要是我军的军官在纳塔尔犯下这种错误，上至陆军部下至刚入伍的尉官，

---

① 译注：兰道和孚日分别位于德国与法国，两地都靠近两国国界。

② 译注：即今法国萨尔格米讷（Sarreguemines）。

③ 译注：即今法国阿格诺（Haguenau）。

将会面临怎样的诘责！

如前文所述，各骑兵师的编制直到7月29日才定下来。8月4日早晨6点，隶属第三军团的第四师初次作为一个单位接受检阅，并奉命进军上奥特巴赫（Ober Otterbach）。与此同时，战斗在维桑堡打响，一名勤务兵被派去调遣第四师前往战场。他在上午11点到达上奥特巴赫，但没有发现该师——由于第十步兵师搭乘的火车穿过第四师行军路线，导致第四师晚了一个半小时，直到下午1点才抵达上奥特巴赫。尽管相距战场只有几英里，他们认为已经来不及赶往战场了。战斗在下午2点钟结束，德军有二十二个中队的师属骑兵可用于追击，但是整支军队，包括参谋部都因获胜感到兴奋不已，没有下达任何命令，放任法军溜走。

次日早晨（8月5日），第四师开往前线，在沃尔特（Woerth）附近的绍尔河确认了法军的位置。但他们并未与敌军接触，而是撤退到步兵的左后方扎营。第二天，两军在沃尔特激战整日，第四师被上级命令留守岗哨。这场会战的经过众所周知，无须再详细叙述。法国骑兵未能决定性地影响战斗的结果——人们往往据此论断在后膛枪面前骑兵不再有决定性的作用，但是对米歇尔旅战斗的以下描述将证明该论断的谬误。

第一次冲锋是米歇尔旅发起的，他们与麦克马洪[1]军的其他骑兵一样已多日缺乏草料。前一夜还下了一场大雨，在潮湿的黏土地上，骑兵的状态不足以奔跑一千二百码。

德国人（第十一军）刚刚占领了法军左翼的阿尔普雷希豪瑟（Alrechtshaüser）农场和莫斯布伦（Morsbrunn）村，正在半向右转包抄眼前无序撤退的敌军。此时，米歇尔旅突然出现了。

随后的战况宜用普鲁士官方历史来说明，因为官方史几乎不可能偏袒法国骑兵：

> 进攻地形对法国骑兵极为不利，他们显然没有事先侦察。地上倒着一

---

① 译注：帕特里斯·德·麦克马洪（Patrice de MacMahon,1808—1893年），法国军人，法兰西第三共和国第二任总统（1873—1879年）。在克里米亚战争及意大利马真塔战役（1859年）中扬名，被升为法国元帅，并受封为马真塔公爵。

◎ 米切尔旅的胸甲骑兵发动冲锋，这场战斗亦以"赖希霍芬的冲锋"为人所知（赖希霍芬为法国预备骑兵的部署位置）

排排树木，还有深沟阻碍行动，步兵则在开阔且平缓的山坡上拥有清晰的射击视野。

第一线是第八胸甲骑兵团的中队纵队，第九胸甲骑兵团的三个中队排成横队跟在右侧，身后是列成分队纵队的第四中队，右后方的更远处是第六枪骑兵团。

起初，米歇尔旅的视野里没有敌军，这股超过一千人的骑兵散乱地向莫斯布伦进军，他们英勇地承受了从阿尔普雷希豪瑟直击其左翼的步兵火力，试图找到仍然在上述村庄附近集结的敌军。

此时，他们所寻找的敌人正在准备进军，第三十二步兵团在前，第二线是第九十四团；第三十二团的第二和第四连位于莫斯布伦西北的高地，第一和第三连仍在村庄的街道上。两个团的第二营都已抵达该地以左的位置，第三十二团的第二营以半营为单位排成紧密的两列横队——第九十四团的第二营则是连纵队队形，第三工兵连也在场。这些团的燧发枪兵营[1]在莫斯布伦以南待命，第八十团的各连刚刚从布鲁希（Bruch）磨坊抵达村庄的北口。

当第一排士兵出现在高地上时，埃伯巴赫（Eberbach）东南灌木丛中传来了猛烈的火力，导致一时无法继续进军。他们随后遭遇了敌军骑兵的集群冲锋。

步兵们本可以在大片的葡萄园和啤酒花园里找到掩体，前方的树木也能提供直接的掩体。但当这次冒险的进攻袭来时，他们既没有组成营队也

---

①译注：即轻步兵营，此时已不装备燧发枪。

◎ 第九胸甲骑兵团在莫斯布伦遭遇重创，法国骑兵以七百人的代价保证了步兵的安全撤退

没有集结方阵——这些队形能最有效地发挥火力。

第八胸甲骑兵团向方才离开村庄的步兵发起了第一次冲锋。他们同时遭到了第三十二团的两个连和两个半营的射击，后者在战斗中半转向右展开。

胸甲骑兵不一会就出现了惊人的伤亡，幸存者冲过步兵的左右两侧，突破了第二连的部分散兵，试图夺取一条穿过村庄或从北边绕过的宽阔道路，但他们被村庄街道里的两个连和北边的第八十团散兵击败。

第九胸甲骑兵团的境况也不好，在步兵左翼放哨的工兵连以松散的队形，在三百步外向他们精准地开火，他们队伍的一角在骑兵的冲锋中被击破。

组成最后一线的枪骑兵攻击了普鲁士步兵的左翼。第三十二团第八连转向到左翼并展开横队，在一轮齐射后"自由开火"，有效打击了冲锋的骑兵。那些没有受伤的骑兵则继续推进并穿过莫斯布伦。

骑兵的英勇冲锋保证了最右翼的法国步兵安全撤退。

因此，法国骑兵以伤亡七百人左右为代价，使法国步兵在撤退时不被敌人追击。法军获得了充足的时间在他处重整旗鼓，此后再次进攻阿尔普雷希豪瑟并将其夺回，迫使普军左翼后撤。但在普军的另一波攻势下，法军最后放弃了此地，普鲁士人终于得以在下瓦尔德（Niederwald）站稳脚跟。

总而言之，法国骑兵的冲锋将这场会战的结局推迟了整整三个小时。我们应当记得，普军在左翼的推进决定了会战。倘若估算一下这三个小时对普鲁士人造成的损失，以及因此免于被俘或阵亡的法军人数[1]，我认为法军付出的代价并不高。

这次冲锋面临如此不利的状况，以至于难以指望成功。除了上文提到的不利地形以外，在法国骑兵的冲锋途中还有一条横向的凹路，宽一千二百至一千五百码。状况不良的战马负重二十英石，以"最快的步伐"穿越了这条路。他们的侧翼遭受着来自阿尔普雷希豪瑟的射击，由于三分之二的团排成了纵队，在敌军的火力下，队形肯定被严重破坏了。最终冲锋应该是以纵队进行的，因为在官方叙述中没有提到第八胸甲骑兵团和第六枪骑兵团展开成横队：如果情况属实，发生一场灾难的要素就集齐了。

假设一支骑术精湛的骑兵部队，拥有一位经验丰富、坚定果敢的指挥官，并在他的领导下享有充分的自由。这名指挥官不会选择在敌军炮弹射程内的一棵树边集结队伍——米歇尔旅因此损失惨重——他会摆脱布满深沟、被落木阻塞的地形，选择一个有掩护的地方，从那里给敌军侧翼有力的一击。

埃伯巴赫的山谷就能找到有掩护的地方，在贡斯特（Gunstett）到劳巴赫（Laubach）之间跨过溪流的道路附近，在福埃斯泰姆（Foestheim）村最高处布哨即可让指挥官了解攻击进程。无须多言的是，他会事先勘察地形，就算不曾勘察过，由于这条路线远比向北行进安全，就算失误也不会有那么致命的影响。

从该位置出发，法军能够在掩护下接近普军左翼阵线的一百五十码之内。在冲锋时，枪骑兵以疏开队列组成第一线，第八胸甲骑兵团以密集队形跟在其后，并把第九团作为预备队留在手里。战斗的结果应该会让任何一名

---

[1] 如果普鲁士人在白天多出这三个小时，他们就能俘虏更多法国人。

骑兵指挥官满意。

博纳曼旅后来浪费了一个小时在葡萄园里徒劳地与敌军步兵战斗，没有理由不让该旅和米歇尔旅组成一个完整的师。这股强大的兵力以莫斯布伦为轴，向正北穿过山谷进击沃尔特，很可能击溃第十一军，决定整天的战局。

下文摘录自一本册子《步兵的正面进攻》（由纽迪盖特将军翻译）里的一封私人信件，反映出普鲁士步兵在会战阶段的状态，足以证明上述观点：

我团很快接到了前进的命令，我隶属的燧发枪营排成连纵队向绍尔巴赫河（the Sauerbach）进发。进入敌军子弹的射程后，我指挥的散兵排（zug）展开队列，另两个排以密集队形紧随其后。

我们前方已经有一条散兵线，他们似乎已经占领了通往埃尔萨斯豪森（Elsasshausen）的丘陵地带上的一个高地。

在绍尔巴赫河，我失去了其他部队的踪迹，渡河后我们不得不穿过绍尔河和丘陵底部之间的广阔草地。在接近丘陵的山脚时，我看见前方的散兵队列调转方向，全速撤下高地，果然如我所料，他们正被敌军追赶。我让自己的排占据了一个迎击的位置，以有效地阻击追击的敌军。

败退的部队撤到我们身边并停了下来，我从一名士兵——当时没有军官在场——口中得知，他们被拥有极大人数优势的法军攻击，被迫撤退。

但是，法军还没有翻过高地，我们就看到在我们左前方约五百步外有部分敌军。我方士兵以最快的速度开火，我尽力阻止他们。

随后，进攻高地的命令经队列从右边传来，并附有军官的指示——整个队列伴随着欢呼声和猛烈的火力向高地上冲去。登上高地后，我们看到约四百步外的敌军散兵正飞速逃离，消失在起伏的地势中。

我无法理解法军为何在我军薄弱的阵线前逃走。我们全力追击，兴奋不已的士兵们随意开火，根本没法阻止。随后，进军突然停止，我们进入了一片视野狭窄的地区。我还来不及弄明白进军停止的原因，整个队列就调转方向，开始失去秩序地逃跑。没有人能解释这一现象。

事实上，法军在一大股散兵的增援下进攻，击退了我军的右翼，但我们并没有看到。

在四百步外，我们成功让士兵们停了下来。我们虽然没有看到一个敌兵，但继续猛烈地开火。尽力安抚士兵后，我们再次前进。这一次，法军在我们离他们不到两百码时才开火，这是决定性的一刻。但是，法军随后转身逃跑，我们追上去，高喊着"万岁"，不停地射击。

这一刻，应该有及时的骑兵冲锋从左后方打击他们。

我们已经离法军据点埃尔萨斯豪森不到五百步，左侧是下瓦尔德，此处猛烈的火力让我们无法推进，所有人都找到了掩体。一场远距离的火力交锋接踵而至，我们的情况很快变得越来越不利。士兵们焦虑地观察四周，看是否有援军到来，却毫无收获。军官们无法让士兵坚守位置，由于战友的伤亡以及数小时的远程交火，他们感到沮丧不已。

随后，我们清晰地看到，有几个密集的法军营队攻了过来。士兵们坚持不住，转身后退，阻延敌军的一切努力都徒劳无功。

事实上，我军并没有溃逃，而是整个阵线在缓慢地撤退。我们步步后退，敌军步步紧逼。没有援军出现，我想这场会战输定了。我们以这种状态后撤了一百五十步，这时，突然听到"全军前进"的号声，所有士兵都开始执行命令。

符腾堡人的密集营队正在接近，这给了士兵新的勇气。他们转过身来，加速向敌军冲去。

在上述事件发生的时候，普鲁士第十三骠骑兵团的三个中队正在地形的掩护下组成密集的中队纵队。米歇尔旅十个中队的残兵突然从普鲁士人的右后方全速撤退，并试图保持队形。

停在原地的普鲁士人立刻"调转方向"，飞奔着发动冲锋。由于事出突然，他们来不及展开，只有外侧的士兵试图变为横队冲锋，但这次突袭足以让法军慌乱。在短暂的混乱后，普鲁士人迅速集结起来横扫溃败的法军，俘获六十多名士兵和大量失去骑手的战马。进攻之果敢、集结之迅速，都值得高度评价。

我们已经知道，第四骑兵师根据上级命令留守后方。普军能够投入追击的只有隶属于各师的骑兵，他们中有许多中队还在绍尔河的对岸——沃尔特以东。然而，由于前夜的暴雨，这条河难以通过。

一共有二十一又四分之一个中队，不少于两千七百八十五名骑兵追赶败退的敌军，各个中队独自作战时生龙活虎，但却丝毫没有（也不可能有）统一指挥的迹象。无论如何，他们击溃了数支密集的步兵部队，共俘获九门大炮、一挺机枪、五百匹战马和两千名士兵，还有雷什奥芬（Reichshoffen）的许多伤员、两个火车头和大量车厢。

第四骑兵师于下午6时在下瓦尔德苏尔茨（Sulz-unter-dem-Walde）附近的营地里接到前进的命令。他们即刻出发，但由于火车堵塞了道路，他们到午夜时分才走了十五英里。他们马不卸鞍、露营休息，在破晓时出发。受战争的好运气眷顾，枪骑兵们找到了正确的路线。但是他们只装备了长枪，被法军散兵借着山区的崎岖地势轻松打败。追击大体就此中止，战马已经无力前进，前夜短暂的歇息不足以让它们得到休整——天气状况也十分不利[1]。

同日在斯皮舍朗（Spicheren）发生的战斗持续到了晚上，该地区难以进行夜间追击，但哨兵很快在清晨找到了敌军的踪迹，并穷追不舍，直到维翁维尔（Vionville）会战那天的晚上[2]。不断战斗的骑兵们一路鞍马劳顿，并因水源缺乏，难耐高温而精疲力竭，被步兵前哨接替。次日清晨，没有新的骑兵被派去继续追击敌军。

---

[1] 可参考孔茨少校对沃尔特会战的详细研究，出版于1902年。

[2] 译注：即8月16日。

从维翁维尔会战到战争结束

第十二章

法军当天的首次冲锋发生于上午11点，目的是掩护弗罗萨尔[①]的法国第二军撤退。

下文引自已故的克勒上校在《维翁维尔–马斯拉图尔会战中的骑兵》（Die Reiterei in der Schlacht Vionville–Mars la Tour）第15页的叙述，其与孔茨后来更加详细的资料也相吻合：

◎ 画家让尼奥（Pierre-Georges Jeanniot）绘制的《射击队列，追忆勒宗维尔的战斗》，他作为步兵军官亲身经历了维翁维尔会战

当时位于勒宗维尔（Rezonville）和维利耶欧布瓦（Villiers–au–Bois）之间的法国骑兵部队如下：第三枪骑兵团、帝国近卫军的骑兵师、德福尔东师和瓦拉布雷格（Valabregue）师。每个师分为两个旅（或者分为一个枪骑兵团、四个猎骑兵团、四个龙骑兵团和四个胸甲骑兵团），总共集中了十三个团，不计先前的战损，一共五千名骑兵。

[①] 译注：夏尔·奥古斯特·弗罗萨尔（Charles Auguste Frossard，1807—1875年），法国将军。他很早就预言普鲁士会与法国交战，在斯皮舍朗之战中担任法军指挥，后在梅斯与巴赞将军一起投降。

在接到弗罗萨尔将军"当机立断"的冲锋命令后，指挥近卫骑兵的德沃（Desvaux）将军命令迪普勒伊（Du Preuil）将军（指挥第三旅，包括一个胸甲骑兵团和一个卡宾枪骑兵团）率领他的胸甲骑兵去支援绍塞河（the Chaussée）畔勒宗维尔–马斯拉图尔以南的第三枪骑兵团。

骑兵团执行了命令，他们在后坡冒着敌军的火力与山脊平行整队。

根据法方的记录，大约11点半，猛烈的火力减弱了，有人发现无序溃逃的法国散兵出现在山脊上。普鲁士炮兵连紧随其后，他们随即占领了山脊，向法国骑兵开火。

第三枪骑兵团的两个中队一度前进，但在缺乏明确指令的情况下撤退了。

迪普勒伊将军向德沃将军报告表示，所有人都在退却。但在同时，他又收到了进攻的指令。他的部队距离普鲁士步兵太远了，有两千五百码。进攻失败是注定的，除非得到炮兵的支援。有人提出了反对意见，但是弗罗萨尔将军回复道："立即进攻，不然我们全盘皆输！"

于是，迪普勒伊的第一个梯队以奔跑的速度出发。第二梯队与其相距一百五十步，但由于步调太快，迪普勒伊下令减速，并和参谋部一同加入了队伍的侧翼。与此同时，第一梯队仍在全速前进，他们把第二梯队远远地甩在了身后。普鲁士散兵开始集结成方阵。

进攻方顺利地进入了步兵的射程之内、这时，德福尔东师露营的遗留物——在清晨慌乱丢下的饼干盒、辎重车等——突然阻挡了他们的路线。前路被阻碍的第一梯队被迫转向左边，他们越跑越偏，直到有两个中队陷入无序混乱中。这时,他们不幸遭遇了五十码外的火力射击，整条战线断开了，士兵们涌入普鲁士方阵中。上校和他的副官杀进了一个方阵，但在四面火力攻击之下，其余人溃不成军。

第二梯队由此暴露了。他们遭遇到三百码外的自由射击，并损失了一些骑兵。不过，在敌军火力得到暂时压制后，他们便继续以良好的秩序前进。当两军相距一百码时，回应他们"冲锋"号令的是普鲁士人的一阵弹雨，半数骑兵被打下马来，剩下的人不是撞上了障碍物，就是跌进了距方阵十步远的沟里。

◎ 普法战争中法国胸甲骑兵的留影

以上是法方的叙述（参见波涅上校的小册子[1]，英译版第45页）。普鲁士人给出了如下的描述：

冲锋攻入了第一线第十旅的连队，后者正赶往弗拉维尼（Flavigny）以东。第五十二团第二营由希尔德布兰特（Hildebrandt）上尉指挥，他们肩上扛着武器以横队迎击；在与敌人相距二百五十码时，他们开始自由开火，敌军的攻势在此之前已经减弱。第五十二团指挥官希尔德布兰特上尉被打死，敌军的其他骑兵从左右两边冲过去。后方的队列转身向他们开火。一边是第十二步兵团的燧发枪连，另一边是弗拉维尼和绍塞河之间第六步兵师的连队，他们用同样精准和稳定的火力迎击法军，只有少数足下生风的胸甲骑兵逃脱。

上文的重点在于，按照普鲁士人的记述，法国骑兵实际上表现更好。他们攻击的并不是正在集结中的方阵——在匆忙变阵时，士兵的勇气势必会动摇。聚在一起相互支援也意味着承认了己方的弱势。事实上，法国骑兵攻击的是完好无损的步兵横队，这项任务困难得多。

普鲁士人并未承认自己的阵线被敌兵突破，但是他们的指挥官在士兵面前阵亡，说明法国骑兵至少相当接近普鲁士军。

在这种情况下，骑兵败给了一支既毫发无损，又受到炮兵支援，还准备充分的步兵部队，更何况其眼前还有障碍物保护。这不能为后膛枪证明任何事，就算在过去的褐贝司时代，战斗结果也不会改变（比如四臂村之战中的第二十八步兵团[2]）。

---

[1] 译注：《根据两次大战的骑兵研究，包括1870年的法国骑兵》（Cavalry studies from two great wars, comprising The French Cavalry in 1870）。

[2] 译注：在滑铁卢之战前的四臂村会战中，英军第二十八步兵团组成方阵挡住了法国猎骑兵的冲锋。

为了掩护骑兵的撤退，巴赞元帅[1]派出了近卫军的一个炮兵连，并亲自坐镇指挥。普鲁士第十七骠骑兵团的二十余名士兵原本在追击败退的法军，这时突然向这个炮兵连袭来，尽管后者在相距八十步的时候进行了最后一轮炮击，骑兵还是杀进阵中，几乎砍倒了整支拼死抵抗的部队，元帅和他的参谋部甚至被迫拔剑自卫。

◎ 法军总司令巴赞元帅

如果将巴赞俘虏，对德军或许是一件不幸的事情[2]。但一般来说，在战斗中俘虏一支军队的首脑，无异于扯掉了它的心脏，会成为骑兵最值得称颂的战果。

第十一骠骑兵团的进军被弗拉维尼以东泥泞的路面所阻，并未成功参与追击。他们登上了勒宗维尔以南山脊的斜坡（官方地图上的三一一高地）并发起攻势，冲下山脊驱散了大群法国步兵和骑兵。

这是一次出色的表演，该团在战斗中损失极小，仅有一名士兵和八匹战马阵亡，一名军官、十八名士兵和五匹战马负伤。

由于侧翼遭遇绍塞河方向的猛烈火力以及第十七骠骑兵团的撤退，他们也退回了。

刚过12点，法国第二军正在混乱中撤退。第六骑兵师接到第三军军长冯·阿尔文斯莱本[3]的命令：“向勒宗维尔前进，敌军步兵正在无序撤退。”

但在普鲁士第六骑兵师赶到之前，战况就发生了变化。法军得到了有力的支援并重整攻势。第六骑兵师的任务从追击败军变成了抵挡生力军的

---

① 译注：弗朗索瓦·阿希尔·巴赞（François Achille Bazaine，1811—1888年），雇佣兵出身，1864年任法国元帅。在四十年军旅生涯中以难以置信的勇猛和普法战争中率领法国最后一支野战军投降而闻名。

② 译注：普法战争后期，法兰西帝国政府倒台后，据守梅斯要塞的巴赞掌握着法国最后一支正规军，但他拒绝承认国防政府并率军向普鲁士投降，使得普鲁士兵不血刃地解决了一大难题。

③ 译注：赖马尔·康斯坦丁·冯·阿尔文斯莱本(Reimar Constantin von Alvensleben，1809—1892年)，普鲁士将军，后任德意志帝国将军。普法战争期间担任第三军军长。

第十四骑兵旅　　　　　　　　　　第十五骑兵旅
　　1　　　　　　　　　　　　　　　1
第十五枪骑兵团　　　　　　　　　　第三骠骑兵团
　1　　　　1　　　　　　　　　　　1
第六胸甲骑兵团　第三骑兵团　　　　第十六骠骑兵团

◎ 普鲁士第六骑兵师的冲锋阵型

进攻，师长决定派出他的全部两个旅，截击向勒宗维尔前进的大股敌军。他们以如下队列前进：

右边是第十五旅，下属的第三骠骑兵团在右、第十三团在其左后方充作第二线；左边是第十四旅，下属的第十五枪骑兵团在前，第三团的两个中队在右后方，第六胸甲骑兵团的三个中队在左后方。全师以拉开距离的中队纵队的阵型前进。

第十五旅并未成功冲锋，他们只是小跑着前进，甚至没能够展开。来自右侧的压力导致他们难以保持间距，整个旅收缩成了密集的中队纵队。在密集阵线的散兵射击下，这种队形极为不利，冯·施密特上校（冯·劳赫负伤之后，他负责指挥）见胜利无望，下令"停止"，并到侧翼指挥部队重新散开。经过数分钟的停顿后，他们以排为单位转向，并以步行速度撤退。在持续不断的枪林弹雨中，他们保持着间距和步行速度，直到完美地完成这次机动后才改为快步。第三骠骑兵团在白天的战斗中——后来他们参与了夜间的进攻，击溃了几支密集的步兵部队——共损失八十名士兵、一百匹战马。第十六团经历类似，但伤亡没有这么大。

第十四旅也没能成功冲锋，第十五枪骑兵团撞上了撤退中的第十七骠骑兵团的部分士兵，因而失去了秩序，后者正被法国骠骑兵的一个中队追赶。普鲁士骑兵迅速重整部队，为了维持年轻士兵的纪律，尽管处于敌军的火力攻击范围内[1]，他们仍然以操练场上的稳定与精准进行了整队。第六胸甲骑兵团没有找到攻击目标，而敌军放弃了攻势，士兵们躲进绍塞河边的壕沟里，这阻挡了胸甲骑兵的脚步。

然而，这次行动并非没有影响会战的进程：敌军的步兵放弃进攻，撤到了掩体，再也没有出来。炮兵连也撤退了，第五和第六步兵师因而摆脱

---

① 我希望人们特别注意这一战例，德国人在火力下表现得极其坚定。军官对于士兵停止和整队的指挥可作为通行典范，我常听我当时在场的朋友夸赞德军骑兵的指挥效果。我军在科伦索的战斗中，菲茨罗伊·赫特（Fitzroy Hurt）少将试图用同样的方式稳住他的旅。然而，在谩骂他是教条主义者和屠夫的人中不仅有新闻记者，还有许多本应理解他的英国军官。

了严重的威胁。

我仅在此注明：首先，当年德国骑兵的大规模机动不像现在这样训练有素，将来在进军中出现上述混乱的可能性相对较低；第二，该师虽然长时间暴露在枪林弹雨中，实际上损失很小，其余的话不言自明。

我们现在要讲当天的重要事件，即冯·布雷多著名的进攻[①]。这场战斗虽然有很多记述，但仍有几点遭到忽视。下文的叙述参照了多位亲历战斗的友人证言，尤其是已故的波尔中校——他是第一个提议冲锋并带着战斗命令去说服冯·布雷多的人。颇为有趣的是，一名中层军官的决断或许影响了一场大会战的进程。而这名军官隶属于步兵，是自己兵种的坚定信徒，我们无须怀疑他对骑兵存在的偏袒。

波尔中校当时是一名服役约八年的尉官，他在会战当日担任第六师指挥官冯·布登布罗克（Von Buddenbrock）的传令官。在下午1点到2点之间，他和他的长官正在维翁维尔以西的高地上，遭受着敌军的猛烈炮击。将军的身边只剩他一个军官，其他人都被派往战场的各个方向传送命令了。

在他们的面前，即维翁维尔的另一边，是第二十四步兵团的幸存者。他们从大绍塞河畔维翁维尔—勒宗维尔到旧罗马道路之间展开成一条散兵线，在特龙维尔（Tronville）矮林的边缘延伸约一千码。他们既无其他兵种的支援，也没有任何预备队，且在数小时内都无望得到任何一种增援。弹药在慢慢地耗尽，士兵们疲惫不堪[②]。

他们对阵的法军第三师在大约一千码外，分为两线并以横队展开，得到康罗贝尔（Canrobert）军的炮兵部队共九个炮兵连和十五个营的支援。当然在那时，波尔和他的将军都不清楚法军的准确兵力，只是看见几乎连绵不绝的两排展开的营队以及左侧的一行大炮。

将军突然转向他的副官："我太累了，得睡一会儿，要是有什么事，就

---

① 译注：阿达尔贝特·冯·布雷多（Adalbert von Bredow，1814—1890年），德国骑兵军官，在维翁维尔-马斯拉图尔会战中率领第十二旅的骑兵击败了数倍于己的法国步兵，布雷多因此功晋升中将；这场战例成为后世的骑兵支持派经常引用的论据。

② 当日天气炎热，地面又硬又干。

把我叫起来。"他将缰绳放在马脖子上，便沉沉睡去。过去三天，他几乎没有休息过，无疑精疲力竭了。

很快，将军的传令官就发现了大规模法国骑兵。他估计至少有一个师（实际上是德福尔东师）出现在东北方向的维利耶欧布瓦到勒宗维尔的岔路与罗马道路之间；如果他们发现普鲁士步兵并冲锋，普鲁士步兵将无力抵挡。副官叫醒了将军，向他指出了新发现的敌军，并建议即刻找到最近的骑兵，请求他们抢先发动冲锋。

将军最初表示反对，认为冲击一支未动摇的步兵部队毫无希望，但他很快明白了事态："找到距离最近的骑兵，请他们解救我们。" 于是我的朋友出发了，他在途中遇到了第三军参谋长冯·福格茨·雷茨（Von Voigts Rhetz）并被拦了下来。波尔向雷茨汇报了自己的任务和大致情况。

参谋长重复了骑兵不能冲击未动摇步兵的成见，在和平时代的操练场上，他一定无数次重复了这套理论。不过在审视全局后，他意识到了第二十四步兵团的绝望处境，同意立即行动，并指出了布雷多旅的位置："去请求他们冲锋，如果他们要求一份明确的命令，我会很快从军长手里带来的。"

沿着参谋长指示的方向爬上矮山脊后，波尔中尉发现了列队完毕的该旅①，并找到了旅长冯·布雷多少将。波尔告诉我，他当时敏锐地意识到了自己的尴尬处境：一名年轻的陆军尉官必须面对军中最杰出的骑兵，请求他牺牲自己的旅。布雷多拒绝了他的请求，觉得这个年轻军官丧失了理智，再次指出"骑兵无法冲击未动摇的步兵"。

---

① 我的另一位朋友克雷格尼什（Craigneish）的坎贝尔男爵上校当时是为第七胸甲骑兵团中尉。他告诉我，在波尔抵达时，军官们正离开岗位，聚在一起聊天，身穿寻常马服的《泰晤士报》通讯员彭伯顿（Pemberton）中校也在其中。看到信使之后，他对身边的人说："我想我该走了，你们有活干了。"军官们都打包票说他并没有碍事。彭伯顿回答说，既然如此，他也要加入战斗。他在一名连长身边参与了整个冲锋，最终大难不死，还救起了重伤的坎贝尔中尉，将其放在马鞍上驮了回来。冲锋后的整个下午，彭伯顿都在炮兵的漫长战线中四处忙活。我还有几个朋友在他来过的炮兵连里，称其沉着冷静令见者难忘，还说他终日为求一死却不能如意。后来在色当会战当夜，在将近停火的时候，彭伯顿在策马赶回营地的途中，被一颗沙瑟波枪的流弹打死。正如威廉·拉塞尔爵士和另一位友人所说，对如笔者一样相信"天命"的人来说，这堪称一件奇事。

◎ 指挥"死亡冲锋"的冯·布雷多将军

在他们交谈之际，参谋长带来了明确的命令，要求布雷多发动冲锋，甚至在必要时牺牲自己的旅。于是，布雷多拔出他的剑，命令号手吹响"快步"的号令。该旅仅有六个中队，他们以纵队队形出发，借着左侧小山谷的掩护，自维翁维尔向北进发，在行进中变换为一排中队纵队，他们小跑着登上山坡，在发现法军后开始全速冲刺，"横队向前"和"冲刺"的命令几乎同时响起。

策马赶回将军身边的波尔中尉亲眼看见了整场战斗。敌军面前的一千码路程似乎在几秒钟之内就被越过，骑兵如同一群翻过栅栏的猎犬，横扫目标。敌军遍布整条罗马道路，激流般的火

◎ 冯·布雷多在冲锋前高呼"不惜一切代价！"他指挥的第十二骑兵旅只有两个团（第七胸甲骑兵团和第十六枪骑兵团）

◎ 普军第十六枪骑兵
团攻打法军步兵阵线

力倾泻到骑兵的前线和侧翼。而让这名步兵大为震惊的是，骑兵的损失还不到五十人。

横扫第一线后，他们杀到了第二线，但此时战马疲乏，队伍也失去了秩序。德福尔东师的生力军追上了他们，在人数上几乎是五比一。

下文引自《普鲁士官方战报》（Prussian Official）英译本第388页：

冯·布雷多将军听到了撤退的号令。骑兵们在长距离奔驰后精疲力竭、阵线被敌军的火力削弱，他们没有预备队，而且四处都被敌人的骑兵包围。他们从身后的敌军步兵和炮兵中再次杀出一条路，子弹的暴雨不断攻击他们，敌军在后穷追不舍。普军骑兵两个团的残兵撤回了弗拉维尼。这次冲锋的牺牲者视死如归，他们的牺牲没有白费。第六军的进军被阻止、继而在巴赞元帅的命令下被彻底放弃了，这一天，法军再未从勒宗维尔的任何方向进攻。①

---

①关于这次冲锋的评论，参见我多次引用的克勒的小册子。他认为，如果要进行一次大型骑兵冲锋，没有理由不聚集整个师，并质问道：既然一个仅有六个中队的旅在没有第二、三线的支援下，就有如此大的成果，如果给予合适的兵力，能增加多少战果？

以上冲锋并非孤证，近卫第一龙骑兵团随后的冲锋也是一例。

在遭受布雷多的冲锋后，法军的前线出现了暂时的平静。但两个小时后，法国第四军完成了迂回，开始大举进攻马斯拉图尔。这时，第十军正在急速接近战场，而已经抵达的第三十八步兵旅立即投入阻击法军。他们向东途经马斯拉图尔，在圣马塞尔（St. Marcel）以西与伊龙河（又名乌尔松巴赫河）流域相连的溪谷里，袭击了法国第四军第二师（格勒尼耶）。

在殊死奋战后，他们因人数上的劣势而败退，损失为百分之五十七。

近卫第一龙骑兵团位于马斯拉图尔的东南方，他们接到冯·福格茨·雷茨将军的命令，掩护第三十八旅撤退，并不惜一切代价阻止敌军前进。

命令大约在下午5点钟到达，该团的前线组成展开的中队纵队。副官被派去侦察地形和敌军的位置，他带回的情报称，密集的大股敌军步兵正在穷追第三十八旅，地形对行动极为不利。尽管消息令人沮丧，纵队还是果断地执行了命令。

打头的是第五中队，法国第一、第三、第四中队为预备队，骑兵团以纵队经马斯拉图尔向东北快步前进。敌军的火力很快生效了，他们被迫收缩正面，变为三列纵队，随后受地形所迫，在些许混乱中再度展开为纵队。

领头的排被分出去攻击敌军的右翼。

后方的排不得不全程飞奔，才不至于被甩开。

同时，第十三线列步兵团（法）已经穿过乌尔松巴赫河流域的陡峭溪谷，朝着前方的高地前进——他们的左后方是第四十三线列步兵团。

在上述行动中，近卫第一龙骑兵团始终遭受着前者的猛烈火力。

伤亡无时无刻不在增加：上校决定不再等待后方的第一中队，立刻进攻。

于是他下令展开横队，第一中队一旦找到机会，就作为右翼的梯队加入了队列。骑兵团的战斗队列得以完整，第一中队在右，各中队按倒序排列。在行进中变为横队后，奔跑的号令响起了，冲锋随即开始。

旅长和他的参谋部在右翼加入了进攻。

敌军的散兵迅速集结，以可怕的火力招呼龙骑兵。溪谷对面有一个机枪连不停开火，但骑兵突入敌阵中，法军围绕着鹰旗殊死抵抗。

敌人的进军被阻截，普军在撤退中的压力得以缓解。

该团损失了约三分之一的有效战斗人员。[1]

在这场战斗中，骑兵不但击败了未动摇的步兵，而且饱受胜利的鼓舞；此外，骑兵还要克服地形的困难，在冲锋前，他们在枪林弹雨中小跑着进行了一系列机动。

普鲁士骑兵没有参与博蒙和色当会战。不过，他们的日常侦察和行军也颇为有趣，孔茨的著作均有详细的描述。

在这几场会战中值得注意的是，法国骑兵试图扭转败局。整体而言，他们没能成功，但在极为不利的情况下功败垂成，让每名敏锐的骑兵都感到希望和鼓舞。

在博蒙会战中，法军第五胸甲骑兵团对普军第二十七步兵团发动冲锋，在意志坚定和纪律严明的普军步兵面前败下阵来。但在受到主要攻击的普军连中，连队的指挥官被迫拔剑自卫与一名法军胸甲骑兵的军士搏斗，骑兵的冲锋击倒了部分燧发枪兵。

法军的损失超过一百名士兵和十名军官。军官的高伤亡比表明法国士兵畏缩不前，如果他们像维翁维尔的德国骑兵一样紧跟着指挥官，进攻可能会取得更大的成果。但是，他们的战马筋疲力尽，状态非常差。

下文对法军马格里特（Margueritte）旅在色当之战中冲锋的长篇记述，一字不差地引自《普鲁士官方战报》（第二卷，第373页）：

法国第七军的左翼承受着普军炮击的重压，从西面和北面逼近夹击的敌军步兵越来越多，他们开始抵挡不住。由于杜艾[2]将军已经被迫把步兵预备队派到了战场的他处，骑兵只能再次牺牲自己投入战斗。加雷讷树林（Bois de la Garenne）中出现的是马格里特将军[3]的五个轻骑兵团、第十二

---

① 见克勒的《骑兵在维翁维尔》（Reiterie bei Vionville）第41页，也可参见近卫第一龙骑兵团的团史和赫尼希的《第二旅》（Die Zwei Brigade）。

② 译注：费利克斯·夏尔·杜艾（Félix Charles Douay，1816—1879年），法国将军。普法战争期间指挥法国第七军，后在色当战役中被俘。

③ 译注：让·奥古斯特·马格里特（Jean Auguste Margueritte，1823—1870年），法国骑兵将领。曾长期在阿尔及利亚服役，沙丘猫的学名"Felis margarita"就是以他的名字命名的。

军的萨瓦雷斯（Savaress）枪骑兵旅以及博纳曼（Bonnemain）骑兵师里的几个胸甲骑兵中队。

这三支骑兵部队开始向西穿过高地的平顶，亲自进行侦察的马格里特将军来不及开始冲锋，就被一颗致命的滑膛枪子弹打中。加利费（Gallifet）将军接过了指挥权，他身先士卒地带领骑兵攻击普鲁士步兵。这时，部分普军散兵已经抵达高地顶点，其余人仍然在攀爬陡坡。

由于普鲁士炮兵在侧翼的猛烈炮击以及相当不利的地形，法国骑兵在冲锋伊始就没有保持队形连贯。他们的阵线破碎且单薄，却镇定自若，准确地冲向拦路的步兵分队。后者在围篱的掩体和沟渠后面展开宽大的正面，坚韧地迎击了这次猛攻。只有毫无掩护或多面受敌的散兵收缩了防御。

整场冲锋可划分为三次连续的进攻，第一次进攻显然针对第四十三旅，第二次是攻击从弗卢安（Floing）来的部队。在高地的西缘和斜坡上，激烈的拉锯战在人喧马嘶中进行了半个小时，任何忠实的细节描述都难以留存。相比整体战局，有几场战斗更为引人注目。

法国骑兵从卡扎尔（Cazal）进攻第四十三旅，冒着火力打击，攻向弗卢安以南的高地，那里有正在开火的八门火炮。炮手们抄起清洁棍和随身武器自卫，指挥官冯·乌斯拉尔少校与数个敌兵交手。而冯·许伦比勒（Von Schullenbühle）上尉的第九十四团第五连以猛烈的火力成功打退了敌军，该连亦击退了法国胸甲骑兵从后方的攻击。

第四十三旅的散兵线及其右侧的分队遭到了骠骑兵、胸甲骑兵和非洲猎骑兵（Chasseurs d'Afrique）的攻击，阵线支离破碎。然而，援军的线列火力从各个方向瓦解了敌军的骑兵，甚至有人摔下了山坡。法军第一胸甲骑兵团的两个中队突破普军步兵抵达戈利耶（Gaulier），从村庄北口猛然袭击了普军第十三骠骑兵团在村外放哨的两个中队。指挥的冯·格雷斯海姆少校起初只投入了两个连与法军对抗，他将其余部队留在后方一定距离之外，从右翼率领骑兵以梯队前进。与此同时，在默兹河河谷放哨的工兵连以及距离最近的步兵把火力集中到了法国胸甲骑兵身上。后者调头转向弗卢安，大多数不是被追上来的骠骑兵俘虏，就是中弹坠马。有少数残部向北突破至圣阿尔贝（St. Albert）周边，给路过的普军团级马车队和一所战地医院造成了恐慌，但是遭遇的步兵迅速终结了他们的行军。

枪骑兵疏开队形穿过散兵分队，攻击了第十二团和第八十三团第一、第二连的部分士兵。其余步兵以树篱为掩体，在敌军进入三十步以内时回以毁灭性的火力。法国骑兵的残部穿过弗卢安，落到了行进中的其他部队手里。

普鲁士步兵的左翼是第四十六团的滑膛枪营，在遭遇法国枪骑兵的时候，他们正爬到半山腰。在位于公墓区域的第八连的成功协助下，第三、第五、第七连打退了进攻。敌军骑兵转而向北攻打弗卢安，并在那里遭遇火速抄小路赶来的第五来复枪营第二连，结果大多丧命于其火力之下。该营将第四连作为预备队留在村内，加入黑森团的分队，在第四十六团的右侧攀上了陡坡。来复枪兵穿行在树篱间，占据了高地上敌军遗弃的掩体。这时，又一场骑兵冲锋发生了：第四十六团的左翼推进得相当快，骑着灰色战马的两个胸甲骑兵中队率先攻击了第五、第三、第二连。但是在一场子弹的骤雨后，攻势被有效抑制了。本德曼中尉迅速集结散兵，向败退骑兵的侧翼开火，几乎将其全部歼灭。在胸甲骑兵的左翼后面跟着几个猎骑兵中队，他们遭遇第五来复枪营的三个连，并打败了一部分散兵。但是附近的增援火力迫使敌军骑兵向右转，他们遭遇了第二连，后者在左翼组成一个小队，开火彻底击溃了敌兵。随后，法国骠骑兵攻击了第三来复枪连，然而在其排枪火力以及第四十六团的支援下被赶跑，他们也转向右侧，并成功绕到另外两个来复枪连的后方。支援火力和高处的第一、第二来复枪连散兵立即改变方向，以毁灭性的火力攻击躲在前方低洼里的骠骑兵。第一、第二来复枪连散兵原本在抵御敌军其他骑兵从另一方向的进攻，但依然成功击退了新出现的敌人。法国骑兵充满狂热与牺牲精神的攻势在这一翼终止，在其他战场也遭遇了类似的失败结局。在一些战斗中，他们最初突破了散兵线，但攻势总被支援火力摧毁。随后的进攻遭到了更激烈的抵抗，数量可观的普鲁士步兵接近高地顶部，并找到了掩护的地形。败退的骑兵遭受着愈发致命的火力，很快即溃不成军。伤亡的骑手和战马成堆地倒在了高地上，躲过子弹的骑兵冲进了戈利耶的采石场，在那里觅得了葬身之地。除马格里特将军以外，吉拉尔（Girard）和蒂亚尔（Tilliard）将军战死，德萨利尼亚克·费奈隆（d'Salignac Fenelon）将军负伤，参与冲锋的各团平均损失半数兵力。

普鲁士人的损失微不足道，但有相当多的士兵，尤其是来复枪兵，在肉搏战中被敌军骑兵砍伤、刺伤。法军骑兵的残部躲进了加雷讷树林的峡谷里。

勇敢的骑兵们没能通过攻击换回胜利，他们前赴后继的突击无法改变法军注定的命运。但等到色当会战的时候，法国人有理由骄傲地回顾弗卢安与卡扎尔的战场，他们的骑兵至少败得光荣。

在这一战例中，进攻方并没有攻其不备，法军骑兵刚刚离开树林的掩护即被发现，普军能够动用的所有大炮都转向了他们。

两军相距至少一千码，道路上沟壑纵横，极其不利于骑兵的行动。骑兵本身已经损失严重，德国人也绝非意气消沉。但据记载，大约有半个小时的战斗经过"无从描述"。法军的其他部队没有利用好这半小时，这并非骑兵的过错。如果冲锋的意图是掩护一次有组织的突破尝试，一旦这一尝试取得成功，这次骑兵冲锋就不会被轻视为一场失败，而是作为史上最佳作战典范之一流传后世。

在普法战争的第一阶段、普军与旧帝国军队的战斗中，这是最后一次骑兵冲锋。

◎ 与俾斯麦并坐交谈的拿破仑三世，他在色当之战中沦为战俘，法兰西帝国政府随之倒台

◎ 1871年1月，普鲁士军队占领巴黎，威廉一世在凡尔赛宫镜厅宣布成立德意志帝国

考虑到普鲁士骑兵取得的战果，虽然新式武器的射程和射速都有所发展，但在敌军的稳定性和战术素养与拉丁民族的军队处于同一级别时，骑兵仍然能在其火力之下进行机动，并且在地形和时机选择得当时，能挫败一些状态良好的步兵。

击败第三十八旅的格勒尼耶师与不敌布雷多的康罗贝尔军，在构成上并没有显著的区别，但是普鲁士骑兵在后一次的战斗中赢得了胜利，仅以损失二百五十人的代价便成功突破了法军阵线，而法国骑兵则以超过三千人的损失战败。布雷多的骑兵被称作"Todten Ritt""Chevauchade de la mort"[1]，对第三十八旅却没有这样的描述。

如果韦德尔第三十八旅的失败可以拿地形当借口，那我们可以对比一下布雷多的胜利与近卫军的失败，后者无疑是大陆上最强的步兵，两天后他们在圣普里瓦（St. Privat）与同一支部队（康罗贝尔军）交手。当时，法军炮兵的弹药已经耗尽，单靠步兵的火力就击退了这次进攻[2]，战斗发生在与布雷多旅战斗环境类似的斜坡地形上。

至于法军的冲锋，从一开始就注定要失败，主因是遭遇了不利地形，且没有事先侦察；另外，法军的骑兵骑术不精，纪律欠佳。他们的对手则保持着严明的纪律，直到敌人接近时才开火，遭受攻击时士气丝毫不减，始终充满了渴望胜利的职业精神。

即便在法国骑兵最辉煌的岁月，面对这种情况，他们都难以怀着必胜的信心进攻。

我国的骑兵学者应该更关心色当会战之后的战事——在一定程度上，德国骑兵遭遇的阻碍是我们在南非相当熟悉的。本地人在夜间袭击军营。和平的农民在田地里劳作，身边的沟壑里就藏着枪。由于当地的气候原因，即使他们没有无烟火药，通常也不会暴露踪迹，导致奇袭屡见不鲜。游击队很少投降，

---

[1] 译注：分别为德语和法语的"死亡冲锋"。

[2] 另见《法国的元帅们》（Les Mareschaux de France）中H.布拉肯伯里将军的叙述，收录在《威灵顿奖论文》（the Wellington Prize Essay）第112页的注解中。

◎ 法国孚日山区的
农民义勇军

如果比较两片战场每平方英里上的军队密度，其原因便不言而喻：尽管现在无可供查询的准确数据，但普法战场单位面积上可安排的德军人数是我军在南非的五倍左右。

在战争伊始，德国步兵按照精心规划的阵型行军。但在进入法国一周之后，他们发觉这种警惕心既无必要也不实际：各骑兵师掌握了敌军所有正规部队的位置，因此不必要；计划的严格执行会拖慢行军速度，劳累士兵身体，因此不实际。

在战场上，欧洲正规军不可能突然从暗门里杀出来偷袭，而散兵游勇的游击则被认为不足为惧。

然而在法兰西义勇军（Francs-Tireurs）[①]出现以后，情况发生了变化。原本只有前哨和散兵游勇的突袭，后来地方奇袭部队规模扩大到了整个连或中队，这样的例子并不罕见。在总共四十六次突袭中，德国人仅仅击退了六次，六个月战役里的伤亡总数达到了三十名军官、六百四十三名士兵和八百五十四

---

① 译注：法语为"Free Shooters"，指普法战争早期法国非正规的军事作战单位，而后常常用来指代在正面战场背后作战的游击队。

战马。

值得注意的是，许多突袭发生时，军官们正在饭店用餐，士兵们则聚在小酒馆里犒劳自己。相比在南非的草原上，这种习惯在法国更加多见——对我军来说，是件幸事。

在战争的这一阶段，情报安全面临重重困阻：稠密的乡村、大片的森林、短暂的白昼都不利于侦察，我常听参战的德国军官们谈起其经历，和我军正在南非经历的完全一致。

事实上，战争中的侦察是无法在和平年代里教学的。一名士兵也许能熟记每一条规则，也拥有足够的才智去实践，但是要能冷静地骑马到树林的边缘吸引敌军的火力，必须要有面对危险和接受事实的非凡勇气。

随着战争的进程，前线有了适合这些任务的士兵，工作得到了改善，但对每支欧式训练的军队来说，过渡期都是不可避免的。

这一阶段的战争最引人注目之处，在于全盘驳斥了那些基于武器种类，而忘了武器身后的士兵们的战术理论。

普鲁士骑兵的指挥犹豫不决、三心二意，以致错失了许多摧毁法国步兵的机会。而我军的第十五骠骑兵团曾在卡托康布雷西和维利耶-昂科耶协同奥地利友军打败了革命法国的征募兵，功劳由两军平分。但是他们的中队和排有不少极其勇猛的冲锋，这些例子有力地证明了骑兵无须害怕纪律混乱的步兵，无论他们拿着怎样的武器。

下文举出的是这类常见战例的一个典型战例，在第二骠骑兵团的团史中有着详细记载。该团团史的完整大纲在1890年的《皇家三军防务研究所期刊》中有收录。

该团隶属于第四骑兵师，在1870年9月末组成了巴黎南侧包围军的最前锋。他们最近的骑兵援军在后方约三天的路程外，步兵则更加遥远；而在他们的前方，罗亚河地区的第一支军队正在奥尔良附近集结。

随着敌军日渐有序，两个营的巴伐利亚援军被派来，并分散在广阔的前线上。10月5日早晨，他们的前哨遭遇敌军的猛攻，只能集中一个营——另有十门骑兵炮、一个骑兵旅，但实际参战的只有第二骠骑兵团——迎击十二个营、十二个骑兵中队和十八门大炮的敌军。敌军中还有几个阿尔及利亚营和其他正规军步兵（行军营）①，骑兵中队都围绕着旧正规军的强力核心组建。

面对这些部队，德国人坚守阵地三个小时，随后缓慢后撤了两英里。在整整三个炮兵连及在平原上毫无掩护的散兵集群火力之下，他们仅有五人负伤（其中三人是在中队穿过高路时被一颗炮弹炸伤）、四匹战马阵亡、六匹战马受伤。

由于骑兵很少面对如此压倒性的兵力，这场战斗的过程很令人感兴趣。战斗发生在一片向德军轻微下沉的平原。他们的右翼是布瓦塞（Boissay）村，由一个巴伐利亚连占据，在他们身边有大炮，一个中队的骑兵大多（骑马）展开为散兵在侧翼护卫。中路的后方是奥尔良道路上的富里（Foury）村，守军是另两个巴伐利亚连，巴伐利亚营的第四个连占据了南北走向、与大路平行的铁道路基上的一座小屋。铁道另一边的阵线由更多的骑马散兵构成，另有两个隐藏的中队作为预备队。从铁道到布瓦塞村大约有两千码。法军的阵线密集而绵延，火力相当凶猛，炮兵一如既往地沉溺于对射，偶有几颗炮弹射向两个隐藏中队。

德国人以老派的骑兵风格迎击了步兵，每个散兵各自绕圈跑并用随身的卡宾枪开火——隐藏的中队静悄悄地在后方移动整队，分散敌军的注意力。

普鲁士卡宾枪以其笨重和不精准的缺点在全欧洲沦为笑柄，而法军步兵和骑兵都装备了沙瑟波步枪，充足的弹药掩护他们前进了两千码。他们片刻就冒险冲到大炮附近，但是普军护卫骑兵中队和距离最近的散兵向前进中的大部队发起冲锋，把他们搅了个底朝天，法军再未尝试进攻。左翼的散兵发现法军无力攻击，壮起胆子冲上前去。一部分步兵眼看就要崩溃，法军派出六个骑兵中队才把敌人击退。但普军的隐藏中队不会放过这次绝好的良机，他们立即准备冲锋。法军没有坐以待毙，调转方向撤退，普军被迫在猛烈的火力下退回，不过只有一匹战马受了轻伤。

这支法军体力充沛、补给充足、装备精良，其中不乏出色的人才和忠诚

---

① 译注："Bataillon de Marche"，指包含一个团的后方梯队（如鼓手、战地炊事员、军警以及指挥官的卫队、副官等）或迟到的新兵的营级军事单位，也指来自各个营的连组成的临时军事单位。

的军官。虽然在身心俱疲的状态下，最优秀的军队也会在猛烈的火力中退缩，可他们的状态显然没这么糟糕，却还是一无所获。假设法国骑兵装备了效率几乎比沙瑟波步枪翻一倍的布尔毛瑟枪（Boer Mausers）[1]，按照这一假设，把法国骑兵造成的伤亡也相应扩大近一倍，他们的战果依然少得惊人。

◎ 1871年1月，法军试图解救被围困的佩罗讷城，但在巴波姆镇被数量处于劣势的普军击退

随后的战争中，我们发现了光荣背后黯淡的一面。巴波姆（Bapaume）会战（1月3日）次日，第八胸甲骑兵团的三个排正在追击撤退的法军。他们被一个一千二百码外的法国营发现，后者立即组成两个方阵，进行了一阵迅疾地自由开火，随后中止射击——当胸甲骑兵接近五十码以内时，以一轮齐射迎击。中队指挥官和大约三名士兵杀进一个方阵，旋即中弹或被俘，其他的士兵转身就逃，九十个骑兵中有七十三个（百分之八十二）倒在了地上。

九十名骑兵与一个数量优势的步兵营交战并非公平，半冻住的山脊和堆着雪的沟壑都不利于骑兵作战。这次失败的主要原因是，他们的对手是第二十猎兵团的兵站营，该团是法军最为机敏和训练有素的团之一。

下面的战例摘自孔茨少校的著作，正好说明了临时拼凑的骑兵是多么一无是处。应该记住的是，即使在色当会战以后，法国骑兵也几乎全部由正规军的人马组成——包括老兵、预备役兵、新兵——而骑兵马匹则主要为战争爆发时被留在兵站的新马组成。这些人表现得像个骑兵样子的可能性，远远高于我们在近期战争前组建的民兵骑兵团（yeomanry regiments），大量的军事处决

---

[1] 译注：即1893/95式毛瑟枪。南非的德兰士瓦共和国和奥兰治自由邦的布尔人政府曾于1896年大量采购该枪，因此得名。

使他们保持着严明的纪律。

1871年1月9日，在桑莱马基永（Sains les Marquions），正沿着大路行军的一个普鲁士骠骑兵排被数量占据优势的法国龙骑兵拦住了去路。敌军显然人多势众，普军调转方向撤退，而法国龙骑兵在后全速追击。突然，前方出现另一支龙骑兵向他们全速冲过来。大路的边界是一条深沟，对面是一座牧场。普军指挥官迅速地分析了现状，当前方的军队接近一百步内，追兵的距离也大抵相近时，他指挥士兵突然向右越过深沟，然后停下来查看情况。两支法军猛地撞向了对方，战马失去控制，整条大路上乱作一团。

另一个战例发生于1870年11月24日，一个黑森侦察队进入村庄布瓦科曼（Bois Commun），与法军一个枪骑兵团的前锋展开激战。交战之际，其余的枪骑兵在后方集结。黑森人最终杀出了一条路，枪骑兵的先头部队追了上去。

法军的指挥官德布拉塞里耶（de Brasserie）中校不希望追击，他的纵队在到达村庄前经历了长途的快步行军，由于战马状态各异，所以队伍非常散乱。但他不知道的是，上级指挥官已经命令第一和第二纵队以三列纵队沿道路追击。中校追上中队指挥官，命令他停下，但是他的战马不听控制，将他带到了整个纵队的前头。枪骑兵们看到自己的中校在前方全速冲刺，自然也跟上了他的步伐。很快，整个长纵队都向敌军冲去，骑手失去了对战马的控制。

同时，黑森人的大部队已经抵达，他们从侧翼攻击了这群无助的士兵。只消一会儿，倒霉的枪骑兵就从疲马上被击落，沦为俘虏。

普鲁士步兵在此时抵达，军队开始继续前进。当他们抵达村庄时，又一支法军枪骑兵中队出现了。他们以三列纵队全速冲刺，显然是和第一支部队一样失控了。步兵让开了道，在骑兵经过时将其击落，士兵们不是伤亡就是被俘虏。

篇幅不允许我继续摘录这份引人入胜的著作。谨希望上文的节录，能使骑兵军官们在准备为中队授课前注意到这份堪称宝藏的资料。

评论与建议（上）

第十三章

◎ 在格拉洛沃特之战中，普鲁士胸甲骑兵损失惨重。施泰因梅茨对法军阵地的鲁莽进攻险些酿成普军的溃败

　　普法战争才落下帷幕，军事界就涌现了铺天盖地的各类小册子。作者们根据片面的资料以及个人经历，预言战争艺术将发生深远的剧变。其中最为泛滥的预言之一，当然是骑兵从战场上消失。

　　这并不会让严谨的战争学者吃惊，熟悉军事写作的人都明白，战争的经历者们不可避免地会掀起一股写作狂潮，攻击那些洞悉事实、在现实中与他们格格不入的人。

　　这些人不明白：致命武器的交锋必然会带来伤亡，死者和伤者并不会在意击倒自己的武器是谁发明的。人们在战争中受到的折磨，与平日的文明社会存在巨大的落差，这让他们不自觉地深陷一个误区，认为痛苦不是"个人的"，而是"整体积累的"，在潜意识中无视"比例"，根据"总量"下结论。他们为情感所驱策而挥墨写下的观点，对于能辨明个人倾向的心理学家而言是有价值的"人文档案"；但对后世而言，这是最危险的研究资料。后人们不曾经历过书中描述的战斗，甚至没有可靠的证人指导他们如何判断这些个人经历的价值。

我们有必要在这里多费些笔墨。不幸的是，判断的要诀在英国不为所知。普法战争的经过被加以完全错误的解释和观点，逐渐使我们偏离了战争新形势的亲历者所追求的道路。

如今公开的秘密是，普军中经验最丰富的士兵，即曾经参加过独立战争的老兵，比如普鲁士国王、施泰因梅茨，以及毛奇、格本等见证过他国苦战的人[1]，总体上对军队的指挥相当满意——格拉洛沃特（Gravelotte）之战中的恐慌是一次反面战例，赫尼希对此留下了令人震撼的描绘[2]。在利尼和滑铁卢的战场上，堆积了密度十倍于圣普里瓦-格拉洛沃特的尸体，对于亲历过战斗或是研究过第一手资料的人来说，看到一支战前训练更加充分的军队在百分之二的伤亡率下落荒而逃[3]，想必会大失所望。虽然普军后来又重整旗鼓，但显然训练中存在严重的问题，才导致了这一切。无疑，士兵对旧制度的信仰在当时有所动摇，而逐渐取而代之的现存制度在当时还无法真正地解决问题。

在这种情况下，普鲁士骑兵不出意外地对于细节问题的困惑持续了很长时间，如今的普军精英们在当时经历了多年的漫长探索，我们在此不做分析。

---

① 译注：独立战争指第六次反法同盟战争（1813—1814年）；卡尔·弗里德里希·冯·施泰因梅茨（Karl Friedrich von Steinmetz, 1796—1877年）在普法战争中指挥普鲁士第一军团，后获封陆军元帅；奥古斯特·卡尔·冯·格本（August Karl von Goeben, 1816—1880年）于施泰因梅茨麾下指挥第八军。

② 译注：在格拉洛沃特之战中，施泰因梅茨违背作战计划，正面攻击了处于优势位置的法军，险些酿成溃败，他因此被解除了指挥权；"令人震撼的描绘"应指赫尼希的著作《毛奇战略的24小时》（Twenty-four hours of Moltke's strategy）。

③ 利尼之战中，大约两平方英里的战场上有三万人伤亡；滑铁卢之战中，三平方英里的战场有四万六千人伤亡；而圣普里瓦-格拉洛沃特之战中，二十平方英里上有三万二千人伤亡。

◎ 军事画家德纳维尔的作品《圣普里瓦的公墓》，描绘了格拉洛沃特会战中法军坚守圣普里瓦阵地的悲壮场景。纳维尔因这幅画而获封荣誉军团军官

值得注意的是，由于大多数连和中队的指挥官拥有实战指挥的经验，并在短期服役制度下不得不亲自训练士兵，因此军队从一开始就有了扎实的基础观念：无论多么精熟的战术训练、射击练习和马术，也无法替代纪律的精神力量，唯有纪律才能确保部队在决胜时刻及时赶到战场。

即便是靶场上的头号神枪手或是跑圈练习里的最佳骑手，也可能在实战

中一无所用。只有在军官的指挥下融入、结合到一个团队中，才能在敌军的枪炮下协同作战，并得到磨炼和成长；换句话说，在纪律得到贯彻之前，"操练"始终不能停下。

只要学习过历史，这应该是显而易见的。但是，从当时以及如今的时评来看，大多数公众都不明白，甚至还有许多杰出的政治家和士兵以为军队在阅兵中提高机敏性，在行军中磨炼出机械般的精准和迅速，都只是为了取悦操练军士的眼睛，而缺乏更深层次的理由。

经历过战争的德国士兵和军官们感受到，通过意志力的集合，能把弱势的个人组合为强大的集体，他们因此备受鼓舞，并在工作中投入了一丝不苟的精神——一直以来，准确而言是自1806年以来，这都是德意志民族的优点。

不能忘记的是，1870年之前的人们相信一条铁律：训练有素的部队能承受三成的战斗损失，所有指挥官都根据这一假设制定作战计划。只有伤亡超过三成，才会认为战斗真正遇到了困境。在旧时代军人的眼里，不足百分之四、五的损失连毫无纪律的新兵都能承受。曾有一个团在这么轻微的损失下整营溃散[1]，次日清晨他们聚在一起时，都引以为耻，羞于正视战友。整支部队饥

---

[1] 参见《梅克尔的战术》（Meckel's Taktik）和《仲夏夜之梦》（The Midsummer Night's Dream），或赫尼希的《毛奇战略的24小时》。

肠辘辘，担惊受怕，垂头丧气。很快，需要同心协力的时刻就到来了：在行军的途中，当脚下的土地随着敌军的接近而颤抖，该团"找回了自我"。指挥官的战术将决定接下来的一切，经过几句适时的夸奖，士兵们重新树立起自信，松散的精神纽带被重新扎紧，历经前次的考验后，他们相互监督、勿忘教训。

但夸奖需谨慎，骑兵复兴运动的领导者们很快对这种方法感到反感，前文多次引用的霍恩洛厄亲王《关于骑兵的对话》中即有详述。这本书记录了孕育当代德国骑兵复兴的整个历史。

此书宜结合冯·施密特将军的著作阅读——其译本已经分发给各团。若不对照霍恩洛厄亲王的著作，这本书的许多地方都难以理解。若不了解冯·施密特面对的实际情况，就很难理解他试图解决的难题。

我在前文中大幅引用的克勒著作《1806—1876年间的普鲁士骑兵》及冯·罗森贝格所著的《思绪汇编》（Zusammen gewürfelte Gedanken）都值得研读，将我军的南非战事与其中的观点对照，或许会有所裨益；如果不结合欧洲的地形和战术，南非战争的经历会让我们误入歧途。

我已不厌其烦地重复过，我军在南非面临的作战条件是极度反常、空前绝后的。在其他任何国家，都不可能面对一支纯粹的骑马部队。

如果布尔人没有超强的逃脱能力——这种能力能让他们甩掉我军追击的疲马——他们就会发现：如果没有难以逾越的障碍物掩护，在一定数量的炮兵和步兵攻势下，士兵之间相距十步的阵型是无法守住阵地的。追击的骑兵会驱散他们的步兵，给战斗的幸存者留下深深的心理阴影。

既然如此，他们只能按照常规的欧洲操典排兵布阵。随着士兵的队形愈发密集，他们的正面越来越窄，难以找到自然的掩体，暴露给敌军的目标变得更加密集，受到的火力杀伤愈发严重。

如果能认识到骑兵追击的真正意义，我军就应该引入饱经考验的欧陆制度。假以时日，战斗的方式将回到从前：骑兵在战场上随时待命，必要时能奔袭四千码——考虑到我军的负重，这还达不到欧陆的高标准——迫使敌军形成便于我军攻击的阵型。

战斗或许会变得愈加血腥，使得我军的一项优势变得举足轻重：在战场上损失一名士兵的同时，能够从疾病中救回五名士兵。

◎ 准备发起突袭的布尔士兵

一个老生常谈的问题是，将军们不会单纯地出于轻率，或是为了炫耀一长串屠夫清单[1]——社论作家以及其他不负责的评论者之臆想——而摆出每码十名士兵的密集阵型。只有不得已之下，才会通过这样的阵型阻止己方阵线洞穿，避免敌军骑兵在胜利后猛烈追击。见过溃败之师的人都明白，追击最叫人胆寒。正如赫尼希所说，"不论逃窜的步兵手上拿着连发枪还是干草叉，对追击的骑兵来说都没有区别。"稍有夸张，但并不离谱。我知道这难以置信，但是在印度哗变以后，再没人见过真正的溃兵了，除非迈万德（Maiwand）和伊桑德尔瓦纳（Isandlwana）的战况比通常认知中更为糟糕[2]。

再次回到那个问题：国情特殊的我国是否应尝试和引进欧洲的战术？不提些战略上的题外话，是没法回答问题的。

无论海军还是陆军，当今的武装力量都是为维护和平而存在。为了完成其使命，必须通过合适的组织和训练，敦促军队对潜在的敌人怀有足够的尊重，以免像朱尔·西蒙先生那样怀着"轻松的心情"投入作战[3]。

我们不必讨论海权问题——顺便一提，在这一方面我受到已故的科洛姆

---

① 译注：指战斗的伤亡名单。

② 译注：迈万德会战（1880年）发生于第二次英阿战争，不慎袭击阿富汗主力（约两万五千人）的两个英军旅被打败，承受巨大损失后得以撤退。伊桑德尔瓦纳会战（1879年）发生于祖鲁战争，指挥不当的英军遭遇两万余祖鲁人伏击并惨败，成为英军在对原住民战争中的最大失败。

③ 译注：拿破仑三世的内阁首长埃米尔·奥利弗在宣布对普鲁士开战时，自称"怀着轻松的心情"。朱尔·西蒙为第三共和国部长会议主席，疑为作者混淆。

◎ 海军中将、历史学家和评论家菲利普·科洛姆

将军①启蒙，并且是他最忠实的信徒；重点在于，我们潜在的敌人并不认同其真正的价值。发动一次对伦敦的奇袭显然有着巨大的风险，但倘若我们缺乏反击的武装，他们未必不会放手赌一把。

在现今的陆地交通条件下，英国无法通过舰队的封锁迫使欧洲屈服。这是显而易见的，连土耳其苏丹都明白这个道理，他在杜尔奇格诺（Dulcigno）事件②中一语中的："纵使铁甲舰船也无法爬山。"

没有一支横扫大陆的军队，我们就无法签订一份和平条约。即便取得胜利，也无法让敌人为其鲁莽付出惨重的代价。

那么对于敌人而言，进攻英国只有潜在的收获，而没有后顾之忧。因此，在与欧洲军队交战时，我军越训练有素、越组织得当，就越有利于达成维护和平的初衷。

在小规模作战中，当我们按照地形等情况调整战术时，可以承受几条性命的损失——偶尔的败绩甚至有助于锻炼出精锐士兵，以应对不容有失的大型战役。

有人说，在欧陆国家的庞大军队面前，我们的两三个军渺小得毫无还手之力。这无疑是切中了要害：我们根本不应该把战斗力局限在这个低得荒唐的数字上。这种限制显然说明了一个事实：我们的军队里没有一个"思考"部门，这种部门应有充分的时间了解问题，制订出合适的组织方案。同样，也没

---

① 译注：菲利普·霍华德·科洛姆（Philip Howard Colomb，1831—1899年），皇家海军中将，著有《海军战争》（Naval Warfare）等，他与本书作者都曾参与撰写预测未来战争走向的《1890年的大战争：预想》。

② 译注：杜尔奇格诺又称乌尔齐尼（Ulcinj），是黑山的一个港口。根据1878年的《柏林条约》，奥斯曼帝国承认黑山独立，但是拒绝割让两国边界的杜尔奇格诺，列强的海军因此在1880年对奥斯曼进行了示威。

有一个政治家思考过战争的意义，并花时间从思考中得出合乎逻辑的结论。

在高尔夫球场上，抑或是从选举活动与经商逐利中抽出的闲暇时间里，是不可能搞明白战争的。

然而，一旦我军认识到实现三大兵种高效能的基本原则，只需大笔一挥，便能建立编制超过百万的军队，以及百万人级别的预备役。在我国海军夺回海上霸权前，陆军就能渡海到敌国作战，以一纸合约终结一切；而在成本方面，相比如今捉襟见肘的财政条件，军费开支的增幅不会超过百分之五。

在有限的篇幅里，我无法深入详述，只能写下在德意志、印度和英国实践得出的训练原则以及必要的细节，以在最短时间内加强我军现有骑兵（而非骑马步兵）的战斗力。

战马对骑手的无条件服从是骑兵效能的基础。此前章节引用过的冯·罗森贝格著作中对于无条件服从有详细的解释；而要建立让战马无条件服从的权威，首先是在驯服马驹时下功夫。奇怪的是，尽管在纸面规范上，我军的操典直至1880年都领先欧陆国家，却从未在实践中执行过制定的规则，也没有理解其中的要点。

纵观骑兵学科的代表著作，从18世纪至今，迫使服从的普遍方法是用沉重的衔铁屈挠马的颈部，向后拉其头部，使骑手和马的重心落于后腿。虽然该学科的观点繁多，但是从纽卡斯尔公爵到博谢[1]，骑术名著里的注解版画显然证明，上述驯马方法正是主流的观点。

如果一匹马的嘴巴被挤到胸口，颈部弯曲如公猫弓起的背，显然不可能在异国他乡安全地驮运骑手。我国的骑马猎手们并无这一问题，却犯了一些次要的错误，严重阻碍了我军骑兵的发展。

在盛行骑马狩猎的草原地区，骑手没有必要去要求马的高度服从。人们不会把坐骑的步调控制在每秒钟一步，选择行进路线时也相当自由[2]。由于

---

[1] 译注：弗朗索瓦·博谢（François Baucher，1796—1873年），颇具争议性的法国马术专家，著有《基于新原则的骑马方法》（Méthode d'équitation basée sur de nouveaux principes）等。

[2] 队列中的骑兵绝不能如此。

◎ 马术大师詹姆斯·菲利斯

◎ 正在训练马匹的弗朗索瓦·博谢

一流的骑兵都以各郡的马术佼佼者为榜样，我军也接受了放任马头的驾驭方式。这有助于我们的士兵驰骋原野，但是忽视了对战马的控制，无法控制战马的骑兵是几乎无法在密集阵线中战斗的。一套完全错误的军用马术体系逐渐建立起来。

若对上述问题有兴趣，建议查阅菲利斯的《现代马术》（Equitation Moderne）[①]，这是一本与此相关的杰作，在此简单介绍一下作者。

我相信并希望菲利斯先生仍然健在[②]，他幼年在纽马基特当马童，经年之后前往尚蒂伊的欧马勒公爵（Duc d'Aumale）马厩。在那里，他驰骋于操练场和原野之间。由于年龄从赛马场退役后，他开始全面地研究马术，并掌握了法国式"高等马术"（Haut École）。我记得他好像告诉过我，他曾与博谢共事过。无论如何，他对那位大师的训练方法有全面的了解。

他洞悉学院骑术和越野赛马体系的利弊，并将它们整合成一套训练方法。从他的著作和实际训练来看，新的方法成果斐然。

我记得在1892年柏林伦茨马戏团的一个夜晚，他从巴黎和布鲁塞尔到柏林表演。当地的士兵和市民对他怀有强烈的偏见，因为他最近发表的作

[①] 由海斯上尉精心译为《训马术与骑马术》，并于1902年出版。

[②] 译注：在作者写作该书时他仍然在世，已年过七十。

品由法语写成，大家都猜测他是个法国人。无疑，围观表演的大多数批评者们——其中包括了普鲁士所有的一流骑兵——都是巴兰①，是来诅咒而非祝福他的。

他骑着两匹英国纯种马——分别是五岁和六岁，体形都相当健美，完全不像是马戏团里的。一出场便引起一片哗然，因为英国纯种马天生抗拒骑手的腿部压力，而且对马刺的威胁极度敏感，曾经遭到学院派的反感。

节目单包括了所有的常规马戏，实际上是对德国骑术条例的重复。表演自然完美无瑕，随着暴风雨般的喝彩声停歇，他将马头转向贵宾席，身后的门猛地打开，马匹缓步向后倒行退场，这样的表演彻底地征服了观众。我只听说过一次这样的事，但那是另一个舞台上的另一个故事了。

后来我和菲利斯先生熟络起来，他好心地允许我参观驯马工作。他的思维极其清晰，尽管几乎忘光了母语，半法语半德语地与我交谈，但他的叙述从未让我产生一丝困惑。

他完全反对在训练中过度屈挠颈部。他向我指出，且不论我军的训练水平，我军骑兵条例的作者是很懂行的：诱使年轻的马在立柱处屈挠，轻柔地牵引其下颚，使其颈部保持放松，把压力直接传导给身体。这种控制马匹和骑手重心的方法，比曲颈更轻松和直接。如果牲畜的下颚僵硬、不服从缰绳的指令，分歧就会产生：马的下颚肌肉不足以抗衡骑手的手臂力量，但此时骑手的前臂和马的颈部肌肉相互较劲，后者无疑强壮数倍。

归根到底，控制马匹的秘密在于四条腿之上、骑手和马的共同重心。骑手可在鞍上移动身体以控制重心，但通过马匹下颚上的缰绳，从颈部驾驭整匹马才是最佳的方式。

1893年2月，康诺特公爵殿下曾计划去菲利斯先生的私塾观看骑马，可惜未能成行。我和埃杰顿上校、斯韦恩上校一同前去观看，大约一小时的表演着实震撼了我们。其中有这样一项表演：马停在一个位置，埃杰顿上

---

① 译注：《圣经》所载的降祸于以色列人的先知。

校指一条腿，它就迅速将其抬起来，宛如翩翩起舞。我一直希望从骑术爱好者手中募集资金，邀请菲利斯先生到我军的主要骑兵卫戍区——如伊斯灵顿（Islington）、奥尔德肖特等地表演。然而，在这座热衷赌马的小岛上，对于骑术和骑兵问题的兴趣近乎消失殆尽[①]。

言归正传，当年轻的马匹服从下颚缰绳的指令之后，其他训练也会水到渠成。让马的后躯下沉并非难事，该过程需要牲畜弓起背部，背肌得到锻炼后，就会在快步和奔跑中提供一个舒服的弹力，并使马在同等疲劳度下完成双倍的工作。若一匹可怜的牲畜抗拒头部牵引，将重心压在前掌，背脊挺直，疲累地拖着后躯，它的耐力绝不会好。如果以上事实在十年前就为人所知并得到赏识，我军就不会在南非遭遇那么多可悲的屈辱。

另一个难题是不要让新兵僵坐在马上，而是要体会乘坐一匹出色的坐骑是何种感觉，并告诉他们如何成为一名优秀的骑手。

任何军队都会遇到这一实际问题，任何士兵都会经历这样的过渡阶段。

按照传统，军队会为新兵配一匹年老、安静的好马，让他们在学校附近散步，马匹仅听从口令的指挥，骑手不施加任何扶助。这是一个良好的开端：士兵的肌肉习惯了鞍座，自信也随之提升。但通过这种方法，显然无法把握坐骑正常运动的感觉——对这种感觉的把握决定了骑兵未来在队伍中的价值。如果为新兵换上更年轻活泼的马，又属本末倒置。马能走出轻盈而优雅的步伐，全归功于老练骑手的出色调教，普通新兵是望尘莫及的。

1893年，我在柏林见到了下述的方法，德意志皇帝的御厩大臣和该领域的著名权威专家普林茨纳（Paul Plinzner）上尉以此大获成功。他的任务是带领士兵锻炼皇室种马，手下自然有骑坐稳健的出色人选。他挑选了经过训练六至八岁的马，希望士兵们抓住步调的感觉。为了防止其生疏的动作破坏节奏，他在衔铁的缰绳上绑上短皮筋，系紧在马鞍的鞍环上，并调节缰绳的松紧度，使马匹的头部保持在合适的位置。士兵在骑马时双手后背，并进行几项练习，

[①] 俄国人对菲利斯先生更加欣赏，他之后成了圣彼得堡中央骑兵学校的首席骑术教练（Écuyer en chef）。

学习如何在骑坐中谨慎地移动上半身。在原则上，我强烈反对任何形式的辅助缰绳，但上述方法是值得一试的。

还有另一种方法：利用弹力把我们常说的"受衔"（light mouth）和"适当牵引"（good hands）中难以描述的微妙感觉传达到骑手的手腕和手掌上。

这是我的朋友、已故的第十六枪骑兵团少校达什伍德（Dashwood）的发明，他是少数对骑术教学目标有着透彻理解的英国人之一。在我看来，他的想法能为骑术学校的教员免去几周的工作，值得在此一述。

简而言之，准备一个带有衔铁的笼头，把缰绳的一根松紧带挂在鞍具房的便利钉上，下吊一个不足一磅半重的小纺锤。教官调整缰绳的松紧度，精准地还原一匹驯服之马的挣扎力度。学生们接过缰绳，就能准确地接收到想传达的感觉。为指导差劲的骑手、新兵和马夫而大费口舌的教官最为清楚，这个方法无疑可以节省相当可观的时间和麻烦。

在撰写马术文章时，总会遇到一个难题：尽管存在无法解释的驯马天才，但大多数人只能辛勤地琢磨细节；即便如此，他们在向马传达命令的语言造诣上也无法比肩天才。驯马的能手能轻易地让坐骑听从一切命令，他们无法理解天赋不足者的苦楚。因此，教官往往比只能苦心学习的差劲骑手更加不幸。这一难题也普遍存在于我军的骑兵中，由于我军的骑术天赋高于大多数大陆国家，问题的严重程度相对低一些。

随着年轻马匹无条件地服从骑手，新兵体会到坐骑的感觉。下一个课题是聚集一批人马，敦促他们以团体行动，避免其沦为乌合之众。这是军事操练的开端，不曾深入地研究和理解操练和骑兵效能的人会小看其难度。我可以回答这些人：组织出色的操练，并取得一流的成果，需要非凡的知识储备和品德操行，许多教养良好的士兵都难以胜任该职责。

回顾第二章引述的《士兵入门》：

> 为使他们承担起教导、指挥和管理马队的责任，所需要的决心是无限大的（而且经历了许多困难）；士兵（其为理智的生物，能听懂我的语言和理解我的指令）不至于特别蠢笨和焦躁，训练他们比训马要简单，若他们有不如意之处，可以用权威和惩罚强迫他们服从命令；但要把愚蠢的士兵和愚蠢的马匹训练成纪律之师，能冷静、有序和条理井然地执行每一个

动作和指令，这简直艰难之至。①

如果上述的建议得以实施，至少不会出现"野人与疯马"。我军只需要训练处于合理控制之下且共同处于控制之下的人与马。

阐明这一问题的最直接方法是还原几年前存在大多数骑兵团内的状况。据此前的南非战争判断，相同的情况恐怕仍普遍存在于我军骑兵中。当你走近一个等待会合的骑兵团时，十有八九会发现士兵像麻袋一样瘫坐在马身上，军官成群地离开岗位闲聊。如果一旁有骑炮兵连，通常士兵都下马在检查其坐骑。进一步观察就能发现，马的重心并未正确地落在四条腿上，不是在一双腿、就是在三条腿上。如果从垂直方向观察，会发现队列毫无章法。当"注意"的号令响起时，士兵们的态度看不出一丝变化。他们仅略微收拢缰绳，并未试图稳住战马。"行进"号令最终下达后，坐骑们抬起任意一条腿，往各自方便的方向散乱地出发了。A马的重心落在左前腿和右后腿，于是自然而然地朝着相反的对角线迈步，这使它撞到了重心落于右前腿和左后腿的B马。B转而撞到了C，而C正为了D的蹄子而烦扰。每匹马都自行其道，队列无法有序前进。眼前的人马陷入一片混乱，各单位之间相互碰撞，随着步度的加快，变得越来越混乱。被碰撞激怒的倔马会冲到队列前面，这时需要有人整理队列。整队时，所有士兵将头转向指定的一侧，由于在转头时并未抬起臀部缓冲，他们在外方一侧的腿会用力，所有的坐骑随之转向内方，直到在行进中碰撞身边的马；糟糕的情况不断蔓延，慢跑五百码后，队伍彻底失去了凝聚力，队列的行间距接近一匹马的身长。最终，当队列停下来时，战马已经兴奋难抑且大量出汗，消耗的能力达到在稳定秩序中行军的三倍之多。大约十五年前，这样的事情每天都在发生，单调的军旅生活时常出现整个团的集体失控，只有无法跨越的物理障碍才能阻止失控的队伍。

当时一些骑兵军官严肃地宣称，永远不应该练习"冲锋"，因为会造成士兵混乱，导致战马失控。我清楚地记得，某重骑兵团数以小时计地以"慢步"操练，在队伍正面从小队展开为连时，战马仅以快步移动。我还记得在两

---

① 《士兵入门》，S. 马卡姆，伦敦，1643年。

◎ 第十九骠骑兵团指挥官珀西·巴罗上校

三年后见到的另一名指挥官，在旁遮普的寒冷天气里转移驻地时，即使行军持续将近三周之长，也只许战马以慢步行军。当需要在大规模骑兵行动中奔袭数英里时，这种骑兵的表现可想而知。

我军骑兵的状况已糟糕透顶，而当人们深入探究时，却难以说清症结所在。战马品种优良，士兵极为敏锐和热忱，多是大胆猛进的骑手；年轻军官多在马拉根德（Malakhand）、苏丹和南非展现了非凡的勇气，并渴求机遇与功勋；但是体制——自从漫长的战争岁月在滑铁卢落幕以来——妨碍着我军，腐化了所有阶层，麻痹了一切进取心。年轻军官没有机会学习领导者的义务，他们在空余时间里无所事事，自然醉心于赛马和自我放纵；年长的军官则不学无术，害怕承担引进变革的责任；副官、骑术教官和军士长们习惯于墨守成规，在工作中情绪低落。

我以为，在撰写英国骑兵的真实历史时，突破该局面的主要功绩应归于已故的珀西·巴罗（Percy Barrow）上校。他是一名敏锐的战士，也是一名骑兵兵种的忠实信徒，不但阅遍了当时（1880年）所有的德国骑兵著作，还在休假期间前往汉诺威等地，学习书中词汇的真正含义与读法——在研究德国战术时，这是相当必要的预习。与日常生活中的词汇不同，词典中很少能找到军事术语的完整解释。

他当时在奥尔德肖特担任旅参谋长，我们志趣相投，遂结为密友，几乎每日都会在长谷策马散步。我们讨论了上文所述的我军骑兵现状[1]，逐渐聊起如何将德国模式导入我军，并不时地在皇家工程兵训练炮场和兵站内，利用老

---

① 在此我不会浪费笔墨逐个批判各团。

◎ 1882年，埃及战争中的第十九骠骑兵团

驮马进行试验。我清晰地记得当时在埃及战争①前还是中尉的自己与他最后一次见面的场景。他在返途中对我说，如果拥有了自己的团，一定会践行我们讨论的想法，因为按照女王的法规和操练章典，没有人能干涉团的训练方式。

几天后，他真的得到了一个团（第十九骠骑兵团），并显然实现了自己的诺言：该团在几年后从埃及返回后，我时常去观看其中队和团的操练。尽管士兵的平均技巧不及德国骑兵，并且刚刚从最低编制扩充为满员，团内有大量年轻战马，但我注意到，他们的移动与欧陆最强的骑兵同样敏捷和稳健。这证明只要有健全的制度，邻国能尝试的任何事，我们都能做到。

这一套方法在细节上相当简单，最困难之处是让人相信：如此简单的办法何以催生出累累硕果。实际上，这些细节大多在数代之前就记载于我军操典中②。人们或许难以理解，正是缺乏对这些基础知识的认知，麻痹了我军的骑兵部队，而从我所知的全部反例来看，这一现象仍然在延续。问题在战争爆发前的最后一次大规模骑兵检阅上暴露无遗；毫不意外的是，当日参加检阅的三个团此后都在南非分崩离析。

现在让我依次归纳三大重点：

一、必须不停地训练下马休息的习惯，直至其成为士兵的本能性反应。若有时间为"骑坐稍息"的命令辩解，不如翻身下马。骑兵在下马之前一定要养成找掩体的习惯。坐在山头观战固然有意思，但不是战争中该做的事。

二、骑兵上马后调整队列时，应从垂直方向观察队列，仔细查看每匹马的站姿——向指定方向调整并无意义，关键是与正前方对齐。

---

① 译注：指马赫迪战争（1881—1899年），巴罗上校于1886年在战争中亡故。
② 我们至少应该了解自己的操典。

三、在下达"准备"号令时，士兵以常规方式骑坐，收拢缰绳，轻柔地拉动衔铁，使施加在马前掌的重量稍许向后躯转移。这样一来，"行进"的号令一响，所有士兵便能同时前进。整齐划一的起步与服从是所有

◎ 1898年的奥地利骑兵

问题的基础，必须密切注意坐骑和骑手的位置才能做到。

以上三条简单的规则实际上能够解决一切：其他问题的解决都将水到渠成，因为让马匹服从任何命令都不再是难事。

只要所有的战马同时起步，每匹马都处在相互平行的横队上，就能从根本上杜绝行军中的混乱、拥挤和动摇。经过几天的训练之后，战马也会感受到有序行动的好处和舒适，并懂得操练场与赛马场的不同。只要骑手允许，它们就会自行在快步或跑步中统一行动。

经过这番训练后，战马将学会自行调整，正如冯·施密特将军反复提到的"节奏即方向"。不断地进行自行调整后，发生混乱的主要原因——整队时向指定的方向扭头，就自然会消失。

设置"基准点"的旧方法寿终正寝，不需要参照的基准点后，士兵可以将注意力集中于前方的指挥官、地形以及敌军。

奥地利骑兵曾长期流行一种制度，即全体军官在行军时加入队列中，而奥地利军官能游刃有余地在运动中指挥二十个中队的队列。虽然奥军现已改为普鲁士的"指挥官领路"体制，但只是出于战术上的考虑，在"操练"中并不是必要的。我曾询问在奥军骑兵中服役多年的旧友，如何在漫长的队列中避免致命的拥挤问题——奥军骑兵的中队之间甚至没有检查队形波动的军官——他回答道："很简单，我们教士兵把控好自己的马，向正前方骑就行了。"我花了七年才明白其中的真意。

诺兰的著作中并没有强调这几点。我猜想在克里米亚战争前，我军对这些要点比如今有更深的理解。如果有军官仍然对当年的情况有印象，能告知

当时日常操练中强调的重点，将对于我国骑兵大有裨益。这样的情报能使我军的团史发挥真正的价值：我们濒临忘却的并不是先辈的成就，而是他们成就的方式。

在普鲁士有这一说法：没有马维茨的日记，普军骑兵的改革——实际上近乎一场重建运动——是不可能完成的①。

---

① 关于乔治·勒克爵士——英军在印度的首任骑兵监察——在当地的详细工作，以及与德国和英国模式的详细对比，请参见我的另一本作品《关于战术和组织的信件》（Letters on Tactics and Organisation, Calcutta, Thacker and Spink）。我准备在今年冬季再去一次印度，重新撰写那几个章节，使其更符合目前时代的情况；但书中探讨的并非细节，而是原则，其中的评论是长久适用的，且能向未来的历史学者证明我所频繁引用的《马维茨日记》对普鲁士骑兵的意义。

评论与建议(下)

第十四章

在上一章中，我详细讲述了马术与操练的准则。这些准则决定了骑兵的效能，若在训练中被忽视，我军多年的辛劳也将付诸东流。

简而言之，我想要强调：我军在和平时期能够维持的骑兵武装，其规模绝不足以在欧洲战争中大举登陆、完成海军未竟之事业，正如在滑铁卢之战完成纳尔逊毕生未竟事业那样，当然也无法指望我军骑兵在英格兰本土迎战欧陆骑兵的大军。

我认为，只要我军在和平年代中坚持前一章所述的准则，使其成为军官和士兵的第二本能，就能在战争状态下扩编成千上万的新兵——在战时，每夸脱一百先令的谷物价格及六十先令的国债，将驱使人们涌向军营求生。

若不采用这些准则，花费二十年时间也练不出骑兵。而在这些准则的指导下，十八个月内就能将中队扩编为团，且骑兵团的机动力不逊于任何欧洲骑兵。

两个世纪以前，克伦威尔曾完成过类似的扩编。有异议者或许会指出，克伦威尔征募的士兵比现代人更擅长骑马，且战马素质较低、易于驾驭。那么，约翰·弗伦奇爵士的经历是更合适的例证，弗伦奇接替珀西·巴罗上校，成为第十九骠骑兵团的指挥官。1890年，当我到访该团时，他们已在相近的时间内完成了相近比例的扩编，团内士兵的平均服役时间仅十二个月，但整体实力足以媲美我所见过最出色的欧陆骑兵——尽管在一些方面与欧洲骑兵存在差距，但也有相应的原因，而且第十九团还在另一些方面上更胜一筹。如果欧洲大陆的国家发现，我军能派遣登陆的骑兵团并非十五个而是四十五个，维持和平的可能性自会增加。不说比例，仅从数量上而论，骑兵部队可在和平时期自

◎ 1892年身穿礼服的约翰·弗伦奇上校

行完成战力的巨大扩充，无须增加我军的工作负担和财政预算。

我军军官并非喜欢寻欢作乐、游手好闲，只是把努力浪费在错误的方向。倘若同等程度的努力被投入到刀刃上，就能实现我军的所有目标。在乔治·勒克爵士担任印度骑兵总监期间，我曾不止一次地见证当地骑兵团在六周之内改头换面。

仅有军事训练还不够，马术的操练也同样重要；只要发布相关的操练要求，尽职尽责的中队指挥官肯定会让士兵练习。

军中的竞争会很快解决问题：贯彻执行骑兵总监要求的中队不久即脱颖而出，其他中队也将迅速察觉到其成功的秘诀。

正是竞争使普鲁士骑兵变得优秀，让他们在马匹的养护和训练方面，掌握了丰富的专业知识——正如普鲁士人在海量的相关书著中展现的——由此减轻了德国骑兵军官在改革上的困难。

而相关著作的匮乏，正是我军骑兵发展的一大阻碍。我国在这一领域的作品极少，远不及德国以及近年来的法国著作。事实上，并非我国军官没有能力撰写佳作——《皇家三军防务研究所期刊》及其杂志上刊载的论文证明，是他们没有钻研相关问题的热情。由于这类书籍没有需求，出版商也不敢冒险出版。学识渊博的军官只能零敲碎打地写些短篇，受于篇幅所限，难以进行全面的探讨。但是一旦相关知识出现需求，并不缺少分享知识的作者。

我原想详述相关问题，但有珠玉在前：已故的陆军上尉奥尔德纳尔（Oldnall）刊于《皇家三军防务研究所期刊》1901年5月号的精彩文章。如果南非战场上的养马兵们读过他倡导的几条知名原则，战争将提早几个月终结，因为我军的一切困难都源于机动力的匮乏。在血肉横飞的战争中，上述原则直到事态难以挽回都无人问津。这种情况缘于军官普遍不屑于花时间学习。而要应对实际的战斗，不仅仅是靠答题纸上的知识——只要熬夜复习，次日早上就能在考场里写出一篇差强人意的文章。士兵必须将知识融为第二本能，养成观察的习惯——善于观察才能应用知识——才不会因疲劳与兴奋而产生疏忽。这是任何一场战争都会教给我们的伟大一课，但我军恐将遗忘这一经验。毕竟，身为乌合之众里的一员，比在军队里当兵轻松得多。

根据奥尔德纳尔上尉所言，南非战争的组织管理中显然没有体现这些第二本能和习惯。他指出了战马背疼的原因：其一，我军在鞍下垫放了几块裹起来的毯子，而垫毯很难包裹，士兵又粗心大意；其二，马鞍滑落到鬐甲[1]——这些问题在过去五十年里都被讨论过。

现今的欧陆骑兵只在鞍下配备一块垫毯，这一习惯已持续数代。无论是奥军还是德军的战马，都极少在战场上犯背疼。在1870年战役中，普军骑兵仅有百分之二的战马出现背疼；而其战马的负重并不少于我军——他们的骑手体重普遍重于我军，而且能在四五天内行军五十至一百英里，经常连续四十八至六十小时行军。

德国人能做到的事，我们也能做到。我军的垫毯问题源于鞍桥的形状：为了适合鞍垫和垫毯，我军降低了鞍桥的弧度，导致鞍桥相对垫毯过宽。十二年前，在印度骑兵的军营里就暴露出该问题，但未得到改善的办法。

在南非战役中，依然没有人注意到能挽回巨大损失的马鞍和垫毯问题，所谓的"健康状况"被视为主要问题。在诊断马匹健康时，不应该以背部和鬐甲的肌肉量为依据，而应该观察马匹对某一任务的适应程度，判断其素质与整体健康程度。平地赛马与越野赛马的情况不同，两者与军用马更是大相径庭。我们经常忽视这一点，一味地参考训练赛马的标准。恐怕这一问题还会继续存在，直到行业竞争升级，促使优秀的兽医全面地研究该学科，重复在法国、德国和奥地利已进行过的研究，出版一部翔实而严谨的著作，而不是一部夹杂着马术评论的个人游记。

在这样的著作问世后，我想人们会更重视年轻马匹的身体锻炼。德军和我军在训练新马方式上的根本区别即在于此：我军仅要求有限度的服从，英语中的"rough-rider""horse-breaker"[2]等词语体现了我们的立场。而德语中

---

① 译注：马肩胛骨之间的隆起部分。

② 译注：直译为"粗野骑手"和"驯服马的人"，也就是驯马师。

的"zureiten"和"dressiren"①代表了一种教育的渐进过程。他们向每匹年轻战马投入的关注度，正如桑多②对待潜力运动员：锻炼其肌肉，塑造出几乎相同的体形。德军的每个骑兵团中都有几个经过训练的专家，通过骑马时的感觉判断马匹接受的训练是否正确。

我们会说"培养"猎马，许多人凭经验与亲身指导，能出色地完成培养。可是对于骑兵的战马与炮兵的驮马，我们却不去"培养"，而是去"驯服"——区别就在于此。

近来，针对我军战马负重过载，出现了不少言之凿凿的批评，日报的编辑们似乎以为，通讯记者的专栏文章里是他人未曾想过的独创观点。

这种错觉是很容易破除的。各兵种的无数军官已衡量、规划并制订过减轻负重的计划。实际上，若不计入骑手和草料——这是唯一公平的比较基准——我军骑兵的负重还略低于德军③。如果后者携带等量的草料在南非作战，也会陷入同样的困境。

当然，既然战争已经打完，也没有证据说明德军在同样的环境中做不到更好。事实上，我们两国的军队都承受着来自传统的压力，模范军队也不像我军顾问想象的尽善尽美。

其实，德军的优异之处局限于能凭竞争的热忱达成、无须增加支出的方面。当需要从财政部榨出钱的时候，他们一样吃尽了苦头④。

任何骑兵部队负重过载的主因都在于骑手缺乏工程学知识。在他们眼里，一副马鞍永远只是一副马鞍，很少有人会思考它的作用是什么、它是否真的达到了作用。

从本质上看，马鞍是一个支架，他能帮助骑手保持不影响马匹肩部活动

---

① 译注："训练""驯马"，后者亦有培养、教育之意。

② 译注：欧根·桑多（Eugen Sandow，1867—1925年），德国健美先驱，现代健美之父。

③ 不过德军炮兵用马的负重要轻得多，由于无需和我军一样在极端天候里作战，不必配备同等强度的马具。

④ 多年之后，我们的炮兵学校欣欣向荣，而普鲁士的野战炮兵只能自掏腰包购买训练用的弹药。连冯·欣德辛（von Hindersin）也解决不了这个问题。参见霍恩洛厄亲王的《关于炮兵的信件》（Letters on Artillery）。

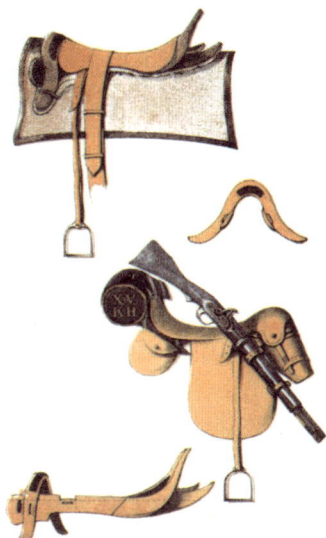

◎ 诺兰在《骑兵：历史与战术》中提倡的骑兵鞍示意图

的坐姿，不单独压迫马匹任何一块骨头，并以最大面积分摊骑手体重。骑坐舒适度只是次要的因素——人类什么都能适应，即使是自行车的鞍座。

在鞍骨的两侧装一对扇形物，用两块坚硬的拱拼接，在上面展开一块供人骑坐的料子：严格上讲，这就是一副马鞍所需的全部结构。其实最初的马鞍也只有这些部件；其他的附加物都只是改善骑坐舒适度和外观的累赘。

人们已经忘记了朴素的马鞍骨架，虽然不时有人努力推广精简的理念[1]，但是常见的马鞍还是保留了笨重的木头、金属和皮革制的骨架，净重高达二十八磅。

几年前（1887年）在奎达，我曾尝试还原早期的匈牙利鞍。在两个旁遮普巧匠的帮助下，我把一大段雪松木凿成几块扇形物。尽管材质相当不合适，这却是我唯一能找到的材料。我用集市上找到的闲置角钢打造出两块拱形物，将扇形雪松木用其拼接起来，并在两块拱之间挂一根肚带，粗略地系在鞍环的两端，做成分股肚带（split-girth）。一副马鞍就这样完成了，称重七磅，造价三卢比。

这副鞍具被安放在盖有垫毯的马身上，它用分股肚带固定。接着，我在扇上套上马镫皮带，鞍具周身包裹一件阿富汗羊皮大衣，并用肚带扎紧。我们在孟买第六骑兵团的队伍里进行了实验，士兵和军官都十分满意——特别是士兵们。这副鞍具让骑手更贴近马身，使骑坐更安全；随后，我把这副鞍具寄给了当时的骑兵委员会，并在说明信内解释：马鞍旨在展现一种理念，做工和材料只是现时现地的最优选择，无关实际设计的方案。

---

[1] 参考诺兰骑兵鞍，在他1852年出版的书中有介绍。

几个月后，我得知鞍具由于强度不足而被否决。好像面对拼凑的材料和外行的加工，他们还对强度抱有期待似的！退一步说，他们要求怎样的强度？四十年来我军都生产耐用的鞍具。为了避免鞍具在战场上损坏，在替代品送达或临时制成前，造成部分马匹在几天内无法参战的情况，可怜的战马承担了毫无意义的二十磅多余负重。在南非战役里，甩掉这二十磅能救回多少战马！

我相信在现有的冶金技术下，能制造出完全铝制，或由铝制扇与钢制拱拼接的完美鞍具，重量预计不超过六磅。

早期提炼的铝金属又软又贵，如今其强度已增加三倍，成本很快会降至每磅不足一先令。

选用铝制衔铁、铁制马镫和铁制马掌，将至少节省六英镑的开支。

此外，在选择缰绳、笼头的材料时，人们总是断定"皮革是最好的"，在相当潮湿的气候中也许如此，但我们也需派兵至干燥地区，经验使我相信，没有什么材料比皮革在干燥气候下更糟糕。为什么不试试编织材料呢？在帆布一类的材料中编入钢丝网，用作缰绳、笼头和马镫带的材料，将比现有的马具更结实和轻巧，且在干燥气候中可靠得多[①]。

以上是减轻负重时唯一能考虑的方向，除此之外的方向都没有可行性：草料的运输取决于作战的地区，其他物品的重量都已压缩到最低。一切改变的尝试都需要实验，却没有可拨用的公款。为何不让私人——比如一位富裕的退役骑兵军官——承担任务呢？

我坚信只要有优秀的工艺技术，在这种思路的指导下，至少能减轻二英石的负担——南非的战场经验足以说明其意义。

在骑兵的整体耐久力方面，也是能有重大提升的，只要明白一个简单的道理：杀鸡焉用牛刀。换言之，让重骑兵练习执行轻骑兵的任务是在浪费精力，反之亦然。

我们必须划分重型、中型和轻型骑兵，原因很简单：大个子不适合骑

---

① 实际上，布罗德伍德少将曾把一些由这种材质制作而成的装备投入苏丹战场，而且我认为反响良好。

◎ 正在向金伯利进军的弗伦奇骑兵师

◎ 布尔战争中的约翰·弗伦奇

矮马，小个子不适合骑高马；在整编中队和团时，不能破坏士兵的效能（参见《马维茨日记》）。重骑兵能在军营（camp）、露营（bivouac）和营房（quarter）①中保护自身的安全，让他们奔波于先头骑兵的掩护之间纯粹是浪费精力。当然，轻骑兵和中型骑兵需要把握冲锋机会的能力——毕竟"一匹温和的马也会踢疼人"，但只要如前文所说，完成马对骑手的"无条件"服从训练，冲锋的威力也不在话下。

我知道对于许多刚从南非战场回来的读者而言，骑兵冲锋，委婉地说是一种落伍的观念；但我希望他们勿要妄下定论，等到战后的混乱思潮稳定下来，各场战斗才会得到恰如其分的判断，人们才能去伪存真。

经过六千英里的海路和一千英里的铁路运输后，我军战马的体重明显下降，但它们不会在印度的内陆行军中掉膘，或在一场临近本土的大战中，仅仅行军六十英里就疲惫不堪，宛如跋涉了六千英里。整个夏季，我国的船只和铁路都把赛马运往巴黎。我从没听过赛马疲惫到无法训练，以至于影响赌

———————————

① 译注："camp"，指有帐篷的军营、营帐；"bivouac"，指无帐篷的临时露营、军事野营；"quarter"，指士兵等群体的营房、宿舍。

马的结果。

切勿妄下定论，说南非战事已彻底改变骑兵的职能。假如我军战马的健康状态与在欧洲一样好，在约翰·弗伦奇爵士将军的指挥下，可以改变战争的进程。

从里特河（the Riet）到金伯利之间需要行军七十五英里，信德骑兵团（the Scinde

◎ 装备1895式毛瑟枪的布尔人

Horse），或是旁遮普、孟加拉的任一精锐骑兵团都只要二十四个小时，无须四天之久，且马匹损耗率预计不足百分之二；从金伯利到布隆方丹（Bloemfontein）约有九十英里，三十六个小时就足以走完；这也是欧洲大陆上任一骑兵团都能做到的。战役中的战略和战术怎么会因此而改变？

我们都知道，弗伦奇的进军横扫了布尔军，没有给他们留下集结和掘壕沟的空暇时间；如果我军部队的机动性增强三倍，情况又会如何呢？

基于对骑兵学科的长年研究，我认为在正常的欧洲条件下，依照布尔人的原则，试图以骑马步兵迎战快速机动的熟练骑兵，只会以骑马步兵的彻底毁灭告终。因为在开阔的地形上，在一支明智的敌军面前，下马射击无异于自寻死路——除非沦为敌人的俘虏。

作为本章的总结，我将举出一流骑兵在欧洲地形上的战例，请读者们把战例中的距离对应到南非的地图上。需要记住的是，在战斗中造成杀戮的并不是武器的种类——如许多人所误解的——而是武器射出的子弹。事实上，布尔毛瑟枪每分钟的射速还不及沙瑟波枪的两倍；因此，正如我一再指出的，既然在普鲁士骑兵的实力远不如今的年代里，每英里五千杆沙瑟波的火力无法阻挡他们的进军，每英里五百支毛瑟枪的火力也未必有更加效果。这时无须考虑两种武器的射程，因为指挥得当的骑兵总能以某种方式——借地形的掩护或者抓准时机——出乎敌军意料地发动袭击。

接下来的战例发生于德国皇帝1891年在卡塞尔和爱尔福特之间的乡野上举行的演习。9月17日，两支军队的骑兵在米尔豪森附近发生首次遭遇战。当

◎ 执行任务的德国骑兵，摄于1912年

　　天，第十一军的骑兵师离开了自卡塞尔出发以来，就一直穿行其中的山岳地带。在高温和缺水的情况下，结果遭遇了掩护第四军行进的骑兵部队。

　　我在塞巴赫（Seebach）村附近遇见了一个隶属第四军、下辖三个龙骑兵团的旅。我刚刚到达，他们就接到了敌军接近的消息，以集合队形即三个团并排组成密集的中队纵队，向西移动。

　　从我站的位置看，地面向北和西呈轻微的波状起伏，没有任何围墙和树篱。但两边坎坷不平的洼地里都流淌着一条约二英尺宽的小溪，堤岸松软潮湿，几株修剪过的柳树显示了溪水的流向。四处可见的裸露岩层和矮灌木丛也成了障碍物——在莽地上行进是困难而崎岖的。

　　北面是米尔豪森镇。镇子外有一条向正西方向延伸的公路，与山地中延伸出的平缓而漫长的尖坡平行。公路两边种植着欧洲大路边常见的白杨树，从树木间能分辨出敌军的白帽子。

　　骑兵旅顺坡而下，以整齐划一的快步穿过第一个洼地，涉过低洼底部的溪流。棱角分明的矩形队形连一秒钟的动摇都没有。战马安静而沉着地各就其位，无须勒住焦躁的马而浪费体力——通常在极小的障碍面前，会发生这种情况。随后他们抬起左臂，我看到远处同属一师的另一旅正赶来会合，两者很快

259

进入可以相互支援的距离，一同转向北面，骑马炮兵连迅速出列，在队列内侧卸下火炮，但他们的第一轮射击遭到公路上敌军的火炮反击。

与此同时，两个旅保持着整齐划一的步伐向敌军前进，队形棱角分明，犹如棋盘上的方格。

听到第一声炮响后，他们展开为分散的中队纵队，同时将两支部队组成梯队会合，先头梯队由全部兵力的三分之二构成。下行一个洼地后，他们暂时在此躲避守军的炮火，接下来越过前方的坡顶，横扫了敌军榴霰弹炮部队。他们以完美沉着的心态渡过洼地的小河，然后借地势上升的掩护，下达了"横队向前"的命令，执行完毕后，立即命令"跑步"前进。经过长时间的冲刺，他们保持着排列紧密、线条分明的队列，横扫了坡地的顶部。进入洼地时，他们一度从我的视野中消失，不久后又再次现身，策马全速冲上前方的斜坡。不过我注意到，后方队列并没有一贯的紧密，内侧几乎跑到了公路上。从我的角度看，右边的两个中队突然向左转，组成纵队又向右调转。先头梯队的其余队列以及二百码之外的第二梯队，冲过道路的沟壑，在树木的掩护下消失，往更远处的山谷去了。

反冲锋确有发生，但我被前进的队列遮挡住了视线，军队穿过公路不到一分钟后，我看到此前越过小镇房屋发炮、轰炸高地斜坡的两个戴白帽的团及其炮兵连，正遭到敌军的紧紧追赶。随后，"停止"的号令突然响起，德国皇帝及其参谋们登场了，军官们从各营地赶来听取批评。我跟到了冲锋发生的地方，在公路前的低洼处找到了队列后方出现混乱的原因。有一条约十二英尺宽、五英尺深的宽阔排水渠，贯通了各个斜坡的底部——棘手的障碍物。从战马留下的痕迹看，它们先涉水三英尺，随后跃过了排水渠。继续往前走，突然变换纵队的缘由也找到了：这段公路在山边挖成，有一段至少十三英尺的落差。他们及时地发现了这段落差，并完美地执行了命令。每匹马都在全速前进中保持冷静，并完成突然的转向，最远的马蹄印距离队列边缘不超过十英尺。

而在远处的洼地，还有更大的意外惊喜等着我：那里有一条约六英尺宽的溪流，流入四十英尺宽、十二英尺深的沟渠，还有一道士兵无疑希望关闭的大水闸。在完全没法狩猎的地形上，炮兵连和八个骑兵团无人下马，以全速冲过了这里。事后我遇见指挥该炮兵连的军官，他告诉我，除了一辆炮车

◎ 1909年秋季军事演习中的德国皇帝威廉二世等皇室成员

◎ 在演习中发动进攻的德国骠骑兵，摄于1912年

的车辕在下落的冲击中受损，没有任何一匹马在跳跃和攀爬中遇到麻烦。我曾见过骑马炮兵的诸多壮举，但没有一件能与之相比。在本书的初版中，我的叙述招致了质疑，特在此补充：演习的几天之后，我曾重游故地，仔细核对过测量结果。

可惜的是，我再没有机会如此近距离观看冲锋。不过在次日我从远处眺望，先看到军属炮兵的十八个连以横队全速奔跑，在几分钟后，第十一军的骑兵师发动了全体冲锋，从侧翼和后方围截十二个炮兵连和一个步兵旅，并由演习教官裁定为歼灭。这一天的战斗将作为高水平指挥的完美案例，永远留存于我的记忆中。"停火"的号令响起之前不到十五分钟，第四军似乎还势头正盛——我仅能看到其敌军的少量前哨和火炮。当时其炮兵以完美的队列越过坡顶，迅速下坡进入有效射程。他们一起调转炮架，同时炮击对面沿斜坡而下的敌军步兵，后者距离太远，无力反击。就在这时，大规模的骑兵突然发动袭击，汹涌而来，穿透步兵的阵线，包围了火炮，展现出骑兵指挥的效果。

在整场演习的最后一战中，两军一同由皇帝指挥，在朗根萨尔察村附近，冯·德·普兰尼茨（von der Planitz）率领六十个中队猛扑向敌军的右翼，赢得教官们的一致称赞。

在观看最后的冲锋时，我站在更好的位置，所见的场面令人难忘。一面延绵一英里以上的黑墙，呈一条对角线横扫高地的斜坡——如同在日全食时，阴影逐渐吞噬地面。不一会儿，它与敌军相碰撞，好像汹涌的白浪吞没了礁石，扬起的飞尘遮蔽了此后所有的动向。我事后得知，面对一支动摇而未崩溃的敌军，这次进攻是以拿破仑时代的风格发起的——不惜一切代价争取胜利。怀着这样的目标，骑兵部队组成四个相距五百码的连续横队，迫使步兵在第一波冲锋中来不及稳住阵脚，就要迎击第二波、第三波的攻势。

事后，我有幸与几名步兵军官攀谈。军官们表示，他们都不曾迎击过如此大规模的骑兵冲锋，并且一致认为冲锋效果令人胆寒，除了经验丰富的老兵，没有部队会敢于直面迎击。

在现代的作战队形中，士兵相距有十步远，怎么能够抵挡骑兵的冲锋？骑兵进入射程之内后，步兵或许能在一分钟内低精度地射击二十轮，这时的命中率大概是二千分之一，在宽达二千码的骑兵阵线里，兴许能打倒两三匹马。

我没能核实最后几次冲锋中骑兵跑步的准确距离，考虑到地形为接近敌人提供了方便，奔跑的距离应该并不长。至于最初的骑兵对骑兵冲锋，我能够准确地绘制其路线：骑兵旅以快步出发，在八千码之后下达"跑步"命令，奔跑四千码后，截住追击的团并停止了行军。在德国骑兵改革伊始，人们曾屏住呼吸讨论快步一千五百码、跑步八百码的战术，仿佛那是难以企及的理想目标。

完成上述行军的部队，并非是刚从营地出发的生力军，而是历经五周劳累的疲惫之师。在演习的最后一周，疲劳的程度完全超越了1870年战役。一位经历整场战役的英国友人告诉我，迄今为止他将8月14至19日在梅斯一带的经历，当然还有在维翁维尔冲锋的岁月，视为人生中最艰苦的战斗。最后六天的演习对于战马、士兵和军官的要求更加严格，尤其是对于士兵和军官而言，演习不如实际战争那样令人亢奋。

演习后的几天，我获得了充足的机会调查连日疲劳对战马的影响，德军战马的忍耐力让我震惊。它们的确略显消瘦，约有百分之五需要休息几日，但其身体状况还允许继续劳作。我仔细观察了大概六个中队，在卸去装备的战马之中，约有百分之二出现轻微的背疼，还有近似数量的马身体虚弱；但从没有见过、也没有听过任何一匹马由于背疼折磨而无法驮人或行军。

我还记得1874年、1875年演习后的战马状态，当时的演习强度没有这么高，但差距十分显著。我曾看到几个中队返回驻地时，战马虚弱而消瘦，堪比从埃及回到布赖顿和奥尔德肖特①的我军，我遇见的军官大多同意我的观点。

---

① 译注：均为英格兰城市。

面对上述的军队，布尔人能有何作为？

现在让我总结在此前的章节中竭力传达的观点。

我已经证明，从中世纪到现在，骑兵一直在与步兵交锋。人们却怀着"骑兵无法冲击未动摇的步兵"的偏见。如果冲锋的目标是手执十六英尺长矛、组成牢固的十二排阵型的步兵（若没有火力动摇其秩序，血肉之躯的确难以突破），这一偏见听起来确实很有说服力。然而，随着武器的进步，这样的对手越来越少。与人们的想象不同，在火器进步的同时，火药的威力并没有同等提升——在步兵之间的战斗中，为了充分利用火器进步的优势，逐渐降低了队形的密度。因此在战场上，骑兵在每码所面对的子弹数量实际上并未改变。在克伦威尔时代，十二列横队的士兵能连续地打出每分钟十二发子弹的火力，子弹的威力足以击碎骨头，将战马打死在冲锋路线上。腓特烈时代的欧洲步兵通常站成三列横队，每分钟齐射两轮左右，普军步兵则能射四轮，也就是说战场上每码有九到十八颗子弹。在步枪引入撞针和线膛技术之前，子弹的密度几乎未发生变化，使用这些技术后甚至还一度降低了。在整个燧发枪时代，一名果敢的指挥官率领优秀的骑兵足以横扫战场，无论敌军步兵的素质多高——正如曹恩道夫、罗斯巴赫和拜罗伊特之战。然而，随着骑兵战士们的消亡，马背上的士兵只在特定情况下才被投入战场，正如本书关于拿破仑时代骑兵的一章中所写：即使武器完全没有变化，只有动摇而消沉的步兵才会成为骑兵冲锋的猎物。无疑，滑铁卢会战是步兵抵抗骑兵的经典战例，经过多年的战争，骑兵的荣耀被淡忘，"骑兵无法冲击未动摇的步兵"的谬论再次兴起。这在当时显然是错谬的推论，因为在那段时间内，步兵在武器和纪律上都没有显著的改变，只是骑兵退化了，但各国军队的骑兵都不愿承认这一事实。

线膛武器出现后，步兵的阵型并未改变。显而易见的是，射击的速率有所降低，使用装火帽的前膛来复枪无法在一分钟内完成六次装填和射击，而在腓特烈时代的散兵火力就能达到这个速率；但人们认为，射击准度的大幅提升足以弥补速率的差距。

在旧时代，射击的准度无足轻重——决定胜负的是投入武器的量级，数量大于质量——而随着"质量大于数量"的观念流行，人们忽视了一个问题：武器的准度越高，操作越取决于士兵在操作上和精神上的稳定。但士兵的稳定性并非一成不变的常数，而是随着会战的进展而变化，最终会减弱到可忽略不计的程度。假设射击的速率相同，在一支动摇的军队手中，武器的准度越高、射程越长，杀伤力越小。

然而当时鲜有战争发生，除奥军以外，各国骑兵的质量不佳。唯一证明骑兵能力的是库斯托扎之战：当时，两个奥地利骑兵旅在整整一天内坚守阵地，最后冲破并击溃了两个完整的意大利步兵师。

随后，后膛枪登上历史舞台。因此人们轻率地认定，射击速率的提升，将同等提升步兵的威力。

这与我在普法战争章节中的结论并不相符：德国步兵在武器装备上远逊于对手，却在密集阵型中抵挡住了所有的冲锋；法国步兵总是被德国骑兵击垮，不论对方是否有炮兵支援——一般没有。

显然，武器对于战争的结果影响甚微，而从古至今，战术家们莫名其妙地忽视这个显然的结论。进入小口径和连发枪的时代后，人们的理论依然建立于同样的荒谬推测上——射击的精准度与操作者没有关系，在装备近代武器的军队中，任何一名士兵在战斗的任何一刻，在任何时间范围内，都能以心态平静时的准确度及武器发明家宣称的速率，向指定方向射出一串子弹。由于这些荒诞的幻想，过去针对骑兵的物理屏障——上刺刀的横队或方阵——完全绝迹于战场，骑兵冲锋的目标变为排成多列的横队，这一队形中只有少数士兵能同时开火，并且由于横队过度展开，火力的密度完全不及1870年的法国步兵——正如我们所知，法国步兵彻底败给了德国骑兵的果断冲锋。要投射出相同的火力密度，间距十步的士兵必须在射速上达到两列横队的二十倍，但实际上任何军队的步枪在每分钟的射击轮数上都达不到沙瑟波的二倍。不仅如此，法国和德国在二十余年前的实践证明，当时的武器——平均每分钟至少射击四到六轮——在命中率与射击次数上成反比。当武器每分钟射击二十轮时，士兵会在匆忙中准心大减；而在如今，失准的幅度有增无减。

我军依然没有意识到，现代的人道主义子弹缺乏抵抗力。在我阅读过的所有战争信件和论文中，以及我与从南非战场归来的官兵们的所有交谈中，我从未发现战马在高速接近目标时被击毙的案例，唯一的例外是被一把猎枪的开花弹打中。要阻止冲锋，不管多近都要打倒战马。一旦战马驮着骑手冲过敌军，马的命运就不再重要，只要骑手充分训练过如何攻击地面目标，就有机会使用他们的长枪和剑。

我不止一次地批评在南非战场的特殊任务、特殊环境下使用疏开队形——布尔人没有值得我军忧虑的骑兵，他们从不长时间停留在同一阵地，使骑兵有机会发动支援性的集群冲锋——正如欧洲战争中常见的那样。但我要强烈地指出，如果根据这种特殊情况，就判断欧洲骑兵已如十字军一般过时，正如管中窥豹，会摧毁一个人终生的学术声誉。

伤亡数是战斗胜负中最引人注目的要素，伤亡主要由以某一速度、沿某一轨道移动的子弹所造成，而无关武器的类型或其发明者。如果枪手在开火时保持同样的纪律性，在一千码宽的战场上每分钟射出两万发子弹，不论是毛瑟、沙瑟波还是其他种类的步枪，杀伤力都完全相同。严格来说，我说的"完全"并不准确，还要考虑到射程和弹道轨迹的问题——在此，我要反对目前得到公认的理论，即弹道保持直线是极其重要的。毫无疑问，如果所有枪械在开火时都平行于地面，那么结论确实如此。而一旦由于手抖或其他原因，武器不小心以仰角开火，子弹的速度越快，命中目标的可能性越低。

顺带一提，这正是布洛赫先生[1]无法理解的问题之一。但理由是很明显的，如果在过去，从五十码外仰射的子弹没打中某士兵的脑袋，最远还能继续飞行四百码左右，并保留着足以伤人的速度，在子弹的最后冲刺中，很可能有人或马挡其弹道上。而在今天，如果以同样的角度仰射，子弹落地前能飞三千码之远，在该距离恐怕难以击中任何目标。

这当然能在数学上得到证实，任何对此的反驳，都像宣称地球是平的、太阳绕地球转那样无力。此外还可以通过实验说明，这是能让古典先贤——公立学校的幻想产物——也信服的方法。取一根莲蓬式喷嘴的花园浇水管，把水量开到一半时，出来的水几乎都流在脚边，深深地渗入地面。然后把阀门开到

---

[1] 译注：扬·戈特利布·布洛赫（Jan Gotlib Bloch，1836—1902年），波兰银行家，他因为在业余时间致力于战争研究而出名，他在其著作《未来的战争》（La Guerre Future, 1898）认为现代战争已演变为工业权力的斗争。

最大，水流将远远地喷射到整片草地上，稍稍浸湿草皮。堵住喷嘴上的部分洞口以模拟战斗中的减员，改变水压以模拟不同的弹道，就能得到形象的比较。

离奇而引人深思的是，其他方面的发明进步在无意之中破坏了后膛枪的理念。假设发明家将其才智集中于改进射击的频率，使枪械的射击频率达到如今的水平，但装填方法和子弹速度不变，即与滑膛枪时代一样，子弹飞行四百码就落地——横队的正面将成为禁区，枪林弹雨会让任何生物都无法安然通过。然而，射速、装填、弹速三个要素相互钳制了彼此，由于这一离奇的原因，一旦战斗进入士兵随意射击的阶段[①]，士兵从一千五百码外到达敌军眼前时毫发无伤的可能性，在现代队形和武器面前大于面对腓特烈时代的队形和燧发枪。

尽管这一论断令人震惊，但它无疑是数学上的事实，并得到布尔战争空前的低伤亡率的有力证明。我在前文提到"一旦士兵随意射击"的这一点值得重视，因为自拿破仑军中出现塞纳蒙和德鲁奥的密集炮群以来——弗里德兰和瓦格拉姆是最典型的战例——猛烈的进攻火力使士兵的情绪起伏不定，导致了混乱的射击。

数量充足的火炮——约一百门以上——足以为行军中的队伍扫荡其前方的战场，炮弹如风暴一般，任何脑袋和肩膀大小的物体，平均每分钟都要被打中两次。在这时，即便炮火没有扬起灰尘，瞄准射击也是不可能的。当攻势最终逼近其目标，在步兵距离敌军三百码、骑兵距离敌军五百码时，炮火掩护必须暂停。前者必须建立火力优势，等到增援后才能进军，而后者只需在此期间冲到敌军面前即可。在地形同等有利的情况下，哪一边会先到呢？

没有人会派骑兵强攻坚固壕沟中没有动摇的步兵，更没有人会建议训练这种战斗。但是在欧洲战争中，行军快的步兵会抢走挖壕沟的机会；战场的正面越宽，越容易集中兵力打击选定的目标；武器的射程越远——尤其是炮兵——投向选定目标的掩护火力就越强；因此，出人意料的速度能够搅乱局势。

让我以仅相隔数日的两场演习中的战斗为例，其一发生在法国，其二发生在德国。在两个战例中，步兵均沿山脊而下，并部署为战斗队形，由前哨部

---

① 近年的战斗经验证明，这一阶段会迅速到来。

266

队打头，向山谷的另一头进军。据报告，山谷里的敌军刚刚被先头骑兵扫清。忽然，对面的山脊上出现了十八个炮兵连，步兵发现自己暴露于一百〇八门榴霰炮的火力之下，而敌军的位置却超出了自己的射程。一百〇八门快速炮在一分钟内，能游刃有余地完成四轮高质量的射击，打出一万八百颗炮弹，面对如此容易打击的目标，几乎可以弹无虚发。在德军的演习中，正如前文所述，骑兵立刻在五分钟之内袭击了炮兵；而法军则没有冲锋跟进，当时我们等待着，疑惑着骑兵的去向，最后才在望远镜里发现，他们正在两英里之外吃早饭！好吧，我们也听过这样的事：某次南非会战的关键时刻，我军的骑马步兵部队正悠闲地沐浴在莫德河（Modder river）中，远离急需骑兵的战场。

在两个战例中，无论是密集队形还是南非的现代疏开队形，面对如此凶猛的火力，崩溃只是几分钟的问题。

如此良机是以往难得的，过去的火炮要在距离步兵三百码的地方开火，后者只要冲锋一百码，就能到达步枪的有效射程。而上述两个战例里，由于地势的抬升，步兵必须行军一千五百码，才能向大炮开火还击。因此，基于对两个半世纪历史的精心研究——我在过去二十五年一直致力于此——我得出结论：骑兵的时代远未终结，在诸多因素的共同影响下，无论是在战场之上还是战斗之前，骑兵的潜在价值都是前所未有的。除非连年的战争将欧洲步兵全都磨炼成拿破仑老近卫军式的精锐老兵，步兵才有可能危及骑兵的优势。

我国的独特国情给予了我们机会，去纠正长达数个世纪的偏航。

我军基本可以维持骑兵和炮兵的征兵数量，并为其配备优质的武器。如此一来，指挥官即可根据其步兵的素质，利用骑兵和炮兵削弱敌军。

胜利的关键在于指挥官准确评估其部队的素质，"质量"意味着在惨重损失中前进的能力。

如果指挥官对士兵判断不足，派出一支可承受损失不足百分之五的部队，攻打损失百分之三十兵力才能攻克的地方，失败将在所难免。

而我们从美国内战的经验中得知，与我国血脉相通的美国人在阅兵场上操练十八个月，就能承受五成的战斗损失，在欧洲大战的时候，美国人无法为我们服役，但我国有丰富的兵源，在饥饿的压力下，人们必定会来到军营。

如果我军征募两倍数量的骑兵、三倍数量的炮兵，将正规步兵的数量减半，依然能降低征兵市场的总体需求；但在战争时期，军队容许的扩充比例将大大增加。大陆国家的国界只是一条虚拟的线，我们无须像他们一样进行战前准备，只要舰队还在航行，就能自由支配时间，去征募、训练、装备所需要的数百万步兵，而骑兵和炮兵是无法临时拼凑的——优秀的素质是其部队效能的关键。

该计划难以在此详述，仅提一点：重新划分印度军队中三个兵种的比例，尽量将步兵营改编成骑兵和炮兵，在不增加开支的情况下，即可大幅提高当地军队的机动性和火力。由于印度营大多人员过剩，因此对于英国营的需求就会减少，这些英国营就能够被派遣回国。

骑兵与骑马步兵之争

基于本书前文叙述的事实，我们可以尝试解决当下的热点问题：未来将属于骑兵还是骑马步兵？

这不是一个新鲜问题，自火器时代以来就有过不同程度的争论；显然，当年罗马人初次与帕提亚人见面之时，以及十字军遭遇土耳其军队的骑马弓箭手之时，也有过同样激烈的争论。

值得一书的是，骑兵持久的存在证明，有某种自然规律眷顾着他们。据此我们可以推测，现代武器对于旧有结论有何种程度的动摇。

历史证据显然证明，成熟的骑兵——士兵彻底掌控战马，人马合一，既可单打独斗，又能集体作战——是高度文明的产物，主要由地形环境决定。生活在广大半农耕地区的野蛮民族，虽是天生的骑手，却无法忍受操练和纪律的打磨，也没有环境培育能够负重的马匹——其重要特点是低负重下的速度和耐力。

迄今任何文明的立身之本，皆是维持一支常备军队——专门用于战斗的社会阶层。文明的程度越发达，检验、维持其作战效能的机会就越频繁。同时，对于军队的需求是否明显，也会影响到开支军费的阻力。

因此，每当漫长的和平期后爆发大战，所有军队，尤其是骑兵兵种的效能都远低于预期和需求，因而总有呼声反对扩大其编制。

但究其本质，骑兵部队的仓促扩编将不可逆转地损害其机动性。我们知道，队列中无法驾驭战马的士兵将成为其战友的潜在危险来源，每匹马的速度和耐力必须达到一定水准，才能保证动作的齐整。但人们并未认识到机动力在战场上的关键性，因而采取了一条明显的权宜之计，让步兵坐上骑兵挑剩的马——这些马仅用于驮着他们快速移动，主要目的是守住阵地，进行防御性的战斗。由于临时拼凑的性质，这种部队本能上会小心谨慎，他们自知无法在野地匹敌阵型紧密的骑兵，只能藏身于每一片树篱、每一个山洞，等待敌军骑兵离开。然而，如此的等待恰恰与"机动性"相悖。而"机动性"正是骑马所带来的优势。

另一方面，敌军骑兵在经历和平时代后，对战争的残酷真相缺乏认知，与所有兵种一样，依仗前些年反复操练以维持的传统，他们会轻率地前进，鲁莽地陷入埋伏，总是落入败局。因而，骑马步兵开始获得需要维护的名誉，他们成了"有名堂的骑马部队"，下意识地在马鞍上挺直腰板。这无意中为坐骑节省了力气，迈出了转型的第一步。

不久后，敌方的骑兵就变得谨慎，不再落入明显的圈套，他们大范围地派出侦察部队，绕过每一个障碍物，并撞上藏身于此的骑马步兵的侧翼，接下来就是一次"上马冲锋"的战例，逃过一劫的士兵都庆幸于其坐骑的素质，开始重视对马匹的管理，从而迈出了第二步。其余的演变也将适时发生，如果战役足够持久，并且地形条件良好，除了名称之外，这些部队将完全演变为骑兵。战争的压力会让所有军人体会到，生命、荣耀与名誉都建立于在无条件、

◎ 在布尔战争中，给坐骑喂水的英国骑马步兵

◎ 布尔战争中的一名澳大利亚骑马侦察兵

时刻准备与敌人交战的觉悟上——让敌人占据主动是毫无益处的。

正如我在前文中所指出，只要有一名优秀的骑兵指挥官，轻骑兵和中型骑兵部队就能达到不怯战、高机动性的要求——如果缺少这样的指挥官，整支部队的表现都会下滑。

重骑兵在突击上的价值毋庸置疑，不加区别地混编大个子和矮马会将其战功削弱。大个子和大马是天生的搭配、必需的组合；相比小个子和矮马，他们更加需要悉心照料。让重骑兵在原野上漫无目的地奔跑纯属浪费精力；应该保证他们留在军营或临时露天营地里，并获得充足的口粮。此外，在一场大捷后，荣誉——至少在民众，尤其是女人的眼中——往往归于他们。在公众心目中，重骑兵势不可挡的突击是热血的壮观景象。只要指挥官合理地保留重骑兵，并在恰当的时机将其投入战场，突击必然会成为胜利的直接原因。因此，重骑兵往往迅速成为公众模仿的对象。

在和平时期，军队的衰落往往是迅速的——尤其是不重视低级军官的军队。如果没有监察在场批评，等待退休的老资格上校很容易带出动作迟缓的团。马维茨与霍恩洛厄已告诉我们普军骑兵的境遇，我也无须在此重述前文。其结果是，在普军恢复骑兵监察一职之前，他们在战场上的潜力一直未得到激发。

由于上次战争中暴露的缺陷，我军骑兵遭受了肆意的批判，连最亲密的朋友都会批评他们。然而，如果这场考验提早二十年到来呢？当时，监察还来不及开始着手改革工作。答案不言自明。六十年的负面影响，需要至少一代人的努力才能抵消。

假设前文的因果逻辑是正确的[①]，既然双方均使用了现代武器，武器的因素怎么会影响战争？要回答这一问题，需要对整个南非战役进行简短的调查，找出人们记忆中与过去完全不同的条件。只有在纷杂之中筛选出合适的限制条件，才能正确评估我军士兵的战绩，充分表彰其功绩抑或吸取其教训。

本书关于法国骑兵在俄国战役中的表现的一章中，我简单对比过两次战

---

① 我找不到用于反驳的历史论据。

役的距离，在这里更加深入地进行对比。如果我们将南非地图的描摹放在相同比例尺的欧洲地图上，将金伯利与波罗的海地区的柯尼斯堡①重合，将奥兰治河与普鲁士边界对应，德班②落在伦贝格（Lemberg）③的正南方，而巴苏陀兰大致对应博布鲁伊斯克④的湿地，可以发现从普鲁士边界到莫斯科之间的距离与科尔斯伯格（Colesberg）和科马蒂普特（Komati-Porrt）⑤之间的距离相当

◎ 卧倒射击的布尔部队

接近。想象一下，在普鲁士和奥地利的边境线上，仅有一个羸弱的步兵师驻扎在艾特屈嫩（Eydtkühnen）⑥，以及相近的兵力驻守利沃夫，两支部队都没有骑兵，只能从当地极为不满的民众中获取情报，而三分之二的民众都使用无法交流的当地语言。面对六万名哥萨克骑兵，三国同盟的参谋部要花多久才能取得进展？如何才能侵入面前的国家？——相比哥萨克，布尔人在射击和智慧上远远胜出。

经过上述的对比人们才会意识到，我军面临的任务有多么棘手，这从一开始无疑就是不幸的灾难。准确地说，我军的对手是一道由约二十个师构建的骑兵屏障，以及由牛车运输的两个步兵师。

毫不意外，我军若被懂得现代战争理念的敌军骑兵所包围，在六周之内，我军就将被赶入大海。我军自然而然地遭遇了情报不足的问题——情报与机动力的不足导致了战役此后阶段的怪异特征。敌军四处监视我军的动向，我

---

① 译注：今加里宁格勒。

② 译注：南非东南部港口城市。

③ 译注：今乌克兰利沃夫。

④ 译注：白俄罗斯中南部城市，位于第聂伯河支流别列津纳河右岸。

⑤ 译注：科尔斯伯格、科马蒂普特均为南非地名。

⑥ 译注：原属德国东普鲁士地区，现为俄罗斯加里宁格勒州东部的车尔尼雪夫斯科耶（Chernyshevskoye）。

军任何行动都会遭到截击；而战场的艰难地形往往难以展开骑兵行动。由于这些因素的影响，挑选精准射手的呼吁声也就出现了。

这些建议若是可行，则价值无量。然而，大众的呼声是一回事，问题的解决对策是另一回事。批评者并未提出实际可行的方案，他们忘了只有经历战火的磨炼，才能筛选出理想的士兵，散兵在交火之中才能充分展示其能力。

我们不能像孩子一样"过家家"，成人可不喜欢"捉迷藏"。我们可以把王国的某些地区夷为平地，改造为不妨碍步枪射程且便于行军的地形，正如征服者威廉开辟了新森林（New Forest）一样。这一措施在当时似乎不得人心，但现在应该获得更多支持。但是，除非允许实弹训练，否则难以在短期内挑选出神射手——在和平时代，任何现代文明国家都不存在这种人才。

不要异想天开，让我们回到现实，分析在更加公平的条件下可能发生的情况。

假设骑兵部队数量相近，并在操练中加强了机动性。经过训练后，他们必然会在与马上农夫们的作战中占尽上风。如果两军都骑着驯服的战马，四处侦察截击敌军路线的一方将不再是布尔人，而是我军。这时，布尔人只好下马攻击，而我军占据着隐蔽行动的一切优势——充足的休息，熟悉的活动区域——可以派少数部队与其在正面交战，其他人从侧翼包抄，并俘获辎重车。这样一来，我军就可以依靠布尔人维持补给，一支骑兵部队的推进就能解决补给的困难。

届时，现在叫嚷着骑兵要加强火枪训练的人将明白，微弱的速度优势能阻止目标辎重队逃跑。这让他们开始呼吁加强冲锋和机动性，毕竟在最成功的进军中也会出现战利品从指间溜走的情况。

上述的设想并无夸大，事实证明，在我军的部分骑兵加强机动力后，战争的性质完全改变了。自帕尔德山（Paardeberg）一战[①]后，布尔人无法再组织有效的抵抗，亦不可能冒着再次惨败的风险发起反击。而在此时，我军的

[①] 译注：1900年2月，英军解除金伯利之围，布尔军队与民众在撤退途中被英军骑兵截住。在持续数日的围困和炮击后，四千余名布尔人最终被迫投降。又称"马山会战"。

◎ 在南非战争，一名英军士兵正在照看精疲力竭的战马

战马食不果腹，机动性依然不尽人意。那些因战马太慢而错失良机的士兵，在关键时刻多么想要一匹能奔善跑的战马。从已出版的各种战斗的记述中可以发现，并非我军缺乏发现机会的能力，只是以战马的身体状态难以把握机会。如果战马有充足的机动力，我相信战争不会再出现第三阶段，届时将不再有能够继续作战的布尔人了。

在战争的第三阶段，布尔人依然保持着机动力，沉重的火炮和辎重牛车都被丢弃。由于无须再顾及通讯线，他们能够以小队行动，不顾一切地合力袭击我军落单的分遣队。值得一提的是，布尔人迅速意识到了自己的缺陷，而他们试图采用的正是改革派希望我军放弃的战斗方式。

布尔人不再浪费时间，潜行于山地之间，开始在决定性的距离内大胆地冲锋。如果他们拿到合适的武器并掌握冲锋的技巧，我军的境况会比实际更糟。假设在布拉肯拉赫特（Brakenlaagte）袭击本森的部队使用冷钢刀、长枪或剑向正确的位置冲锋，我军的结局必定远比实际糟糕——而实际情况已经足够糟糕。此外，还有许多能佐证该假设的战例。

机动能力越强，远射和快速开火所带来的优势就越大。各国的工程兵都明白这个道理，其他兵种却大多忽视之。因此，我将用一定的篇幅讨论该观点。

在决定性的时刻，机动性的优势有利于集中优势数量。优势兵力的火力打击距离越远，行动慢的一方越难以判断其对手的优势程度。而无烟火药显然极大地加强了这一优势。

以小规模武装为例，假设一个营奉命守在一个孤立的哨所。在使用前装滑膛枪的时代，不难找到能够射击四百码左右的开阔地形，在半径四百码的圆圈内只能有效地配置两千四百杆步枪。若距离扩大到四千码：在半径四千码的圆圈内足以配置两万四千名步兵。在过去，攻击的发起点局限于距离敌人一百码左右的地方，在更远的距离下火力难以见效。而如今，大炮的有效射程

◎ 在布拉肯拉赫特，九百名布尔骑马部队在夜袭英军后卫本森所部的两百一十名士兵。人数不利的英军伤亡惨重，本森伤重不治而亡

从一千码提升到一万码——根据地形的不同而变化——步枪从约两百码提升到两千码，能够覆盖的火力范围也相应增加。显然，子弹的打击目标越密集，命中率就越是显著增加，越分散则相应越少。

无论哨所、营地，还是其他任何形式的据点，都是明显的靶子。单独来袭的散兵很难被发现，因此能够持续打击据点。由于火力集中而产生的烟尘，使攻击方的射程变远，防御方难以瞄准，只好从中心向外无纪律开火——这只能抑制单个目标或群体的火力，而无法影响其他目标。射击频率的提升也利于攻击，进攻方能射出更多的弹药，而且目标明显的大物体会比模糊的小物体承受更多打击。

如果在机动力上占优，我军将受益于以上所有优势，而事实上优势都在对方手中，战争史的每一页都清楚地记载着布尔人的优势。其决定性的优势只有机动性，而非武器。因此而针对我军军官、士兵及武器的诘难是不公正的。如有异议，除非证明我军不懂得把握手中优势——我想这并不容易。

现在我军应全身心地投入到如何将机动性提升至任何条件下的极限的问题上。在这一点上，骑马步兵与正统骑兵相比并不占优势。一人一马，在粮食及其他需求上并无差别，不论官方名称如何，其中一支部队舍弃了某个装备，则它在另一部队中也是可抛弃的累赘。培育出优秀的"骑手"——这个词的含义中应该包括"马术"——需要历经数年，耗费于徒步战斗和射击的任何时间都将伤害军队的机动性。有人认为，骑兵与其舞剑弄枪，不如去打靶射击。但是，精准的射击并不能帮助骑兵驾驭坐骑，而操练武器无疑对此大有裨益，它使骑兵的骑座更加稳定；同时也应该锻炼其抬臀起身的力量，以免在起身时影响坐骑的步伐。

我不想把争论推向极端，一直以来我都认为，能根据形势所需，以任何方式、在任何地方作战的骑兵才堪称"优秀"，换言之就是所谓的"高效能"。经验告诉我们，在机动性上胜过敌军，就无须下马作战；机动性的优越给骑兵带来选择作战场地的自由，从而降低了骑兵对射击技巧的需求。

原因不仅如此，马背上的每磅负重都会在赛马中产生影响，而在机动行军中亦然。虽然卡宾枪的精度远不如长筒步枪，我还是会选择前者。实际上，步兵使用无烟火药的步枪射击四百轮之后，也称不上可靠的战力。假设

◎ 布尔战争中的一名新西兰骑马步兵，英国在战争中动用了庞大的海外资源

骑马步兵每年打靶一千次磨炼射术，而骑兵大概只会练习两百次，他们可能会把更精准的武器带上战场，但由于在操练中以骑术为主，最不擅长射击，在战斗中很可能不会使用火器——请谨记，这点非常重要。

现今有一种谬论：战争中的精准射击源于和平时代的打靶训练，因为射击最为需要在个人难以左右的情况下用意志力掌控身体，而操练的目的正是巩固这种能力，操练场是经验证明的最好学校。无论如何，如果敌方凭借优越的机动力，将这些训练有素的士兵逼入难以为继的被动局面中，优秀的射击能力也将无从发挥，这正是布尔战争教给我们的重要一课。1881年的我军在纪律上占尽优势，即便我军的打靶神射手无法胜过布尔人，也是与其旗鼓相当——公认的是，布尔人当时的射击能力远远高于现在。然而，一旦装备步枪的他们包围我军的哨所，除非我军获得增援，不然无论在纪律和射术上有多么优秀，都无法避免投降的结局。

如果依靠细致的马术训练就能得到可以选择战场的机动力，我会毫无怨言地放弃更精准的武器所带来的优势，使对手陷入击敌难度十倍于我军的不利境地。获得这一优势后，我只需要携带半数定额的弹药，从而进一步减轻负重，并且可以携带更重的剑。

就像我说的那样，"机动性"是战争的关键要素，假设某个国家拥有取

之不尽的财富、用之不竭的马匹资源，该国从逻辑上讲将会给全军配备坐骑，正如现实中的布尔军队，以及已故的二等巴斯勋爵、皇家工程兵乔治·切斯尼将军发表于皇家三军防务研究所的知名论文（再刊行于研究所杂志1900年1月刊）中所主张的那样。但这是我国及任何欧洲国家都难以实现的完美设想。迄今为止，在我国正规军承担的许多"警卫"任务中，骑马部队的表现确实优于非骑马部队。值得一提的是，在当前的军费开支和服役年限下，骑兵部队能保证远远优于步兵的效能，快速移动的骑兵团能比行动缓慢的步兵营更好地维持地区治安——镇压韦洛尔（Vellore）叛乱就是经典的一例[1]。正如上文所述、下文即将证明的那样，骑马任务对于纪律的锻炼远远胜过非骑马的任务，因为纪律本质上基于士兵之间以及士兵与指挥官之间的信任。

只有在危险中士兵才能了解彼此，而骑兵的任务中永远不缺少危险元素。老话重提，即使资历最浅的士兵有时也明白，对中队或连指挥官的信任和即时服从是面临危险时的最佳对策——这一点是极其重要的。在快速行军中，瞬间的犹豫都会造成严重的后果。士兵很快会意识到，所有人的眼睛和耳朵必须保持警觉，才能避免发生踩踏事故。而且，学习是永无止境的，在一名优秀的军官手下，求知的热情永远不会消减。

在步兵部队之中，对于指挥官的关注没有如此必要。当一名士兵分清左右手的区别，在托枪上肩时不会撞掉战友的头盔之后，他就自以为什么都懂了。新闻报刊也加强了这种错觉，仿佛他们的毕生事业就是削弱士兵对军官的信任，告诉士兵其长官的水平无异于阿猫阿狗。幸运的是，集体精神和传统阻止了这一流行观点彻底变为现实。既存的事实是，在危险出现之前，步兵军官难以维护自身的地位和职权，无法和骑兵军官一样——不仅有能力，也不得不去统领和指挥士兵。指挥官要赢得士兵的尊重，士兵们对他的表现往往是极其挑剔的。

---

[1] 有关吉莱斯皮当机立断的详细情况，请参阅《第十九骠骑兵团团史》。（译者按：1806年7月10日，驻守在韦洛尔的第六十九步兵团中的印度兵在夜间哗变并几近控制该城，得知消息的吉莱斯皮火速率领第十九轻龙骑兵团从二十六英里外的阿尔果德赶来，并成功地在当天镇压了叛乱。第十九轻龙骑兵团在1821年解散，其荣誉由1862年组建的第十九骠骑兵团继承。）

为了获得与骑兵军官同等的关注——换言之，提升自我——步兵军官必须独自在意志力的锻炼上投入双倍的努力，且不会得到额外的回报。如此事倍功半的差事十分无趣，即使是最热忱的军官也会迅速厌倦。

每当操典的内容被删减、训练的项目被减少，士兵和军官就越容易厌倦于看似无意义的机械重复。更糟糕的是，他们很快会发现，自己能在监察官阅兵的时候短暂地振作起来。

在骑兵部队里，面对更加称职的监察官，临时抱佛脚是行不通的，战马会立即暴露他们的状态。因为骑兵的效能更加依赖于指挥官的"指挥艺术"①，骑兵军官往往能达到比步兵军官更高的水准——也更加配得上国家的薪水。

只要研究过德军的骑兵和步兵——尤其是十年前，两者的服役期均为三年的时候——就会明白这一事实。人们普遍认为，德国步兵的主要兵源——城镇居民——更加机敏。两腿行走的士兵理应比四腿行走的马更易于整齐划一地行动，而且马还要根据背上的骑手用双手和双腿发出的指令行动。但我作为目击者能证明，在操练场上，德国骑兵行动的稳定性和准确性远胜过步兵。我曾经见过由十个战时编制中队组成的旅，全军以分排的数个连纵队快速向侧翼移动，动作无比精准，从纵队的排头到末尾都看不到一丝缝隙。在一系列快步与跑步的队形变换中，中队正面收拢后又展开，随后整支部队改变了方向，我看见他们变换为横队，以密不透光的密集队列发起冲锋。即使在德国皇帝亲临的演习中，我也未曾见过步兵部队有如此表现。

关于德国骑兵在战斗中的稳定性与机动性，只需要参照以下的战斗便能得到证明：8月16日，第六师在勒宗维尔的战斗（已在第十二章中有叙述）；同一天，在伊龙河畔维尔（Ville sur Iron）的高原，第十三枪骑兵团的侧翼中队在"冲锋"号令响起后立即上前迎击敌军；以及8月18日，第四枪骑兵团在罗泽里厄耶（Rozerieuilles）采石场附近的战斗等。事实上，在普法战争中，我发现

---

① 如果指挥官缺乏战术素养，对待士兵缺乏热情，或者做出让整个中队不满的事，就会失去队内的威望。即使士兵搞砸了整体表现，也不怕受到个人惩罚。

◎ 布尔战争中的英军步兵

唯一接近出现恐慌的战例，明显归咎于会战中途赶到前线的一个新兵中队[1]。

简而言之，我想要澄清的观点如下：在预算金额和新兵数量相同的情况下，在和平时代里维持的骑兵和炮兵比例越高，越有利于保证战争的胜利——没有出色的骑兵搜寻敌军，没有炮兵为进攻铺路，步兵就无法在最有利的条件下投入战斗。南非的战争足以证明，如果作战计划缺乏可靠情报的支持，最优秀的步兵也一无所用。

世上或许没有步兵能胜过科伦索的我军。然而，倘若削减半数的步兵，代之以战马状态良好、货真价实的骑兵团，布尔人将被迫放弃其据点——正如在帕尔德山会战之后、占领比勒陀利亚之前那样，我们也不会再听到诸如"毛瑟枪的惊人火力""掩护的必要性"之类的蠢话。

无疑，我主张的这一计划将削弱我军的步兵，我也承认这一弊端。但凡事难以完美，考虑到其他兵种的优势，且指挥官拥有调整命令的权力，他可以根据对步兵能力的预估，确信步兵能承担其任务后再投入战场。若要执行不可能的任务，最优秀的步兵也会迅速四分五裂；而缺乏训练的步兵只要不是天生的懦夫，在连续的胜利后也会迅速成长。

由于南非战争，人们彻底遗忘了优秀指挥官对会战命运的影响力。许多人相信确保胜利的最佳方式是放松纪律，在枪弹交锋之始就让士兵"自由发

---

[1] 发生于8月18日的格拉沃洛特。关于这一战例和第四枪骑兵团的战斗，可参见赫尼希的《毛奇战略的24小时》。

挥"。他们还幻想这是"战争新形势"的必然结果，却对过去战争的真正形势一无所知。

事实上恰恰相反，现代战争的所有发展趋势——若没有这一趋势，则称不上发展——都使得决策权前所未有地集中于指挥官手中。

过去的军队一旦投入进攻，指挥官只有以身先士卒的方式才能影响战斗，而一颗流弹随时可能将其终结。引进可移动的野战炮后，让用压倒性的火力打击敌军成为可能，但只能在地形允许的情况下使用。如今，指挥官利用电报、日光反射仪和信号灯，就能一直掌握各个单位的位置。并且由于武器的射程显著提升，只要指挥官保有主动性，就能集中前所未有的压倒性火力打击敌军，在敌军步兵开始发起进攻前，就消灭其胜利的全部可能性。

曾经在重要会战中面对地图作战的指挥官们无疑都会同意以上观点。以滑铁卢之战为例，假设拿破仑能以半小时的频率联络其部下，英军会处于何种境地？反过来，如果威灵顿的骑兵能带给他法军动向的可靠情报，并通过战场电报随时联系布吕歇尔所部，英军又能获得怎样的优势？

长途骑马

在布尔战争停火的几周之内，毫无头脑的英国人在未来的领袖——新闻媒体的统治之下，将对战局的不满情绪几乎都发泄在骑马部队拙劣的机动能力上。有趣的是，在我军士兵表现拙劣的机动性领域，一些法国和比利时军官进行的热心尝试，竟然也在我们的媒体领袖和报刊头条的号召下遭到抨击和声讨。

比利时的这场比赛由于相关资料极其不完整，我们难以准确判断其中的残忍行为是否可以避免①。但至少有一点显然能质疑大众的观点：从常识上来说，若没有相当的经济激励，理性尚存者不会把价值两百吉尼的马匹骑至累死。说白了，这"不划算"。考虑到比利时人的性格特点，他们不太可能遗忘这一点。根据已出版的叙述资料，人们可以确信新闻记者及某些军事作家愚蠢透顶，而这些人在过去二十年鼓吹的骑兵发展路线，恰好是当时对英国人影响最大的军事理论。

大约三十年前，普鲁士骑兵曾试图复活上世纪的骑兵战术。他们的军队前方密布着巡逻骑兵构成的移动屏障，延展宽度达到两百英里，在前方四五十英里处为主力部队开道。

阻拦进军的法国骑兵完全不值一提，德国骑兵长驱直入，在叹为观止的

---

① 在我写下这段文字以后，《美国骑兵协会杂志》于1903年4月刊载了有关这场竞赛的详细叙述文章，并彻底反驳了关于残忍行为的指控。

急速推进的迷惑下，国内外舆论都认为其战绩无可挑剔。然而，研读过历史战役的老练骑兵军官都清楚士兵和战马经过充分训练后的潜力，文明的传播已彻底削弱了骑兵效能的驱动力——对于马的深入了解——及其在军队上下的影响力。养马民族天生就了解马，在他们生活的地区，马匹的价值并未下降得如此严重。

"把一个裁缝放在马背上，给他一杆长矛，再给他三年时间也变不成'枪骑兵'，依然只是拿着长矛的裁缝。"三十年前的一位权威作者如是写道。这番话意味深长，讲的远不止是武器的事。

德国骑兵外强中干的缺点没有暴露，显然是因为缺乏强敌的缘故。但在未来的战役中，无法确定会遭遇怎样的敌人，因此他们投身于工作中，试图通过实验找到办法弥补天生直觉不足的缺点。

这就是德国举办长途赛马的原因。军用马和狩猎马所执行的命令显然有本质的不同。在狩猎中，持续的压力是短暂的，猎手并没有坚持下去的义务，可以随心所欲地停止奔跑。而在军队中，压力可能会持续两三天，士兵在马背上随时准备生死相搏，他们肩上的责任关乎千万人的性命，甚至是一个帝国的命运。

大约十五年后，长途赛马在1892年的柏林—维也纳竞赛中达到高潮，为学界专家以外的人们展现了其难以想象的机动力。德国人分外的努力树立了马匹训练方法的典范，并使后者被引入欧洲各国骑兵的训练和教学中。但只有在我国，引进此类比赛的所有尝试都失败了：赛马骑手不感兴趣，因为"看不到赚头"；极其可笑的人道主义者愚昧地表达反对，浑然不知对这类事务的忽视在未来几年内将以鲜血和加征税款的形式偿还。

接下来我将总结冯·赖岑施泰因——来自普鲁士的获胜者——的叙述，对于真正的爱马人和骑手而言，这篇文章充满了引人入胜的观点，其较长的篇幅或许不会被读者介意。

在开始叙述前，他首先阐明了问题：

◎ 1892年柏林-维也纳竞赛优胜者冯·赖岑施泰因男爵

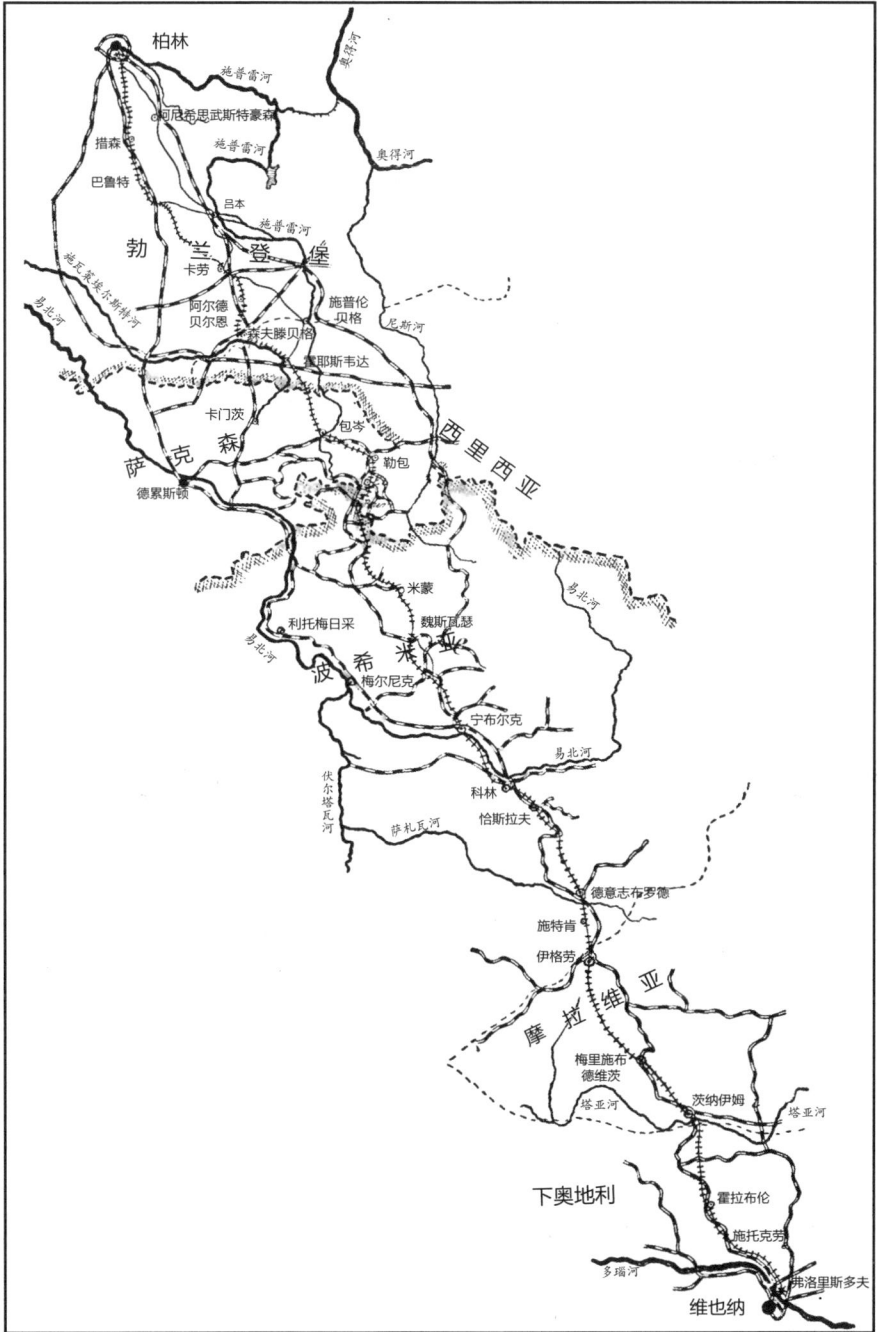

◎ 1892年柏林—维也纳竞赛的路线图

在每次秋季演习（更不用说实际的战争）中，都会出现连续两次且每次持续三天两夜的露营，此时马匹几乎没有机会休息——特别是前哨和警戒部队——并且全程背负着全套行军装备（平均有十八石六磅重）。由此可知，马匹确实有能力在休息较少的情况下坚持下来。问题在于在这段时间内，一匹负重轻便的合适坐骑能行进多少距离？

◎ 赖岑施泰因在比赛中所骑的利普施普灵格

怎样的步频可以行进最远？我们知道，与兴奋状态下的急速运动相比，匀速运动对马匹胃神经——消化动力——的刺激更轻。因此，要在一定时间内尽可能行进最长的距离，应当尽量保持均匀稳定的步伐，并且缩短每次休息的时间。间歇的加速和长时间的休息只会导致马匹的肌肉僵硬。

找到一匹适合的马是最大的难题。赖岑施泰因想要一匹纯种猎马，听说在比利时根特有这样一匹马后，他就立刻动身去察看。那正是他想要的——一匹十五点三掌高的纯种母马，肩胛宽阔，背脊紧致，后肢健壮。不巧的是，马正在犯背疼，而距离参赛马匹的报名期限只剩一天，赖岑施泰因决定选了她。他以八十英镑的价格买下了这匹家族谱系不详的十岁母马，并为她取名为"利普施普灵格"（Lippspringe），那是他卫戍区附近某村庄的名字。随后他查到了这匹马的出身，在英国良种马登记簿（English Stud Book）中，以"奥特申"（Otation）[1]的名字被登记。这匹棕色的母马生于1882年，父母分别是"陨铁"（Siderolite）和"回旋"（Gyration）。她过去属于一名英国军官，后来被卖到塔特索尔拍卖行，并在三年前被运送到比利时。

如果可以查清楚当时转卖的价格与曾经的主人，会是一件很有意思的事情。

由于赖岑施泰因不想在演习期间请假，所有训练和准备都是在行军中完成的。

---

[1] 疑为"旋转"（Rotaion），但难以查证。

母马在9月3日抵达新营地，赖岑施泰因很快发现她不喜欢刷毛，并且在马厩里经常不安分。

我一度极其担心她异常低廉的价格，怀疑她会以某种方式惊吓到我，但这个发现让我松了一口气。平常刷毛的时候，我改用温水梳洗，再用毛巾擦干。她因此得到了安抚，很快变得十分温顺。从这段时间起，我几乎从不让她离开我的视线，亲自给她喂食，并利用空余时间研究她的性格。大约过了十四天，我们的关系就变得相当好，即使在黑暗的环境里，她也会像一条狗似的跟在我身后。在前往维也纳的途中，我从不用笼头牵引，而是任由其慢步或跑步，在快步下坡时抓她的鬃毛。

由于坐骑背疼，赖岑施泰因使用了贴合背脊的军用马鞍，且不叠加垫毯。病痛处承受的压力因而缓解，在汞软膏的治疗下，三周内马就痊愈了。

如何钉蹄铁的问题令人担忧，在山地崎岖的道路上，马匹蹄叉受伤的风险非常大。他决定在马蹄铁下垫一块皮革，在皮革与蹄叉之间填充涂有焦油的短麻屑。母马的蹄子没有灼伤，但在几天之后，前蹄有些发软，过了一两天有所好转，可是没有彻底恢复正常。不过，赖岑施泰因决定，在见到柏林的权威兽医之前，不再改换蹄铁。

他没有专门制订马匹增肌的计划，而是骑这匹马随军行动数日，每天下午让她在崎岖的路上行进几小时，并努力调整其头部位置和平衡感。他试着根据马匹的状态设定了每四分钟一千一百码的均速——时速未达十英里——马匹以这一速度跑完二十英里，并没有在中途减速慢行。

正常情况下，快步的速度还要更快。如果放任这匹马自由行动，她在两分半内就能行进一千一百码。但就长途跋涉的目标而言，这样的速度过快了——马的心肺无法长时间承受其压力。赖岑施泰因反复强调这一点：要在长途竞赛中取得最佳结果，保护马匹的内脏器官至关重要。他认为，对于这项原则的忽视是造成马匹腹绞痛而死的主要原因。

在两次休息之间骑得太快的骑手，只从体表判断马匹的温度，导致马匹没有充分的时间让内脏降温、进水和摄食。但关键在于，要让血管与神经逐渐从运动中充血和紧张的状态恢复正常，这是马匹自身难以判断的。赖岑施泰因指出："在长途跋涉后暂停并摄取必需的食物，在路程虽远但无需休息的情况

◎ 赖岑施泰因在柏林骑马

下进食，是两件完全不同的事情。如果因为无法忍受长时间跋涉而加快速度，在停下休息时就需要更长的降温时间。"

在大英帝国的义勇骑兵，甚至正规骑兵里，有多少人在南非战场上考虑过这个问题？如果他们明白这一点，就能避免数以千计的马匹损失！

赖岑施泰因与他的马成为朋友后，进行了长途跋涉一百二十五英里的试验。

他在早晨8点出发，行进三十五英里后，喂了马匹少量的面包和温水。继续行进四十英里后，休息三个小时并给马喂食了燕麦。最终在夜间跑完了最后五十英里，于凌晨3点返回营地。当天下午，他又牵出这匹母马，骑着她行进三十英里，发现马匹精神和身体状态依然出色，胃口极佳。

这次试验让赖岑施泰因感到满意，在剩余的时间里，他继续给马喂食并保持其状态。这匹母马每天摄入二十四磅掺有麸皮和豆子的燕麦，以及用碎燕麦、玉米和鸡蛋制作的面包。

9月24日，他们动身前往柏林。次日早晨，运送马匹的拖车在调转方向时撞上了停车站，母马猛烈地碰撞到了格形厩的一侧，在前额造成了严重的皮肉伤。虽然没有造成残疾，但她在当天下午拒绝进食，外科兽医确诊为轻微脑震荡导致的头痛。这时，距离比赛开始仅有四天。幸而母马及时痊愈，但这场意外无疑影响了获胜的机会。

同时，在咨询外科兽医的建议后，他们取下了马蹄铁，发现沙尘和泥土已经渗入皮革，形成了一块硬泥饼，这也是马匹前蹄发软的原因。母马被重新钉上普通形状的低碳钢制蹄铁，新的蹄铁效果良好。值得一提的是，后蹄铁的磨损比前蹄铁严重得多，很可能是因为马匹在疲累时会无意识地拖曳后腿。

令人好奇的是，赖岑施泰因没有公布自己的体重和负重。从他的体态来看，加上没有垫毯和鞍褥的匈牙利式轻便马鞍，估计有十二石重。但他没有具体写出，我的记忆也有点模糊。如果使用铝制的马镫，几乎能减轻两磅的重量。

右侧马镫的弹簧上挂了一盏自行车用灯，用来防止夜间碰撞，实际效果非常好。马笼头是普通的军用式——较我军的装备轻一些——并设置了挂口衔的钩子以节省喂食的时间。马鞍上放置一个小干粮袋和两个蹄铁匣。干粮袋内有两磅碎燕麦面包、一扁袋白兰地、一些卡尔斯泉盐、用于绷带的水杨酸棉、纱布绷带、胶棉、一小块动物油脂以及防腐用的水杨酸粉末。卡尔斯泉盐的作用是帮助消化，每次喂食时都要让马匹摄入。

蹄铁匣里除了两副备用蹄铁，还有一把小锤子和一把扳手——赖岑施泰因学过蹄铁匠的课程，是钉马蹄铁的一把好手。幸亏如此，在比赛的第二天晚上，这番本事就派上了用场。他还带了一小块海绵，用于清洗马的鼻孔，以及给其头部降温。他一直将马刺拴在鞍上，直到最后十五英里才使用，并且没有携带马鞭。马的后腿被刷出两圈颜色不同的毛发，在其边缘绑上光滑的皮革，以防颜色被覆盖。

他没有提前委派马夫，而是根据马的状态自行调节休息时间。

由于缺乏时间，赖岑施泰因没能够提前探路，只能研究参谋地图。他承认对于道路的坡度产生了一些错误的印象，毕竟万分之一的地图比例尺①实在太小了。

由于马遭遇的意外，他在最后时刻调整了计划，因而在比赛中损失了一些时间。在山地中的跋涉也花费了较多时间，如果他对地形更加了解，本可以节省一个半小时。陪同他比赛的是一名来自柏林的自行车手，负责在他到达之前打点当地人；事实证明，其协助是卓有成效的。

10月3日早晨8点50分，赖岑施泰因开始比赛。一路上畅通无阻，他只在沿途一两个正在铺路的村庄遇到了阻碍。在这些道路上，他下马行走并不牵缰绳，让马跟在他身后。中午12点25分，他抵达五十二公里（三十一英里）之外的巴鲁特（Baruth）②。自行车手已经提前赶到，为马匹购买了温水和燕麦片。

再度出发前的十分钟，赖岑施泰因去安抚母马，发现她没有任何疲惫的迹象，呼吸相当平稳。在马喝下燕麦粥后，他们启程前往距起点一百公里

---

① 约合每英尺一又三分之二英里。
② 译注：德国勃兰登堡州市镇。

（六十一英里）的卡兰（Kalan）①。慢步走完最后两英里后，他们于下午4点45分抵达该地。马匹又喝了燕麦粥，吃了一些草料。赖岑施泰因本人则喝茶，吃下了两个打散的鸡蛋。

下午6点，他再次上马启程，于夜间10点45分抵达距起点一百四十公里的霍耶斯韦达（Hoyerswerda）②。在抵达之前因数英里长的陡峭地形而耽搁了一些时间。在该地，他仅下马十分钟，洗净母马的鼻孔后立刻出发，于次日凌晨2点30分抵达距起点一百七十六公里的小韦尔卡（Klein Welka）。母马的精神仍然不错，似乎还能再跑两个小时。但由于比赛之前的意外，赖岑施泰因在制订计划时放弃了继续前进，并已经安排马夫在此碰头，故只好暂时止步。

随后，母马得到温水的清洗，擦干身体之后被涂抹了天然擦剂——未提及其成分。

她的精力得到了充分的恢复，喝下一些燕麦粥后，又吃下十四磅掺有卡尔斯泉盐的燕麦；腿上缠绕着湿羊毛绷带，蹄子由浸湿的毡毯降温。赖岑施泰因给自己的腿部进行了充分的按摩并涂抹了擦剂，然后吃了一顿便餐，醒着休息了两个小时。他于三个小时后的清晨5点40分骑马出发。母马虽然已经跋涉两百公里（约合一百二十五英里），但仍保持着极佳的状态。

不久，他进入了多山的地区，由于地形陡峭，自行车手无法继续前进，于是乘坐火车绕过该地，准备在前方与他碰头。在当地人的指引下，赖岑施泰因进入了地形崎岖的地带，浪费了大量的时间。在翻山越岭时，他极难调节马匹步伐的节奏。快步上坡、慢步下坡，或者反过来，都会耽误时间。他发现应该根据马的"感觉"判断，不论是在上坡还是下坡，感到马匹的背肌松弛、后躯拖沓就立即下马，与其并排跑步或走路。在长途跋涉中，这部分肌肉以及脊柱所承受的压力是非常关键的。即使腰腿仍有力气，要是背部疲乏，后腿的推动力就难以充分传导至前腿；当前后腿之间的力无法传导时，马匹只能靠前腿拖拽自己前进了。

---

① 译注：此处疑为作者笔误，应该是"Calau"（卡劳），德国勃兰登堡州市镇。
② 译注：德国萨克森州市镇。

他于下午4点30分抵达魏斯瓦瑟（Weißwasser），在历时三十一小时四十分钟、行进二百七十一公里之后，其坐骑精神依然不错。休息一个小时后，他启程前往宁布尔克（Nimburg）[1]，并于晚间11点抵达。马匹喝下燕麦粥，他本人喝了一杯茶，随后取道纽科林（New Kolin）向恰斯拉夫（Czaslau）[2]进发；这时路况开始变差，在进入易北河谷后，又遭遇了浓雾天气。凌晨2点，抵达纽科林，考虑到浓雾天气，本来应该停留在此休息几个小时。但由于赛前计划的变更，赖岑施泰因的马夫没有被派到这里，而是在恰斯拉夫等候，这让他决定继续前进。路况非常差，路面上遍布着车辙印和碎石，母马开始磕磕绊绊，弄丢了后腿的一块蹄铁（他用十分钟换上了新的），他只好牵着她走过大部分路段，直到清晨6点才抵达距纽科林十九公里的恰斯拉夫，严重拖慢了平均速度。因此，他将停留在此的时间由三个小时减少为两个小时，并给马喂了十二磅燕麦，用在小韦尔卡同样的方法为她梳洗毛发，他本人享用了茶和鸡蛋，顺便研究地图。他的双脚开始肿胀，但不敢脱下靴子，害怕脚肿得无法再穿进去。

早晨8点，他再次出发。母马已经行进了三百九十公里（约合二百五十英

◎ 奥地利参赛者米克勒中尉

◎ 打破米克勒纪录的斯塔伦贝格伯爵

---

① 译注：捷克市镇，目前为布拉格大都会区的一部分。

② 译注：捷克中部市镇。

◎ 10月4日清晨，人们欢迎第一个到达终点的参赛者

里），仍然精神抖擞、躯体强健有力。途经德意志布罗德（Deutschbrod）的时候，他结识了柯尼希斯马克伯爵中尉与冯·弗斯特上尉。这两人比他早出发两个小时，目前领先一个小时。下午1点25分，他抵达距起点四百十五公里的伊格劳（Iglau），在此停留了十五分钟，给马匹喂了一桶燕麦粥。

赖岑施泰因在此处得知，他所知的奥地利中尉米克勒（Mikloe）保持的纪录已经被斯塔伦贝格伯爵（Graf Staremberg）打破。这个情报是相当重要的，从这时候起，身在维也纳的德国军事专员开始写信告知他奥地利选手的动向，这是此前没有的情况。伊格劳之后的道路并无变化，地形非常陡峭，他只好不断下来牵着马走。一阵冷风刮起，黑夜开始降临，他忽然听到一阵马蹄声从身后传来，冯·弗斯特和柯尼希斯马克伯爵赶上了他：此前，当两人在一个村庄里休息时，他抄小路绕过了该村。他们已经连续一百二十七公里没有进行长时间休息，打算在梅里施布德维茨（Mährisch Budwitz）休整一番。由于他们的马匹露出疲态，赖岑施泰因建议三人一同继续前进——在马过度疲惫时，长时间休息是很危险的。

马越疲惫，越有必要持续前进，同时缩短休息时间，避免肌肉僵硬。

其他两人同意了，但到达下一个旅店后，我们决定让自己和坐骑用一餐。

我把母马留给自行车手照看，走进旅店吃饭。我从当日8点起就滴水未进，过去四十八个小时只有茶和鸡蛋下肚。忽然，我听到外面传来咳嗽的声音，急忙赶出去，发现我的马在咳嗽，浓白的泡沫正涌出她的鼻孔。"怎么回事？"我向自行车手说。"没什么，"他回答，"她吃了些草料，看上去还是口渴，我又喂了她一些水。"当时正刮着冷风，不知道是母马受了风寒，还是自行车手粗心地喂给她太多冷水。在此之前，我从没让马离开视线，可是在最需要加倍谨慎的时候，却犯了糊涂。唯一的对策是立即骑上马，让她的身体热起来。我洗净她的嘴巴和鼻孔，再次上马出发。然而，她仍然在咳嗽，我一度以为撑不下去，下马向弗斯特表示放弃，请求他先继续前进。我牵着马走了一会儿后，她的咳嗽停止了，也不再吐涎沫。于是我再次上马，半小时之内，她就恢复了以往的强健。

路况仍然非常糟糕，在梅里施布德维茨附近，柯尼希斯马克伯爵的马被成堆的铺路石绊倒，两个膝盖受伤了。在赶上他时，我留下了自己的绷带用品，并和弗斯特继续前进。午夜12点15分，我们抵达茨纳伊姆（Znaim）。我已经记不清过去四个小时所发生的事：由于害怕摔下马，我在黑暗中费力地睁大眼睛。为了预防坐骑绊倒所导致的危险，我尽力保持重心靠后；我感到头晕目眩，腰胯部剧烈疼痛。奥地利的军官们在茨纳伊姆迎接我们。温热的燕麦粥已经为马匹准备好。我喝水进食，并将一定量的浸白兰地的面包喂给马。十五分钟后我们再次出发，只要在八小时内跑完八十公里（五十二英里）就能打破纪录。马仍然精力充沛，我满怀信心。

夜色渐深，雾气渐浓，即使点着灯也很难看清。

数不清的车辙印导致道路起伏不平，母马开始跌跌撞撞，幸亏她肩胛壮硕，才没有摔倒。

我仔细地研究过茨纳伊姆的地图，确定只要沿着公路就不会走错。不幸的是，地图出错了，图中没有画出格伦德（Grund）村的一条弯曲的小岔路。我们在浓雾中走了错误的一边，更加倒霉的是，在这两条岔路上，沿途村庄的间隔距离恰好相同。

没有可以问路的人。事实上，没有迹象表明我和自行车手走错了路。在一个陡峭的斜坡前，我从马上下来，忽然感到头晕目眩，站立不稳。正巧边上有一间房子，我在屋里用冷水浇了脑袋后，准备再次上路，并询问主人此处的位置，这时才知道走错了路。本以为距离终点只有十九公里，实际上还有三十九公里。这一发现让我清醒过来，手表显示当时是清晨5点50分。要打破斯塔伦贝格伯爵的纪录只剩下两个小时，一刻也不能浪费。我告别了弗斯特，冲进浓雾之中。这时，我想起我的兄弟告诉过我的一条捷径，只要找到这条路，还有获胜的机会。如果雾气能散去，一切都会扭转。抱着乐观的心情，我改变了方向。为了缩短行进距离，我只好骑马穿越原野。地面相当松软，马匹必须跑步前进，快步前进容易使马蹄陷入地面。雾气依然没有散去，我迷失了方向，还不幸遭遇了一条无法渡过的磨坊水渠。胜利的机会逐渐流失，我浪费了三十五分钟才回到公路上。在最后停留的村庄里，我给母马喂了温水和最后一块浸白兰地的面包，并系上了马刺。短暂的休息已经导致母马的肌肉僵硬，她的脚步开始蹒跚。继续前进是最后的希望。我再次骑上马，哄着她以快步出发，用马刺使她保持前进。我们完成了最后七英里的赛程，抵达弗洛里斯多夫（Florisdorf）[1]。

在此时，她的意志力与血统起了决定性作用。低贱的牲畜或许会拒绝再向前迈一步，但她似乎感受到胜利的尊严，以最后的努力打起了精神。拍摄于穿过终点瞬间的照片显示：她昂首抬头，步伐一如既往的稳健。完成比赛的三分钟之后，母马精疲力竭地倒在路上，几个小时都无法动弹。她在下午被带回到马厩里。当天晚上，她吃了些萝卜和燕麦，到第二天似乎恢复迅速。但在次日夜间，由于肺炎导致的发热症状，这匹不幸的马死去了。

她在前一天夜里开始咳嗽，这无疑就是肺炎的前兆。由于我在路上犯的错误，造成她过度疲惫，无力及时回到马厩里躲避冷风。

在七十三小时又六分钟的时间里，包括走错的路段在内，这匹母马总共跋涉五百九十七公里（三百八十八英里），其中三分之二是山地之间状况糟糕的路段。在这段时间内，她仅休息八个小时，被喂食两次、每

---

①译注：奥地利首都维也纳的一区。

次十四磅燕麦。只要条件允许，还会喝些燕麦粥。抵达梅里施布德维茨之前，马匹一直以快步前进，步伐均匀稳定。在此之后，由于训练不足，她的左后蹄开始摩擦地面，导致在行进中左前蹄和右后蹄的动作有些脱节。

以上摘录的文章，对普通的骑手来说或许鲜有启发。在这类人看来，马匹仅是移动的工具，与自行车相比，它唯一的优势是能跃过障碍物；但对骑兵而言，这是一份细致的研究，显露出作者对马科动物的精通，并提供了过去难以想象的可能性。

毫不夸张地说，假如我军的每个骑兵团内都有一名如此渊博的军官，并且由其专门监督士兵与马匹的训练，或许在上次战争过后的五年之内，我军骑兵的实力就能翻倍，并在战略和战术上取得难以估量的成果。

总而言之，如果士兵能够掌握以上引文的全部重点，在驾驭马匹时就能事半功倍。与原先相比，消耗相同的精力就可完成双倍的工作，或是完成相同的工作只需一半的精力。

如果约翰·弗兰奇爵士将军在解围金伯利及其后续的作战中拥有这种素质的骑兵，想必布尔人会在从布隆方丹到比勒陀利亚的追击之中被彻底摧毁，此后的游击战只需少量的机动警力即可应对，从而节省一亿英镑的开支，挽回八千名士兵的生命——若马匹死于训练称得上残忍，那这种残忍行为的回报并不坏。

人们应该都会认同：与其牺牲多人，不如牺牲一人；与其牺牲一人，不如牺牲一匹马。进行实验性的训练或许会在十年间损失大约一百匹马，但回报就是能在战争中把成千上万的士兵从难辞其咎的无知中拯救出来。在这次的战事中，我军的无知仅仅造成一亿英镑和数千条性命的损失，而距下一次紧急的战况出现还有多远？比如说，决定整个帝国命运的、从坎大哈到赫拉特之间的生死行军。这种情况出现的可能性，正是我在此长篇大论的原因。

附录
一些军事条例及注释

塔尔博特文件集

第二百四十三条（塔尔博特文件集，卷五，161页）

写给副郡督们①

在3月26日之前，他们（指副郡督）应当广泛召集并查看郡内十六岁以上的适龄男子；对这些人他应当极其注意，做好完整的档册，有需要之时，郡督可以随时征召以供指挥与调遣。

给所有的部队、郡里无论私人或公共的武器战具做好完整的档册；这个档册最好能显示出若有需要，郡里有多少士兵能得到供应并武装起来，其水平要在一般的民兵连（trained bands）之上。

对火药、火柴与子弹仓库的供给与保养做仔细地观察，这些存储被指定分配到郡里的特定地方，以备射击的不时之需。

出于类似的缘由，应号召队长仔细查看民兵的盔甲与战具是否保存得恰当；无论他们何时被召唤，应处于就绪状态。

已加入任何队长的民兵连的士兵，即使是贵族的家臣或为其提供服务，也不能免除其兵役职责，除非他已担任贵族的家事工（household servant）。

任何负有贵族家臣之责的人，不应免除其征召或兵役的义务，除非他是贵族的家事工、管家或园工。

鉴于女王陛下的许多侍从和伦敦的各种商人——他们拥有房产和农

---

① 译注：副郡督（Deputy-Lieutenant）是郡督（Lord-Lieutenant）的副手。郡督是英国王室在各郡的私人代表，历史上负有整顿各郡民兵之责。

场——在自己的郡常常拒绝上缴这一区域的税款……郡督因而下令除了高级教士和上院的议员外没人能免于任何义务：包括为了筹建部队用的赋税，武器的维护，以及国内许多相似的公共命令与服务。但是这些被免于责任的人，和其他所有人，都应该时不时地掏钱来支付公共开支。而这笔费用将根据他们拥有的土地和财产——无论是领主还是侍从——在所有的小镇和教区，平等地加于他们所有人之上。为了集体的好处，这是他们理所当然要做的，对他们自己也有益。

枪骑兵和轻骑兵的队长应该时不时遵循详细的指令，每三个月至少一次，检阅和召集自己的人马。他们应该确保部队状态良好，能应付各种突发情况。在每次执行相同的检阅时，他们应当尽量给国家减少费用上的负担，并避免可能的麻烦。做到这点的最好办法是把部队分成小股人马，在郡里的不同地点集结，骑兵去往集结点的距离不应超过六到七英里。

所有的骑兵及民兵连里的射手，如果缺乏军大衣，应该立即补上。

你应当遵守命令，给所有的太平绅士（Justices of the peace）[①]，和其他显贵之人，配备一名骑马侍从（petronel）。骑马侍从应有单色的军大衣和其他战具。他们陪伴大人们参与郡督的各种检阅，或听郡督之令作其他用途。

你应当给出明确的命令，那些在郡内负责看管装备或武器的人，在检阅或训练的日子里，或有女王陛下的其他仪式时，在队长和其他军官的提醒下，应当迅速把它们递交给每名士兵。这些武器和装备应当整齐划一，受到良好的维护，士兵应有正规、合适与干净的着装。若有拖欠，责任人不仅要进行财务上的赔偿，还应当在郡督和两名副郡督的裁决下接受刑罚。

（对于郡内的民兵连来说，武器、护甲及其他装备应当得到更好地保存与管理，确保它们能随时派上用场）每个民兵连里的士官，和武装部队里的二十夫长[②]，应该从他们的队长那里拿到清单，清单上列有为每个分营的士兵管理盔甲、战具等，或者管理公用武器、战甲的责任人和其地址。每隔六周，

---

① 译注：太平绅士，也被称为治安法官，由政府委任的民间人士来处理社区内的简单诉讼。
② 指挥二十名弓手或钩刀手的下级军官。

他们应当检阅并考查这些装备是否被清晰有序地维护。如果发现有任何部分损坏，他们要迅速命令责任人在一天之内进行修补。如未能照命令修补，军官应立即通知他的队长，队长再把情况反映给一位副郡督，再由他们发布适当的命令。作为对士兵们勤奋工作的回报，士官应每年给民兵连的每名士兵发饷三便士，武装部队的二十夫长也应给予士兵同样的报酬，无论是长枪兵还是钩刀手。这些军饷应由每个小镇的治安官搜集，作为小镇整体摊派的一部分。搜集上来的饷钱应被分为四部分，按照四季发放。如果任何士官或二十夫长被发现拖欠或忘发饷钱，那他要立刻离任；根据郡督或他的两名副手的裁断，责任人还有可能面临二十天的监禁，无法保释。

所有的骑兵，其战具在每名士官的管理下，应当被安全存放在一起。在一位或两位副郡督的指示下，要么放在那个分营最富有的居民那里，要么根据情况放在其他地方。

确保反复维护、修理信标，以备不时之需。

写给队长们

队长们必须确保在必要的岗位和军职上有足够的担当。这些人必须虔诚、诚实并善于交际。

在挑选能干、合适的人作为士兵时，应该格外的细心。确保他们的体质可以负担武器、战甲。

在招募完毕，确保每人都分到合适的武器、战具后，队长们应制订一个完整的名单，上面记载着所有在职军官和士兵们的名字、住址，以及他们装备的提供状况。名单应送给副郡督，这样副郡督就能依此制作一个完整的名簿，并呈给郡督。

在所有的士兵入伍后，任何人都不得离开或变更其在小镇或教区登记的住处，除非是在清闲的时候，并有合适的理由向队长解释。队长再把情况报告给一位副郡督（副郡督在这一事务上有决定权，如果同意，队长会马上接到指令，对改变住处的士兵的装备补给做出有效调整）。若未经允许擅自改变住处，根据两位副郡督的决断，责任人有可能面临二十天的监禁，无法保释。

根据女王陛下枢密院之前的指令，最富名望与财富的家族的佃农与侍从，应当入伍并登记为士兵。这样做不仅是因为他们是女王陛下的臣民，有责任服役，还因为他们能自负开销，减轻国家负担。但根据近日在提伯利城（Tilbury）的经验来看，这种做法带来的益处实则微乎其微。这些富人虽然曾经丰衣足食、安居乐业，但土地上的收成却日益降低；因为佃农的消失，荒地得不到围垦，他们损失了大量的玉米和干草（与其他事相比，此事对国家经济尤其不利）。因而郡督据此同意，如果对军役没有损害，这类人可以免除服役。迄今为止被征召，或者将来会被征召的富家佃农，可以用他们的儿子，或者其他符合条件者替代自己的位置（如果郡督同意的话），并随时准备为女王陛下服务。如果没有替代人选，则只能自己填上这个位置。

如果没有来自一位或两位副郡督的特别指示，所有队长、小队长或下级军官都不得以任何理由解雇、调整或调任民兵连里的任何士兵。

如果没有郡督、副郡督或两位副郡督的许可证，任何队长不允许离开郡内。在离开期间，他应布置足够的副手来顶替自己的职责，并由郡督、副郡督，或两位副郡督批准。

写给士兵们

在每场检阅和训练，或者女王陛下的其他军事场合中，每名入伍的士兵根据其队长的指令，在治安官或其他军官的领导下，应前往其居住地。在那里，他取得用来穿用的盔甲和武器，也就是其私人的武装。或者说他们可以去公用武装的保管地，在那里，他们有序地装备自己，并迅速回到集结点，受军官或治安官的指挥。接着他们便全副武装的前往检阅或其他活动。当检阅结束时，每个人应当有序、安静地返回他们之前拿到盔甲、战具的地方，并返还装备，不得对其进行有意地损害。冒犯者将在郡督和他的两名副手的裁决下被严惩。

迄今为止的所有训练和检阅中，都有士兵无组织、无纪律地拒绝从小镇里的居住地穿戴或搬运他们的盔甲或其他战具。因此治安官、其他人和装备的所有者不得不用手推车来运载这些装备，或者堆在马鞍上。这种行为对士兵来说是非常不适宜的，许多盔甲在运转中因为磨损和折断而无法再使用。据此下令，检阅和训练中的每名士兵，在原有的饷钱上，每天再加上八便士。每穿戴、搬运盔甲、武器或其他战具一英里，就给一便士饷钱，总计不会超过六英里。如果有任何人拒绝穿戴或搬运装备，那犯事者不仅失去所有饷钱，同时还要被监禁四天，无法保释或开释。

写给检阅官

在郡督或他的副官的指示下，检阅官应该参加检阅，勤勉仔细地观看并考察每名队长的民兵连士兵。检查他们的盔甲、武器和其他战具，判断它们在各个方面是否合格、合身，可堪使用。如果他发现任何错误，应马上告知一位副郡督，让副郡督能及时下达命令，纠正错误。

在他严整检阅士兵，并有序地查看他们的盔甲后，他应当如前面所说的那样，在军役事务上协助队长，抓紧训练和指导士兵。

W.伯利

1589年3月10日于格林尼治

步兵条令

第二百九十条（塔尔博特文件集，卷一，295页）

注明，"来自贵族们的指示，有关如何有序地检阅和训练德比（Derby）的士兵"

对于分营来说，在训练中有三件事需要注意：第一，武器的携带与运用；第二，行军与机动；第三，了解军鼓的声响，命令的话语，以及如何通过鼓声和指挥官的指示来移动，并遵令行动。

必须确保被携带的武装在外观和功能上都可以使用。使用长矛无非是两种情况：抵挡进攻和发起进攻。在第一种情况中，士兵要学会如何对抗马匹；在第二种情况中，他们要学会如何应付敌人的长矛。最重要的地方在于让全军所有人知道在什么时候，以及如何整齐划一地统一进攻。

在教导如何使用火枪时，士兵必须学会怎么端正枪支，使准心水平；他同时也要了解在什么时候，以及怎样配合整个队伍进行齐射。教习火枪是一个连里士官的责任，他们不仅要告诉士兵如何运用这一武器，还要在实战中领导他们。在特殊情况下，士官就负最高领导之责。

在齐射练习时，最忌讳的便是过时、粗放的纪律（也就是说整个营或骑兵连在同一时间一起射击，前排后排都是如此）。因为在这种情况下，要么最后排的士兵会不小心打爆前排战友的脑袋，要么便会浪费大量子弹，因而得不偿失。更何况，一旦齐射打出，敌人便会毫不犹豫地发起进攻。比起让所有人同时射击，结果只造成一阵噼里啪啦的响声，更好的做法是只让第一排发出齐射，如果整个营开动的话，已射击的那一排站定，第二排穿过第一排，给出他们的齐射，然后站定。接着第三排再上来，循环往复，直到所有排都射击为止。如果营不开动，那么已射击的第一排则后退，第二排顶替他们的位置，发出齐射，接着第三排和第四排再上前，直到原先的第一排变成最后一排，最后一排变成了新的第一排为止，如此则火力不断，给敌人造成极大困扰。这些行动并不是十分困难，如果你能提前让士兵打开列与列间的空隙。

关于行军的教习，如果每个人都知道自己的位置，并愿意仔细观察行与列的变化，那么平原上的行军就没有什么难度。反方向的行军也是同理，只要每列的领导人都很能干，并且每名士兵都仔细观察前面那个人的行动。假使阵型发生了一点小混乱，军官只需认真查看，让每个人重归适当的位置，就能轻易重整队伍。

至于军官们的位置，上尉应该站在最前方，而中尉应当站在最后方（在撤退的时候则是上尉作为后卫，而中尉作为前锋）。士官则站在两边，上上下下地走，确保行伍的秩序。

对于机动的教学是附加于行军之后的，因为许多机动完全不需要行军。有一些机动不用改换位置，只要求所有人转向右手边，或者左手边，或倒转，也就是转向面朝方向相反的地方。如果敌人向两边或后方进攻，这种机动是必需的。其他一些机动需要改换位置，但只是从一排换到另一排，而且通常只需要一部分人移动，而另一部分人站定。这种机动通常是用来让行伍的排数翻倍，或者列数翻倍。因为有时候敌人的行动，或者地形的原因，会让我们的侧翼或前排变宽、变窄一些。除此之外，还有最后一种机动，需要所有人都改换位置，但却不需要行军。也就是列的开放或关闭。我们不仅在一排士兵穿过另一排士兵，或者反向行军时需要用到这种机动，在快速重整队伍时，也需要用到。

在教导士兵去理解击鼓鸣金时，我们不仅要让他们观察鼓手的行动，也要让他们注意鼓声的频率，因为士兵的行军快慢会据此有所变化。鼓声是用来指导士兵行军用的，至于口头命令，则用来指导其他机动。为了让部队能达成完美的机动，最好把它们与特定的名词联系起来，一旦熟悉，便很难忘却。在指导女王陛下的普利茅斯部队时，训兵秣马常用的命令有这些：

列头兵，和你的列一起前进。

排向前打开，五步距离。

脸朝向右手方。

脸朝向左手方。

倒转方向。

打开列，三英尺距离。

关闭列。

向右手方打开（关闭）列。

向左手方打开（关闭）列。

向右手（左手）方向，两倍扩展列数。

向右手（左手）方向，两倍扩展排数。

站定。

后方的排关闭。

排向后打开，五步距离。

列（排）向右转向射击。

前排穿过空隙。

后排穿过空隙。

前排站定。

列站定。

等等。

对于大多数这些军令来说，没有更好的选择了。但这些词是否合适并不重要，只要它们能被持续使用就行。同样的军令应该在一军的各个部分通行，否则便会带来困惑。如果能在一国之内通行，那就更好不过。

托马斯·史密斯代笔

1595年5月9日

埃里安的《战术》又称《用希腊人的方式排兵布阵的艺术》（Art of Embattling an Army After the Grecian Manner）的注释①。

在16世纪末期，有一种普遍的对领军打仗进行规范化的需求。在当时人们将注意力放在古希腊的作家，或者说那些用希腊语写作的人身上：波利比乌斯②、色诺芬③、埃涅阿斯④和埃里安。当时学习这些著作的中心是奥兰治的莫里斯亲王与拿骚的威廉路易伯爵的王庭。一位在荷兰国会（States Generalof Holland）工作的英国军官对埃里安的著作做了翻译与注释，并将其呈给拿骚的莫里斯将军，奥兰治亲王，联合省的总督⑤。这位大人深受希腊传统的熏陶，并用其思想作为他建军、战略的基石。因为有了埃里安的译作及其附录，我们有了第一本广受认可的军事条令。

最能反映这本书的视野和精华的无非便是对其内容的总结了，在这里我们保留了原有的拼写：

1.《战术》一书的作者；2.对武装力量的准备；3.方阵的组建；4.什么是一列或者十人队；5.一列的阵型与组成；6.关于合并军列；7.关于重步兵的方阵、轻步兵和骑兵；8.重步兵、轻步兵和骑兵的数量；9.一个方阵不同部分的名称；10.方阵的军官；11.方阵内的间隙距离；12.方阵的武装；13.每列领头人的重要性；14.关于马其顿方阵和士兵长矛的长度；15.轻步兵的作用；16.轻步兵各军的名称；17.如何使用轻步兵；18.骑兵战争的形式；19."菱形阵"是何时被引入战争的；20.骑士在战场上的作用；21.做决定时需深思熟虑；22.关于战车；23.关于象兵；24.各种军事术语；49.砖

---

① 此书由乔·宾厄姆（Jo.Bingham）翻译成英文，并配上插图与注释，于1616年在伦敦出版。

② 波利比乌斯（Polybios，公元前200年—前118年）生于伯罗奔尼撒的梅格洛玻利斯，希腊化时代的政治家和历史学家，以《历史》一书留名传世，原书40卷，只有5卷传世，记叙地中海周边的历史，尤其着重于罗马帝国的崛起。他在密码学上也有建树，"波利比乌斯方案"即以他命名。

③ 色诺芬（Xenophon，公元前427年—前355年）雅典人。军事家，文史学家。他以记录当时的希腊历史、苏格拉底语录而著称。

④ 埃涅阿斯（Aineias），古希腊作家之一，约活动于公元前4世纪前后。公元前4世纪军事实践手册的作者，其中关于围城的一卷流传下来。他被视为阿埃内阿斯——公元前367年阿卡狄亚联邦的领袖。在古希腊具有一定的指导作用。

⑤ 译注：这些头衔指的都是拿骚的莫里斯亲王。

形阵（plaesium）①；53.关于沉默；54.军事指令的读法。

此书含大量插图，描绘17世纪初士兵的着装。它同时还列出了下列阵型："Dilochy"，两列，十六人；"Tetrachie"，四列；"Syntagma"，十六列；"Phalangarchie"，二百五十六列。在现代措辞中，"距离"这个词同时用于"远近和间隙"。对此有三种不同的阵型："普通"，指列与列，行与行间有六英尺距离；"密集"，把这个距离缩小到了三英尺；"紧凑"，行与行间的距离有三英尺，一行内的士兵则肩膀紧贴，毫无空隙。

骑兵的阵型说不上复杂，但非常离奇。"菱形阵"，一个方阵，但有一角正对着敌人，并根据情况允许以下几种变阵："没有行也没有列的菱形阵"，"有列但无行的菱形阵"，和"有行但无列的菱形阵"。一种楔形的阵型也被展示了出来，还有一张图用来描述排的反向行军和"舞步反向行军"（Chorean cauntremarche）。附录包括我们的正规训练手册："应伟大的莫里斯将军、奥兰治亲王等等之令，效命于低地国家联合省的名门望族的英国人的军事实践。"步兵被分为长矛兵与火枪手，骑兵被分为卡宾枪骑兵和胸甲骑兵。对长矛兵的指导有："长矛兵坚守阵地""准备长矛""倾斜长矛""长矛攻击""收起长矛"及"检查长矛"。对于行进中的长矛兵，还有一些额外的指令："长矛攻击""倾斜长矛""向右手方进攻""倾斜长矛""向后方进攻""倾斜长矛"及"重整长矛"。火枪手的射击只包含三道指令："预备""瞄准"和"开火"。我们还可以加上"原地立定"这道现代指令，在当时似乎也不违和。

---

① 译注："Plaesium"在希腊语中的词源是"砖头"。砖形阵是一种长度远大于宽度的阵型，形状就如砖头一般，故此命名。此种阵型的中空处部署有弓手和投石兵。